Das Sternenkinder-Leid:

Wenn die Hoffnung plötzlich stirbt 107

Neues Glück Sonnenkind:

Wenn sich der Traum doch noch erfüllt 175

Sterne

Tausend kleine Sterne
erhellen jede Nacht.
Ein jeder sieht sie gerne
in ihrer klaren Pracht.

Fühlen wir uns einsam,
verloren auf dieser Welt —
dann sehen wir nach oben
hinauf zum Sternenzelt.

Dort gibt es einen Stern,
der was Besondres ist.
Denn da wohnt unser Sternchen,
das unvergessen ist.

Sein Licht dringt in die Seele,
es erwärmt das Herz,
kündet uns von Hoffnung,
lindert unseren Schmerz.

Und leuchtet umso heller,
je mehr wir traurig sind,
denn dann will es uns trösten,
unser liebes Kind.

Danke, kleines Sternchen,
wir lieben Dich so sehr.
Sind wir dereinst zusammen,
trennt uns dann nichts mehr.

Ralf Korrek

Mit diesem Gedicht schreibt sich ein Vater den Schmerz von der Seele, findet Trost in einem wunderbaren Gedanken, den er mit unzähligen Eltern teilt: Das geliebte Kind ist nicht für alle Zeit verloren, sondern eines von Millionen Sternchen, die vom klaren Nachthimmel funkeln.

Liebe Leserin, lieber Leser,

fast 700 000 Babys erblicken in Deutschland jährlich das Licht der Welt – doch jede dritte Frau ist irgendwann in ihrem Leben von einer oder mehreren Fehlgeburten betroffen. Wir alle kennen Menschen, die den Verlust am eigenen Leib erlitten haben, wissen um den Schock und die tiefe Trauer, die ein derartiges Ereignis auslöst. Dass die meisten Schwangeren von dem Kollaps in ihrem Körper oft gar nichts ahnen, weil unendlich viele Frühestaborte schlichtweg unbemerkt bleiben, macht die Tragik kaum erträglicher. Kein Zweifel: Das Thema »Fehlgeburt« ist eines der letzten großen Tabus in der breiten Öffentlichkeit. Warum? Weil Abort angesichts einer leistungsorientierten Gesellschaft so etwas wie Versagen bedeutet? Weil die Umwelt mit dem Leid nicht umzugehen weiß und oft hilflos auf die Verzweiflung trauernder Eltern reagiert? Weil es so viele Gründe gibt, die eine intakte Schwangerschaft verhindern können, man befürchten muss, dass sich Gleiches wiederholt, und deshalb schweigt?

Das allgemeine Schweigen über nicht gelebtes Leben ist ein Zeichen großer Unsicherheit, aber auch Indiz dafür, dass nach wie vor eklatante Wissensdefizite bestehen.

»Sternenkinder« sind Kinder, die es zwar nicht ins Leben geschafft, aber in den Herzen ihrer Mütter und Väter gleichwohl für immer den ihnen gebührenden Platz gefunden haben. Es ist bewegend, mit welcher Liebe und Fürsorge sich verwaiste Eltern in ihren Onlineforen gegenseitig Trost spenden. Außerhalb des Internets jedoch herrscht weithin Schweigen. Dieses Buch kann Öffentlichkeit schaffen, damit die lähmende Befangenheit der Mitmenschen ein Ende findet. Vor allem aber soll es direkte Hilfe für die Betroffenen sein, weil auch ihnen bislang nicht genügend sachkundige Informationen zur Verfügung standen, über die aktuellen medizinischen Hintergründe, die durchaus ermutigend sind, über psychotherapeutische Wege aus der Seelennot, die wieder an die Zukunft glauben lassen, aber auch über sämtliche Notwendigkeiten beim stillen Abschied, die man notgedrungen kennen muss. Es gibt auch eine neue gesetzliche Änderung.

Doch erst die Bereitschaft zahlreicher Mütter und Väter, ihre persönlichen Sternenkinder-Geschichten zu protokollieren und so Verzweiflung, Gefühlschaos und manchmal neue Zuversicht hautnah nachempfinden zu lassen, macht dieses Buch zu einem wirklichen Ratgeber. Wie sehr übrigens Zuversicht begründet ist, beweist der letzte Teil des Buches »Wenn sich der Traum doch noch erfüllt«. Dort erzählen Sternenmütter, wie ihr Babywunsch trotz allem in Erfüllung ging.

Birgit Zebothsen   Professor Dr. med. Volker Ragosch

Wenn die Seele Trauer trägt

Für eine Frau, die schwanger wird und voll Freude das neue Leben in sich heranwachsen spürt, gibt es nichts Schlimmeres, als das Kind – in welchem Stadium auch immer – wieder zu verlieren. Dieser erste Teil von »Sternenkinder« fasst alle Überlegungen zusammen, die aus dem Tal der Tränen führen, und gibt Antworten auf die häufigsten, von Sterneneltern immer wieder gestellten Fragen. Die wichtigste steht gleich am Anfang des langen Weges, der vor ihnen liegt: Wie lasse ich los?

Dürfen wir unser Sternenkind noch einmal im Arm halten?

Gleich zu Beginn sei es gesagt: Zum Glück sind die Zeiten schon lange vorbei, in denen das leblose Kind in aller Eile weggetragen wurde, die Eltern es nicht sehen und am besten gleich vergessen sollten. Man ging bis etwa Ende der 1960er-Jahre in der Entwicklungspsychologie schlichtweg davon aus, dass sich eine Bindung zwischen Mutter und (lebendem) Säugling überhaupt erst nach der Geburt im innigen Kontakt aufbauen kann.

Welch ein Trugschluss! Heute, da Mutter und Vater – dank pränataler Diagnostik, wie beispielsweise Ultraschall – bereits zum Ungeborenen eine liebevolle Beziehung haben, ihm beim Daumenlutschen (sogar dreidimensional) zusehen und seinem Herzschlag lauschen können, scheint es extrem wichtig, auch den emotional schmerzhaften Abschied vom Baby zu durchleben.

Es liegt viel am Klinikpersonal, wie der Abschied von dem geliebten kleinen Wesen abläuft und von den leidgeprüften Eltern empfunden wird.

Viele Paare erzählen davon, dass ihnen der Abschied in der Klinik, oftmals angeleitet von einem einfühlsamen Klinikpersonal, als wesentlicher Bestandteil des Trauerweges half, den schmerzlichen Verlust zu akzeptieren und später zu verarbeiten. Manche Frauen, die ihn vor langer Zeit ohne die Chance zur Verarbeitung erlitten, tragen unter Umständen jahrelang eine schwere seelische Last mit sich.

Gibt es Unterschiede beim Betreuungspersonal?

Ja, derzeit muss man noch davon ausgehen, dass die meisten deutschen Kliniken kein regelrechtes »Konzept« zur Betreuung von verwaisten Eltern haben. Dass es sozusagen eine »Schicksalsfrage« ist, in wessen Hände diese kommen. Denn der liebe- und respektvolle Umgang mit den Betroffenen ist eng verknüpft mit Erfahrungen, Einstellungen und Gefühlen der jeweiligen Hebammen, Schwestern und Ärzte. Ist das medizinische Betreuungspersonal in einer solchen Krisensituation jedoch sensibel genug, wird es Mütter und Väter ermutigen, ihr totes Kind zu halten, es zu berühren und Zeit mit ihm zu verbringen, Abschiedsrituale zu zelebrieren und Erinnerungen zu schaffen, die nicht nur für die Zeit der Trauerarbeit reichen, sondern für ihr ganzes Leben.

Welche Rechte haben Mütter und Väter in der Klinik, wenn ihr Baby stirbt?

Noch gibt es keine wirklich einklagbaren Rechte, aber elterliche Herzenswünsche, die auf den Entbindungsstationen vielfach gern erfüllt werden. In Einzelfällen kann es mal Probleme geben, dann nämlich, wenn es an Einfühlungsvermögen fehlt oder die betroffenen Paare in diesen Stunden und Tagen der Orientierungs- und Hilflosigkeit gar nicht in der Lage sind zu beurteilen, was jetzt richtig oder falsch ist, und ohne unterstützende Hinweise bleiben.

Viele Krankenhäuser stellen deshalb eine interne Urkunde aus. In diesem Zusammenhang ist es für Eltern, deren Kinder weniger als 500 Gramm wiegen, auch gut zu wissen, dass bis zur Änderung des Personenstandsrechts im Januar 2013 diese winzigen Wesen statistisch nicht erfasst wurden. Sie hatten also auch kein Namens-»Recht« und erhielten vom Standesamt keine Sterbeurkunde. Mit anderen Worten: Sie waren in unsere Welt geboren worden, offiziell jedoch nicht existent. Was das neue Personenstandsrechts-Änderungsgesetz (PStRÄndG) möglich macht und wie es durch die Initiative von Sternenkinder-Eltern überhaupt erst zustande kam, erläutern wir ab Seite 85.

Eine Wunschliste an die Krankenhausteams

In den Foren des Internets treffen sich Tag für Tag unzählige Sterneneltern, die sich austauschen, trösten und Mut machen. So mündeten beispielsweise auf den Seiten der ✦MUSCHEL✦ (www.die-muschel.de) auch Erfahrungen und Erlebnisse betroffener Mütter und Väter zum Thema »Abschied« in eine ganz besondere Liste – in eine Wunschliste an das betreuende Team im Krankenhaus:

✦ Stellen Sie der Mutter ein Einzelzimmer zur Verfügung – es garantiert Ruhe und Ungestörtheit.

✦ Bringen Sie sie bitte nicht gemeinsam mit frischgebackenen Müttern und ihren (lebenden) Babys in einem Zimmer unter.

✦ Nehmen Sie den Vater mit auf.

✦ Geben Sie den Eltern Zeit für alle anstehenden Entscheidungen und gewähren Sie diese Bedenkzeit auch bei frühen Verlusten (Fehlgeburten).

✦ Ermöglichen Sie den Eltern, aufgrund verschiedener Vorschläge, ihre eigenen Entscheidungen zu treffen.

> Sterneneltern haben eine Wunschliste an die Krankenhausteams zusammengestellt, die künftig anderen Eltern helfen soll.

✦ Gehen Sie offen und ehrlich mit Müttern und Vätern um. Erklären Sie ihnen, was abläuft und warum das so ist.

✦ Weisen Sie darauf hin, dass bei frühen Verlusten der Verzicht auf eine Ausschabung (Curettage) möglich ist, dass man also der Natur ihren Lauf lassen kann.

Sterneneltern wünschen sich viel Sensibilität und großes Einfühlungsvermögen von dem betreuenden Arzt und dem restlichen Klinikpersonal.

✦ Sorgen Sie auch bei frühen Verlusten und stillen Geburten für Hebammenbetreuung und einfühlsame Pflege.

✦ Fragen Sie, ob Familienangehörige und Freunde (vor allem Geschwister, die Großeltern und Paten) beim Abschied dabei sein möchten.

✦ Fragen Sie, wie das Sternenkind heißen soll, und nennen Sie es bei seinem Namen, wenn Sie mit den Betroffenen über ihr Baby sprechen.

✦ Ermutigen Sie die Eltern, das Kleine anzusehen, zu streicheln, an ihm zu schnuppern, es zu fotografieren, zu baden, zu wickeln und anzuziehen.

✦ Formulieren Sie Fragen an die Eltern so, dass Angebote leicht mit einem Ja angenommen werden können (positive Formulierung und Ermutigung: »Möchtest du…?« »Wollt ihr…?«).

✦ Machen Sie den Betroffenen Mut, alle Fragen zu stellen, alle Wünsche zu äußern, alle Gefühle rauszulassen. Sagen Sie ihnen, dass nichts »unnormal« ist.

✦ Lassen Sie den Eltern ganz viel Zeit für diesen unwiderruflichen Abschied, denn es ist die einzige, die sie mit ihrem Kind zusammen haben. Oft stellt sich im Nachhinein das Gefühl ein, dass diese Zeit viel zu knapp bemessen war.

✦ Bestärken Sie die Paare darin, die Zeremonie nach ihren eigenen Wünschen und Vorstellungen zu gestalten.

✦ Schlagen Sie vor, viele Fotos und Videoaufnahmen zu machen – allein und mit der Familie, nackt, im Strampler oder in ein Tuch gewickelt, mal nur die kleine Hand… – und erinnern Sie daran, dass ausreichend Filme und Akkus/Batterien vorhanden sind.

✦ Fertigen Sie bitte eine Namenskarte mit allen Daten des Sternenkindes – Gewicht, Größe, Uhrzeit, Name der Hebamme etc. – an.

✦ Nehmen Sie Fuß- und Handabdrücke und legen Sie ein Namensbändchen dazu.

✦ Weisen Sie darauf hin, dass eine Segnung oder Ähnliches möglich ist, und holen Sie eine Seelsorgerin/einen Seelsorger, wenn dies gewünscht wird.

✦ Auch am nächsten Tag sollten Eltern ihr Baby noch einmal in den Armen halten, es anschauen dürfen.

✦ Lassen Sie ihnen die Wahl, ob es obduziert werden soll oder nicht. Eltern hilft es außerordentlich, Gewissheit über die Todesursache zu bekommen.

✦ Geben Sie Informationen über die Beerdigung. Kinder mit einem Geburtsgewicht ab 500 Gramm müssen, unter 500 Gramm können bestattet werden.

✦ Für kleinste Sternchen kann Puppenkleidung, Selbstgestricktes oder -genähtes verwendet werden. Es gibt auch speziell angefertigte Kleidung für tote Kinder.

✦ Stellen Sie eine kurze Sammlung schöner Gedichte und Verse für Zeitungsanzeigen beziehungsweise Geburts- und Todeskarten zur Verfügung, weil die Standardvorlagen der Bestatter nicht immer passen.

✦ Geben Sie allen Sterneneltern ein Infoblatt mit umfangreichen Hilfsangeboten, Internetadressen (siehe hintere Buchklappe) und regionalen Ansprechpartnern.

✦ Bitte sorgen Sie dafür, dass alle Menschen, die direkten Kontakt mit trauernden Müttern und Vätern haben – Hebammen, Ärzte und Ärztinnen, Krankenschwestern, Pfleger und Pflegerinnen, Sekretärinnen –, etwas über den Umgang mit Betroffenen wissen.

✦ Achten Sie besonders auf Ihre Wortwahl. Viele vermeintlich tröstende Sätze verletzen oft zusätzlich.

✦ Bieten Sie den Eltern an, sich auch nach der Entlassung aus der Klinik zu melden, wenn sie Fragen haben oder einfach nur reden möchten.

Was hat es mit dem sogenannten »Moseskörbchen« auf sich?

Jeder kennt die Geschichte aus dem Alten Testament, wonach der neugeborene Moses dank eines beschützenden Körbchens überlebte. Und dieses Motiv des Behütens steckt denn auch hinter einer besonderen Idee: Die Initiative Regenbogen »Glücklose Schwangerschaft« e. V. (siehe hintere Buchklappe) schlug Geburtskliniken die Bereitstellung des sogenannten Moseskörbchens vor, in dem das Sternenkind in der Stunde des Abschieds ruht und das seinen Eltern die Möglichkeit bietet, sich langsam und liebevoll an ihr totes Baby heranzutasten.

In vielen Fällen hilft die biblische Idee des Moseskörbchens den Eltern dabei, sich ihrem Kind langsam und liebevoll zu nähern.

Das Kleine liegt auf einem weichen Kissen und ist zusätzlich in ein Tuch gehüllt, das Mutter und Vater öffnen können, wann immer sie in der Lage sind, ihr Kind zu berühren, anzuschauen und in die Arme zu nehmen – diesen unvergesslichen Augenblick im wahrsten Sinne des Wortes festzuhalten.

Gefühlschaos: Werde ich jetzt langsam verrückt?

Mal abgesehen davon, dass sehr viele Frauen die Klinik, den Ort ihres Schicksals, am liebsten ganz schnell wieder verlassen – also kein Wochenbett haben, in dem sie gehegt und gepflegt werden –, mal abgesehen davon, dass daheim vielleicht Kinder zu versorgen oder organisatorische Dinge zu erledigen sind: Besonders die Mutter hat nach diesem einschneidenden Ereignis ihres Lebens mit einem Riesenpaket belastender Emotionen zu kämpfen. Dessen Bewältigung verlangt ihr jedes Quäntchen der kaum noch vorhandenen seelischen Kraft ab. Mit »Verrücktwerden« hat das allerdings nichts zu tun. Im Nebel der Tage und Wochen nach dem Tod des Kindes ist ein Wechselbad der Gefühle auf tragische Art ganz »normal«.

Kann ich mir vergeben – obwohl eigentlich nichts zu vergeben ist?

Schuld und Selbstvorwürfe sind besonders in der ersten Trauerphase ständige und quälende Begleiter. »Was habe ich falsch gemacht?« »Hätte ich nicht heiß baden, rauchen, trinken, Medikamente nehmen sollen?« Die Liste solcher Fragen ließe sich unendlich fortsetzen – und es gibt wohl kaum eine Sternenmutter, die die Liste nicht selbst durchlitten hat.

Die Natur bricht in der Regel ihre Arbeit ab, wenn sich während der Schwangerschaft nicht alles perfekt »nach Plan« entwickelt.

In den Wochen vor einem (positiven) Schwangerschaftstest verhält sich fast jede Frau irgendwann einmal so, wie sie es dann später nicht mehr sollte, und löst damit sicher keine Fehlgeburt aus. Diese – oft als grausame »Laune« der Natur bezeichnet – lässt sich von uns nicht beeinflussen. Ein Fakt, der jedes Schuldgefühl wegfegt? Sicher nicht sofort. Aber vielleicht eine Möglichkeit, sich selbst zu vergeben, obwohl eigentlich nichts zu vergeben ist …

Gehört der Zorn zu einer normalen Trauerarbeit?

Wut und Aggression, aus Ohnmacht und aufgestautem Schmerz geboren, sind normale Bausteine im Trauerprozess und Emotionen mit ganz eigener Dynamik: Zorn auf den Arzt (»Warum hat er keinen Kaiserschnitt gemacht …?«), auf den

Partner (»Wärst du doch bei mir gewesen …!«), sogar auf Gott und den eigenen kleinen Engel, der so früh gegangen ist. Zorn vor allem auch über das vermeintliche eigene Versagen.

Diese Gefühle sich selbst und wenigstens einem vertrauten Menschen einzugestehen, sie nicht zu verdrängen, ist oberstes Gebot, um nicht in ihnen stecken zu bleiben, nicht seelisch und körperlich krank und für immer unglücklich zu werden.

Warum habe ich nicht geschafft, was anderen scheinbar so leicht geglückt ist?

Verwirrung und Verlust des Selbstwertgefühls bestimmen unser Leben. Wir wandern wie im (Alb-)Traum durch diese Zeit und funktionieren allenfalls automatisch. Einfachste Anforderungen im Alltag türmen sich, fallen entsetzlich schwer und lassen sich kaum bewältigen. Wir fühlen uns unendlich leer, traurig und einsam. Sind wir in der Vergangenheit wirklich mal fröhlich ins Fitnessstudio und zu Freunden gegangen, haben unser berufliches Pensum mit links gemeistert und Pläne für die Zukunft gezeichnet? Das muss lange, lange her sein …

Die Trauer um das verlorene Kind wird häufig begleitet von dem Gefühl, versagt zu haben: »Warum haben andere gesunde Babys und ich nicht?«

Das Selbstvertrauen der Frau liegt häufig völlig am Boden, manchmal selbst dann, wenn sie – außer ihrem Sternenbaby – schon andere Kinder hat. Das Gefühl, versagt zu haben, sitzt tief in ihrer Seele. Auf jeder Straße, an jeder Ecke, in Läden, auf Spielplätzen: Überall fallen ihr (viel öfter als früher) kleine Mädchen und Jungen, Mütter mit Kinderwagen und Schwangere auf. Warum bloß hat sie nicht geschafft, was anderen scheinbar so leicht geglückt ist – einem gesunden Kind das Leben zu schenken? Warum nur musste ihr das passieren? Warum stimmt bei ihr etwas nicht?

»Selektive Wahrnehmung« nennen es die Psychologen, was nichts anderes bedeutet, als verstärkt Dinge zu sehen, mit denen sich unser Innerstes im Augenblick am intensivsten auseinandersetzt. Kein Wunder, dass wir sie jetzt am liebsten meiden und uns vor aller Welt verstecken möchten. Kein Wunder, dass wir so langsam glauben, »nicht mehr richtig zu ticken« …

Eines Tages werden wir wissen, dass dieser »Zustand« ganz natürlich ist, ein weiterer Meilenstein auf dem Trauerweg, den es zu überwinden gilt. Es heißt nicht umsonst Trauerarbeit.

Haben wir unser seelisches und körperliches Gleichgewicht verloren?

Ratlosigkeit und depressive Verstimmungen engen uns ein. Manchmal weinen wir stundenlang, können nicht essen und schlafen, sind dennoch immer müde und ziehen uns verzweifelt in uns selbst zurück. Wir haben kaum Antrieb, geschweige denn Durchhaltevermögen, sind reizbar und nervös. Ja, wir haben unser ureigenstes seelisches und körperliches Gleichgewicht verloren und sind so gut wie gar nicht mehr in der Lage, selbst kleine Entscheidungen zu treffen. Von großen Veränderungen im Leben (ein Umzug beispielsweise) ganz zu schweigen. Auf sie sollte auch, zumindest im ersten Jahr nach dem Tod des Kindes, unbedingt verzichtet, nicht noch ein weiteres Belastungspaket geschnürt werden.

Hilft es, sich auf die kleinen Dinge zu besinnen?

Depressive Verstimmungen im Trauerprozess durchlebt so ziemlich jede Mutter. Sie gehören dazu und lassen meistens im Lauf der Zeit nach. Oft hilft es, wenn wir uns auf kleine Dinge besinnen, die uns immer Freude und Entspannung brachten und nun fast schon vergessen sind: ein fesselndes Buch, das wohltuende Schaumbad, ein Spaziergang in der Sonne, das romantische Dinner zu zweit bei Kerzenlicht ...

Wenn die Trauer über einen längeren Zeitraum nicht nachlässt, handelt es sich vermutlich um eine Depression.

Wird das dunkle Tal des Kummers und der Tränen jedoch immer tiefer, lassen wir keinen Menschen mehr an uns heran (auch den Partner nicht), kann nichts und niemand uns wieder ans Licht holen, dann handelt es sich mit allergrößter Wahrscheinlichkeit um eine echte Depression. In diesem Fall ist ärztlicher Beistand – eventuell eine psychotherapeutische Behandlung – nicht nur sinnvoll, sondern dringend geboten.

Was unterscheidet eine Depression von der normalen Trauer nach so einem Ereignis?

Zweifellos ähnelt die Depression (lat. deprimere = herunterdrücken, unterdrücken) durchaus in einigen Anzeichen einer »normalen« Trauerreaktion, dennoch gibt es klare Unterscheidungsmerkmale: Im Gegensatz zu den – im Allgemeinen nach Wochen oder Monaten überwundenen – Trauerphasen zieht sich eine (unbehandelte)

Depression oft über derart lange Zeiträume, oft Jahre, hin, dass man sie im Endeffekt gar nicht mehr mit dem schicksalhaften Verlust in Zusammenhang bringen kann. Die Depression ist eine echte Krankheit und macht sich nicht nur in unseren Emotionen, sondern auch in unserem Körper und Verhalten bemerkbar.

Ist es diese Angst, von aller Welt verlassen zu sein?

Gefühle: Im Vordergrund steht meist tiefe Traurigkeit, aber auch Unfähigkeit zu trauern, vor allem zu weinen (»tränenlose Trauer«), begleitet von innerer Leere und Hoffnungslosigkeit. Wir glauben nicht mehr an die Zukunft oder daran, dass sich an unserer Situation jemals etwas ändern wird. Wir sind antriebslos, verzweifelt, ängstlich und lustlos, wir schwanken zwischen Schuldgefühlen, Selbstvorwürfen, Gereiztheit, Pessimismus und haben die Fähigkeit gänzlich verloren, uns zu freuen. Wir wähnen uns von aller Welt verlassen ...

> Kennzeichen einer echten Depression sind unter anderem innere Leere und das Gefühl abgrundtiefer Hoffnungslosigkeit.

Gedanken: Wir haben große Schwierigkeiten, uns zu konzentrieren, fühlen uns von leichtesten Aufgaben überfordert und grübeln endlos – besonders nach quälendem Früherwachen mit einem »Stein auf der Brust« und Panik vor dem kommenden Tag. Unsere Gedanken drehen sich ständig im Kreis, wir können uns einfach nicht von ihnen lösen. Entscheidungsschwierigkeiten setzen uns zu. Wir denken hin und her, wägen endlos ab, ohne dass ein Ergebnis zustande kommt. Jede Bewegung wirkt kraftlos und eingeschränkt, das Leid ist uns ins Gesicht geschrieben. Und so sprechen Ärzte denn auch von einer »Verarmung der Mimik und Motorik«. Wir sind wie versteinert (depressiver Stupor) ...

Schwung und Wohlbehagen – löst sich alles auf?

Körperliche Reaktionen: Eine Depression kann sich tatsächlich auch in sogenannten somatischen Anzeichen äußern, beispielsweise in Kopf-, Nacken- und Schulterschmerzen, Kribbeln und Ziehen im Körper, Überempfindlichkeit der Haut, Herzrasen und -stechen, Brustenge und Magendruck, Störungen im Magen-Darm-Bereich, Schwindel und Augenflimmern. Viele Betroffene leiden unter Schlafstörungen: Sie können nicht einschlafen oder wachen oft auf. Andere hingegen haben ein enormes Schlafbedürfnis, fühlen sich aber, wenn sie ihm nachgegeben haben, dennoch nicht erholt.

Wir sind passiv und hochgradig erschöpfbar, schon nach kleinsten Anstrengungen oder Routinearbeiten. Die frühere Leichtigkeit des Seins – Frische, Schwung und Wohlbehagen – ist nur noch eine vage Erinnerung.

Heißt die Gefahr zu guter Letzt tatsächlich Isolation?

Unser Verhalten: Im Unterschied zu den Mitmenschen, die »einfach traurig« sind (ohne im medizinischen Sinne »krank« zu sein), hat bei uns jede noch so gut gemeinte Ablenkung von vornherein ihren Sinn verloren. Zwischen fröhlichen Freunden oder im Urlaub beispielsweise geht es uns nicht etwa besser – im Gegenteil.

Bei einer echten Depression sehen wir alles nur mehr grau in grau, fühlen uns fehl am Platz und kapseln uns von der Umwelt ab.

Die Gefahr dieser – ja eigentlich ungewollten – Minderung der Kontaktfähigkeit zu Partner, Familie, Freunden, Nachbarn und Kollegen heißt: gemütsmäßige Vereinsamung, Rückzug vertrauter Personen und totaler Abbruch alter Beziehungen, ohne in der Lage zu sein, neue zu knüpfen. Mit einem Wort: Isolation.

Für das Umfeld ist es oft sehr schwer, unser »ungewohntes« Verhalten zu verstehen. Was aber können Menschen, die oft hilf- und ratlos mit uns leiden, jetzt tun? Zunächst einmal müssen sie begreifen, dass Depression (im umgangssprachlichen Sinne) und Depression (im medizinischen Sinne) oft verwechselt werden. Dass wir kein »Stimmungstief« haben, das sich von selbst wieder aufhellt, sondern eine echte Krankheit, die der ärztlichen Hilfe bedarf.

Wie wird eine echte Depression möglichst sinnvoll behandelt?

Im Wesentlichen kommen zwei Behandlungsformen zum Einsatz: Therapie mit Arzneimitteln und Psychotherapie, die der behandelnde Arzt immer auf den einzelnen Patienten individuell abstimmen wird. Während einer Depression kommt es zu einer Störung des Stoffwechsels im Gehirn. Bestimmte Botenstoffe (Neurotransmitter), wie Serotonin und Noradrenalin, geraten aus dem Gleichgewicht. Unsere Fähigkeit, Emotionen wie beispielsweise Freude und Zufriedenheit zu spüren, sinkt dramatisch, negative Gefühle werden übermächtig.

Medikamente, sogenannte Antidepressiva, ermöglichen es, die fehlende Balance dieser Botenstoffe zu regulieren, die Genesung des Erkrankten in Gang zu bringen beziehungsweise erst einmal die Voraussetzung dafür zu schaffen, dass er einer Psychotherapie überhaupt gewachsen ist.

Wichtig zu wissen: Im Allgemeinen dauert es zwei bis drei Wochen, bis sich die aufhellende Wirkung einstellt. Passiert das nicht, sollte der Arzt informiert werden.

Wie alle Arzneimittel können auch Antidepressiva Nebenwirkungen haben, die oft zu Anfang auftreten, sich dann aber im Therapieverlauf verringern oder ganz verschwinden. Sie müssen keinesfalls klaglos hingenommen werden, unter Umständen verändert der Arzt lediglich die Dosierung beziehungsweise verordnet ein anderes Medikament.

Manchmal werden – allerdings nur für Tage bis wenige Wochen, da die Gefahr einer Abhängigkeit besteht – sogenannte Benzodiazepine eingesetzt. Sie lindern Ängste und akute Beschwerden, die sozusagen Hand in Hand mit der Depression einhergehen, haben aber keine dauerhafte antidepressive Wirkung.

Welcher Arzt kann jetzt am besten helfen?

Der erste Weg sollte zum Hausarzt führen, denn er kennt uns, unseren Gesundheitszustand und unser persönliches Umfeld vermutlich schon eine ganze Weile. Hat er die Zusatzqualifikation »Psychotherapie« erworben, könnte er diese selbst durchführen. Andernfalls folgt die Überweisung an …

✦ …den **Facharzt** für Psychiatrie und Psychotherapie, wenn eine schwere Depression vorliegt oder nach etwa zwei bis drei Monaten keine Besserung in Sicht ist. Ein Psychiater hat nach dem Medizinstudium eine fünfjährige Facharztausbildung abgeschlossen, die ihn für die Therapie von psychischen Erkrankungen qualifiziert.

✦ …den **Psychotherapeuten**, der bei einer nicht ganz so tief sitzenden Depression entweder ausschließlich oder begleitend zu einer medikamentösen Therapie eine Psychotherapie durchführt. Als besonders günstig für alle Beteiligten wird die enge Kooperation zwischen Haus- und Facharzt angesehen.

Bei pflanzlichen Präparaten gegen Depression, wie Johanniskraut, scheiden sich im Moment noch die medizinischen Geister. Wirksam oder nicht? Das wird derzeit verstärkt untersucht.

Die moderne Forschung hat gezeigt, dass Krankheiten, unter anderem die Depression, sehr selten nur eine einzige Ursache haben. Richtig ist: Am Anfang einer Depression kann seelisches Leid, wie der Tod unseres Kindes, stehen. Richtig ist aber auch, dass bestimmte körperliche Erkrankungen zu psychischen Symptomen führen können.

Was bedeutet der Verlust eines Babys für die Partnerschaft?

Auf Paaren, die ihr Kind – egal, ob durch Fehl- oder Totgeburt – verloren haben, lastet ein enormer Druck. Zwar sagt ihnen die Vernunft, dass es überlebenswichtig für ihre Beziehung ist, sich Schulter an Schulter den Problemen zu stellen, sie gemeinsam zu lösen und den Trauerweg Hand in Hand zu gehen. Die Realität sieht jedoch oft ganz anders aus. So ist in vielen Fällen die Frau von großen Stimmungsschwankungen betroffen, während beim Partner scheinbar kaum Emotionen vorhanden sind. Während der Schicksalsschlag sie förmlich zerreißt, zeigt er selten eine Regung, während sie sich unter eine Glasglocke flüchtet, kehrt er – mitunter schon am nächsten Tag – in die Arbeitswelt zurück.

Trauern Männer tatsächlich anders – quasi »unsichtbar«?

Viele Männer legen nach so einem Verlust ein Verhalten an den Tag, als wäre nichts gewesen. Aber tun wir ihnen mit dieser Unterstellung nicht Unrecht, unseren Sternenvätern? Es mag einige geben, die großen Kummer gar nicht erst an sich heranlassen und ihn verdrängen (weil sie eben so erzogen wurden?), die meisten aber trauern, quasi »unsichtbar«, auf ihre eigene Art und Weise und gelten demzufolge in den Augen der Umwelt als Schulter zum Anlehnen, Fels in der Brandung, unerschütterliche Konstante in der Partnerschaft. Auch in den Augen der Frau? Mitnichten! »Unser Kind hat ihm wohl wenig bedeutet …«, folgert sie unter Tränen, fühlt sich rundum im Stich gelassen, total einsam und (miss)versteht seine »Nicht-Reaktion« als Gleichgültigkeit. Schnell gibt ein Wort das andere, jeder fühlt sich verletzt und zieht sich noch tiefer in sein Schneckenhaus zurück.

Männer wollen häufig ihre Partnerin nicht auch noch mit der eigenen Trauer belasten und wirken deshalb nach außen quasi unberührt.

»Sei stark, sie braucht dich jetzt besonders …«, mahnen Freunde (manchmal sogar Gynäkologen). Und bedenken dabei nicht, dass der Mann ja eigentlich eine doppelte Last (er)trägt: Neben der eigenen, im wahrsten Sinn des Wortes »maskierten« Traurigkeit erlebt er gleichzeitig den tiefen Schmerz der am Boden zerstörten Partnerin. Und da soll er sie noch mit seinem Kummer belasten? Niemals! Dann doch besser schweigen.

Kann der Kindestod oft auch der Anfang vom Ende eines Paares sein?

Eines steht fest: Für diese Ausnahmesituation gibt es kein Patentrezept. Und so manche Paare erleben den Tod ihres ersehnten Kindes als Anfang vom Ende der Beziehung. Andere hingegen rücken noch enger zusammen, reden miteinander und nehmen sich Zeit füreinander, lassen Gefühle frei strömen und ein »WIR-Gefühl« wachsen, das ihnen mehr als alles andere hilft, ihr Schicksal zu ertragen und mit ihm zu leben.

Auf seiner Homepage (www.land-der-sternenkinder.de) macht ein Sternenvater Mut und bringt es auf den Punkt: »Zeigt euren Schmerz! Weint, wenn euch danach ist! Sprecht mit euren Frauen und hört ihnen zu, sooft sie es brauchen!« Er hat Recht: Zulassen der Trauer ist wahrhaftig ein Zeichen von Stärke! Ab Seite 20 beschreiben wir, wie Paare aktiv trauern können, damit sie leichter durch diese Zeit kommen.

> Der Verlust eines Babys stellt die Partnerschaft auf eine schwere Probe. Wer es gemeinsam schafft, knüpft ein festes Band fürs Leben.

Ist es leichter für uns, wenn das kleine Leben schon sehr früh ein Sternchen wird?

Darüber gehen die Meinungen auseinander. Denn wie eine frühe Fehlgeburt erlebt wird, hängt von vielen Faktoren ab. Wer beispielsweise eher dem Gedanken nachhängt, sie habe ja noch recht wenig mit einem »richtigen« Kind zu tun, wer die Existenz des winzigen Wesens, das sich im Mutterleib tummelt, nicht so richtig zur Kenntnis nimmt, bevor der Bauch nicht mehr zu übersehen ist, der kommt in der Tat oft besser mit der Trauer zurecht ...

Reicht der Schmerz umso tiefer, je mehr wir uns bereits mit dem Baby identifiziert haben?

Ja, je inniger wir uns das Baby gewünscht, es akzeptiert und uns mit ihm identifiziert haben, je größer die Vorfreude war, desto tiefer ist auch unser Schmerz, wenn wir es verlieren. Es ist also nicht unbedingt eine Tatsache, dass man über den Schicksalsschlag leichter hinwegkommt, wenn er in der frühen Schwangerschaft geschieht. Die Bindung zum Kind hat ja bereits stattgefunden – ob wir das nun wollen oder nicht.

Es ist häufig von »aktiver Trauer« die Rede – wie kann ich das schaffen?

Aktiv sein: für die meisten Frauen am Anfang des Trauerweges ein absolutes Fremdwort. Was können wir – vom Tod unseres Babys in die Knie gezwungen und ohne Antrieb – denn schon tun? Wo ist die Quelle, aus der wir Kraft schöpfen können, damit wir etwas tun? Aktive Trauer, was bedeutet das eigentlich?

Im Gegensatz zur chronischen Trauer, deren Symptomatik noch ein halbes Jahr oder auch länger anhält (von Schuldgefühlen behaftete Verarbeitung des Verlustes, überbordender Ärger oder Verzweiflung, Verleugnung oder Bagatellisierung des Geschehens), bewirkt die aktive Trauer durch Auseinandersetzung mit der schmerzlichen Erfahrung eine Verringerung der seelischen und körperlichen Symptome (zum Beispiel psychovegetative Beschwerden, Ängste) nach spätestens einem halben Jahr. Es ist also schon viel gewonnen, wenn wir versuchen, uns bewusst dem Schmerz zu stellen, um nicht in ihm hängen zu bleiben, wohl wissend, dass Trauer Schwerstarbeit bedeutet, die uns niemand abnehmen kann. Es ist aber auch vollkommen in Ordnung, wenn wir jetzt am liebsten nach innen schauen, wo unser Kind zu Hause ist.

Nicht verdrängen, sondern offen für Erinnerungen sein?

Aktiv trauern ist das Gegenteil von verdrängen. Aktiv trauern, das kann ein Brief an unser Sternchen sein, eine Kerze, die wir ihm gewidmet haben, oder ein Bäumchen, das wir zum Andenken pflanzen und pflegen. Aktiv sein, das heißt Erinnerungen sammeln: Lieblingsmusik, in der Schwangerschaft oft und gern gehört, Bilder, Geschichten und Gedichte, die uns an das Kleine denken lassen, zu Hause einen Sternenkindplatz haben, mit seinen Daten und Ultraschallbildern beispielsweise. Können uns all diese Puzzleteilchen des aktiven Trauerns wirklich weiterbringen? Sagen wir es mal so: Sie tun uns mit Sicherheit gut!

> Trauer bedeutet Schwerstarbeit und sollte tatsächlich nach außen gelebt und besser nicht verdrängt werden.

Irgendwann kommt dann die Zeit, in der wir anfangen, uns wieder nach »außen« zu orientieren, uns stark genug fühlen, über die schmerzliche Erfahrung zu sprechen. Bis es allerdings so weit ist, befinden wir uns quasi auf einer Bergbesteigung, die im tiefen Tal beginnt und ganz oben auf dem Gipfel endet: mit einer weiten Sicht in die Zukunft, einer neuen (vielleicht ganz anderen) Lebensperspektive.

Was ist das »Worldwide Candle Lighting«?

Jedes Jahr – am zweiten Sonntag im Dezember um 19 Uhr – stellen Menschen überall auf der Erde brennende Kerzen ins Fenster, um der verstorbenen Kinder zu gedenken: »That their light may always shine« (»Lasst ihr Licht für immer leuchten«) ist der Gedanke hinter dieser Idee, die auf eine Vereinigung verwaister Mütter und Väter in den USA (»The Compassionate Friends«) zurück-geht und inzwischen rund um den Globus sehr viele Anhänger gefunden hat.

Erlöschen die Kerzen in einer Zeitzone, werden sie in der nächsten zum Strahlen gebracht. Und so fließt 24 Stunden lang eine echte Lichterwelle um die Welt, die Brücken schlägt von einem Land zum anderen und für das sichere Wissen steht, dass unsere Sternenkinder niemals vergessen sind.

Wo finden zu diesem besonderen Datum Gottesdienste für Sternenkinder statt?

Hierzulande wurde der Weltgedenktag erstmalig im Jahr 1999 von Forenmitgliedern der Sternenkinder-Eltern im Netz begangen und hat sich seitdem immer mehr etabliert. In vielen unserer Städte und Gemeinden – und es werden immer mehr – finden an diesem besonderen Tag Gottesdienste und Gedenkfeiern statt. Wer wissen möchte, ob es im aktuellen Jahr ein Worldwide Candle Lighting in seiner Region gibt, fragt am besten regionale Seelsorger und Seelsorgerinnen, Trauer- und Selbsthilfegruppen oder wendet sich an die Initiative Regenbogen »Glücklose Schwangerschaft« e. V. und an den Bundesverband Verwaiste Eltern und trauernde Geschwister in Deutschland e. V. (VEID). Beide Vereine unterstützen die Organisation des Gedenktages. Wer sich online informieren möchte, kann dies auch über die jeweilige Homepage des Vereins tun. Die Internetadressen finden Sie in den Klappen des Buches. Die in den USA gegründeten The Compassionate Friends sind über www.compassionatefriends.org zu finden. Dort steht auch der aktuelle Termin des Worldwide Candle Lighting. The Compassionate Friends (TCF) definieren ihr Anliegen selbst so: »Die Compassionate Friends (…) verbindet eine internationale gemeinnützige Form der Hilfe zur Selbsthilfe, welche den vom kindlichen Todesfall betroffenen Eltern, Großeltern und Geschwistern Freundschaft, Verständnis und Hoffnung anbietet. Es handelt sich dabei um keine kirchlich gebundene Verbindung.«

Die vier Phasen der Trauerarbeit

Es muss uns und unserer Umwelt klar sein, dass dieser Prozess nicht im Schnellverfahren stattfinden oder ganz vermieden werden kann! Auf mindestens ein Jahr sollten wir uns einstellen. Manchmal gehen sogar drei bis fünf Jahre ins Land, bis Körper und Seele zu ihrem alten, vertrauten Gleichgewicht zurückgefunden und wir akzeptiert haben, dass Trauer Zeit braucht, bis der Gedanke an das Kind, das wir nie kennenlernen durften, nicht mehr schmerzt, sondern in ein liebevolles Erinnern übergeht, bis wir – früher oder später – bereit sind, es loszulassen und dennoch mit ihm zu leben. Fast jeder Mensch durchlebt diese vier Phasen:

✦ **Im ersten Stadium** sind wir wie vor den Kopf gestoßen, stehen unter Schock und kommen uns vor wie in einem bösen Traum, aus dem es kein Erwachen gibt. Wir stehen neben uns und versuchen, das Unfassbare zu begreifen.

✦ **Im zweiten Stadium** durchleben wir die schwierigste Zeit: die Zeit der aufbrechenden Emotionen.

Wir sind aus der Trance erwacht, Verzweiflung, Schmerz und Hoffnungslosigkeit unsere ständigen Begleiter. Alle Gedanken kreisen um das, was wir verloren haben.

✦ **Im dritten Stadium** holt uns die Realität endgültig ein, wir suchen nach einem neuen Sinn. Ganz langsam kommt es zu einer Neuorientierung. Der Schmerz quält nun nicht mehr so intensiv, wir wenden uns wieder dem Leben mit seinen Facetten zu und können uns in manchen Augenblicken sogar über etwas freuen. Dennoch kämpfen wir immer noch mit Stimmungsschwankungen und Schwäche …

✦ **Im vierten Stadium** ist unsere körperliche und seelische Balance größtenteils wiederhergestellt. Es tut immer noch weh, an die Vergangenheit zu denken, unser Blick aber richtet sich mehr und mehr nach vorn – auf alles, was wir haben und in Zukunft noch haben können. Vergessen werden wir allerdings unser Sternenkind nie …

Gibt es Trauernde, die irgendwo zwischen den Phasen festhängen?

Natürlich bringen wir diese Phasen nicht immer wie selbstverständlich hinter uns. Zwar kommen die meisten Menschen am Ende des Weges (zu ihrer Zeit) wieder heil hervor, es gibt aber auch Trauernde, die mittendrin verharren, die einfach festhängen. Sie leben nur noch in der Vergangenheit, hadern mit dem Schicksal, das sie so hart getroffen hat, oder betäuben die aufbrechenden Emotionen, zum Beispiel mit Medikamenten.

Wo finden sich Sterneneltern zum Gedankenaustausch?

Es ist zweifellos so: Die besten Wegbegleiter sind Menschen, die genau wissen, wie es uns geht – weil sie selbst mit Sternenkindern leben und bereits erfahren haben, was helfen kann, was Orientierung und Hoffnung gibt. Wir finden sie beispielsweise über unseren Gynäkologen oder das Krankenhaus (wo man vielleicht Kontakte vermitteln kann), über Frauen-, Mütter-, Gemeindezentren, Beratungsstellen wie Pro Familia, Familienbildungsstätten und kirchliche Einrichtungen. Wir bekommen Unterstützung, Informationen, Rat und Trost in Selbsthilfegruppen – von motivierten, betroffenen Eltern ins Leben gerufen – und natürlich auf allen Internetseiten, die sich der Sternenkinder und -eltern annehmen.

Nur Betroffene können in dieser schweren Zeit nachfühlen, was man selbst empfindet, echten Trost spenden und seelischen Beistand geben.

Ist es denkbar, dass einem fremde Menschen so viel Kraft geben?

In den Foren der meisten hier genannten Internetportale können Mütter und Väter, die um ihre verlorenen Kinder trauern, Rat und Hilfe und vor allem auch spontanen Trost finden – mitfühlenden Trost, den ihre persönliche Umgebung oft nicht zu spenden vermag.

Es sind gerade diese ganz warmherzigen Maildialoge mit völlig fremden Menschen, denen vielfach ein ähnliches Schicksal widerfuhr, die das Leid erträglicher machen und manchmal sogar ein erstes sanftes Licht am Ende des Tunnels verheißen – nicht weil geteilter Schmerz halber Schmerz wäre, sondern weil sich in den Botschaften zum Teil auch positive Einsichten und Erfahrungen artikulieren, die man selbst noch gar nicht haben kann.

Um einen kleinen Eindruck von der wohltuenden Kraft solcher, keineswegs anonymer, Dialoge zu gewinnen, zitieren wir hier ein paar Beispiele, bei denen es nicht nur um Fehlgeburten, sondern auch in der Phase danach um Konflikte in der Partnerschaft geht. Zur Wahrung der Intimsphäre in diesen Chats und Foren haben wir auf Namens- und sonstige Detailangaben verzichtet und Kürzungen vornehmen müssen. Die Texte bedürfen keines weiteren Kommentars – sie sprechen ganz einfach für sich.

»Kann mir jemand sagen, wie ich das überstehen soll?«

Eine junge Frau schreibt: »Als ich in der 7. Woche erfuhr, dass ich schwanger bin, war ich sehr glücklich darüber. Aber als ich es dem Vater sagte, hat er einfach seine Sachen gepackt und ist gegangen… Im 8. Monat fühlte ich mich hundeelend, ich wurde im Krankenhaus untersucht, und dann ging alles so schnell: Es gab keine Herztöne mehr, und mein kleiner Sonnenschein hat mich einfach verlassen! Ich bin im Herzen mitgestorben… Jetzt werden es genau drei Jahre, dass das passiert ist, ich komme einfach nicht klar, es tut so verdammt weh, noch immer. Vielleicht kann mir hier jemand helfen und mir sagen, wie ich das weiter überstehen soll?«

»Wenn wir nachts zum Himmel schauen, sind es unsere Sterne…«

In den Antworten finden sich immer wieder Hinweise auf eigene Schicksale. Eine Leidensgenossin: »Es ist zwei Monate her, als der Frauenarzt feststellte, dass da ›nichts mehr ist‹. Ich war im 3. Monat! Meine erste Schwangerschaft! (…) In kurzer Zeit waren wir so weit oben vor lauter Glück und Freude und so schnell, von einem auf den anderen Tag, so tief gefallen in so große Traurigkeit! Mein großes Mitgefühl allen, die etwas so Wertvolles und Wunderschönes verloren haben! Liebe Grüße, und wenn wir nachts zum Himmel schauen, sind es unsere kleinen Sterne, die wir sehen…«

Oder: »Ich habe unser drittes Kind in der 18. Schwangerschaftswoche tot zur Welt bringen müssen. Mittlerweile sind über zwei Jahre vergangen, und meine Trauer ist immer noch so stark wie am Tag der Geburt. (…) Diese Welt kann so ungerecht sein! Wir haben uns dann aber entschlossen, noch ein Kind zu bekommen. Es ist jetzt zehn Monate alt und unser ganzer Stolz. Und trotzdem tut es weh zu wissen, dass da noch eins wäre…«

Oder: »Wir haben unser heiß ersehntes Kind sehr früh verloren. Es war ein Gefühl, als brichst du auseinander. (…) Es ist jetzt ein Jahr her. Ich habe versucht, damit allein fertig zu werden, aber es ist sehr schwer, und ich würde jedem empfehlen, relativ schnell Hilfe bei jemandem, der Verständnis hat, zu suchen. Meine Schwiegermutter hat mir ihre Hilfe bis heute nie angeboten, kein einziges tröstendes Wort. (…) Ich würde mir wünschen, dass alle Menschen, die Betroffene kennen, diese einfach in den Arm nehmen und sie weinen lassen…«

Oder: »Ich habe meinen ersten Sohn (…) einen Tag vor dem Geburtstermin verloren und tot zur Welt gebracht, (…) dann meinen zweiten Sohn im 6. Monat verloren. (…) Ich habe es bis heute nicht überwunden und weine jedes Mal, wenn ich ein Baby sehe. Ich wollte nur sagen, ich fühle mit! Weint so viel und so lange ihr das Bedürfnis danach habt, denkt nicht, was andere denken könnten.«

Oder: »Ich bin selbst Vater zweier gesunder Kinder, aber auch meine Frau und ich mussten einen schweren Schlag hinnehmen, worauf sich meine Frau dann auch kurzfristig von mir trennte. (…) Ich kann jedem Vater nur einen Tipp aus eigener Erfahrung geben: Redet, redet so viel ihr könnt und mit wem ihr könnt. Auch ich habe den Fehler gemacht und alles in mich hineingefressen. Man(n) geht daran kaputt. Und irgendwann frisst es einen auf. Macht nicht diesen Fehler!«

»Ist mein Baby gegangen, weil es alles mitbekommen hat?«

Ein anderer Fall, eine ähnliche Problematik: »Ich weiß gar nicht, wie ich anfangen soll. (…) Ich hab vor zwei Tagen mein Baby verloren, war in der 9. Woche schwanger. Seitdem bin ich nur noch am Weinen, weiß nicht weiter. Der Vater wollte das Kind nicht haben, hat mich ständig angerufen, war unter Drogen. Ist mein Baby deshalb gegangen, weil es alles mitbekommen hat?«

»… aber irgendwann kommt der richtige Moment!«

Eine Auswahl an Reaktionen: »Mir ist es ähnlich wie dir ergangen. Ich habe mein Kind in der 10. Schwangerschaftswoche aus dem Bauch holen lassen müssen. (…) Bin intervallmäßig ständig am Heulen, kann es nicht begreifen. Ich wünsch dir ganz viel Kraft!«

Oder: »Ich weiß auch, wie nervenaufreibend es ist, sich gegen einen Mann durchzusetzen, der das Baby nicht will. Mir ging es genauso. Und ich habe mich gegen ihn durchgesetzt. Leider ist meine Kleine dann doch zu den Sternen gegangen.«

Oder: »Bitte mach dir keine Vorwürfe, dass das Baby aufgrund von Streitereien und Drohungen des Kindsvaters gegangen ist. (…) Sieh mal, wie viele Kinder aus ganz schlimmen Verhältnissen kommen gesund auf die Welt! Ich wünsch dir alles Gute.« Oder: »Bitte gib die Hoffnung nicht auf, auch du wirst eines Tages ein Baby bekommen. Im Moment kannst du es dir bestimmt nicht vorstellen, aber irgendwann kommt der richtige Moment!«

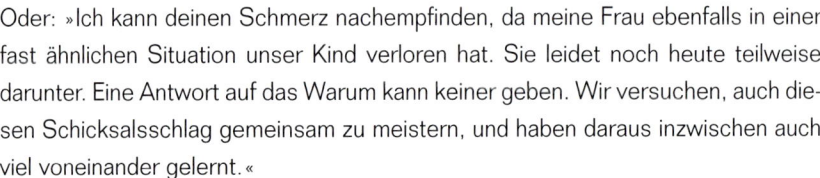

Oder: »Ich kann deinen Schmerz nachempfinden, da meine Frau ebenfalls in einer fast ähnlichen Situation unser Kind verloren hat. Sie leidet noch heute teilweise darunter. Eine Antwort auf das Warum kann keiner geben. Wir versuchen, auch diesen Schicksalsschlag gemeinsam zu meistern, und haben daraus inzwischen auch viel voneinander gelernt.«

»Mein Mann und ich – haben wir uns auseinandergelebt?«

Offene Worte online: »Ich bin mal wieder – oder immer noch – völlig am Ende. (…) Nachdem der Jahrestag (der Totgeburt) hinter mir liegt, habe ich so gehofft, mir wird es besser gehen, leider ist das Gegenteil der Fall. (…) Denke nur an mein Sternenbaby. Alles geht schief. Zwischen mir und meinem Mann läuft es total schlecht, ich habe das Gefühl, wir haben uns völlig auseinandergelebt. Und mit meiner engsten Freundin ist es nun völlig vorbei. (…) Keine Chance mehr, das einzurenken. Sie hat nur an sich und ihre Sorgen gedacht und empfand mich mit meinen Sorgen als überflüssig …«

»Ich drück dich ganz fest (wenn ich darf)«

Trost und Zuspruch lassen nicht auf sich warten: »Mit meinem Mann gibt's zurzeit auch ohne Ende Probleme! Kann sein, dass viel an mir liegt, aber doch nicht nur. (…) Da wir noch ein Baby wollen, müssten wir viel ›üben‹, doch das ergibt sich eben auch nicht so häufig, wenn oft Knatsch ist. (…) Wenn eine der letzten Schwangerschaften geklappt und ich die Babys nicht verloren hätte, dann wäre bestimmt einiges anders – wahrscheinlich nicht leichter, aber anders eben!«
Oder: »Fühle sehr mit dir. Ich habe auch die Erfahrung gemacht, dass der Partner sich ziemlich aus dem ganzen Gefühlschaos raushält, den eine Fehlgeburt hinterlässt. Leider. (…) Falls du auch keine Unterstützung von deiner Familie bekommst, scheu dich nicht, professionelle Hilfe anzunehmen!«
Oder: »Das klingt in der Tat alles sehr schlimm. Es gibt eben Phasen im Leben, da sollte sich die Welt mal ein paar Runden ohne einen selber drehen. (…) Ich weiß, gerade in solchen Phasen braucht man eher jemanden, der einen mal ein Stück weit mitträgt oder mitzieht, und gerade dann ist kaum jemand da! Bitte pass (soweit möglich) gut auf dich auf. Solche Phasen können auch leicht in Depressionen abrutschen. Ich drück dich mal ganz fest (wenn ich darf).«

Verwaiste Eltern – ist dieser Begriff immer noch unbekannt?

Ja, und das liegt nicht zuletzt daran, dass wir das Wort »Waise« (abgeleitet vom mittel- und althochdeutschen Wort »weiso« = »verlassen«, »leer«) bisher lediglich mit einem Kind verbinden, das einen Elternteil (Halbwaise) oder Vater und Mutter (Vollwaise) verloren hat. Selbst das Lexikon gibt nichts anderes an!

Dabei ist es für Eltern, die ihr Sternchen hergeben mussten, ja ganz genauso – auch sie sind »verwaist«, weinen um einen kleinen Menschen aus der engsten Familie und bleiben, manchmal Monate und Jahre, in Trauer und Schmerz hängen, vereinsamen unter Umständen sogar darin. Ist da der Ausdruck »verwaiste Eltern« nicht absolut zutreffend? Zumindest für einen (großen?) Teil unserer Gesellschaft nicht. Für jenen Teil nämlich, der das Vor-

Verwaiste Eltern fühlen sich genauso leer und verlassen wie ein Kind, das Vater und Mutter verloren hat.

Eine Bitte an unsere Mitmenschen

Unser Kind hat uns verlassen
nie werden wir es lachen sehen –
wer kann unseren Schmerz erfassen,
wer kann unser Leid verstehen ...

Verzeiht, wenn wir uns so »verwandeln«,
doch nichts kann unseren Kummer lindern –
unser Denken, Sehnen, Handeln
gilt stets unseren Sternenkindern ...

Beachtet bitte, was ihr sagt,
wenn ihr mit uns sprechen solltet –
damit ihr uns nicht quält und plagt,
wo ihr uns doch trösten wolltet ...

Worte haben große Macht,
sie spenden Liebe, können heilen –
wählt eure Worte mit Bedacht,
wollt ihr uns zu Hilfe eilen ...

Denn Worte können auch verletzen,
wenn sie unsrer Trauer höhnen –
können unser Aug' benetzen,
statt mit dem Schicksal uns versöhnen ...

Begleitet unseren Weg ein Stück,
und wenn wir reden, lauscht uns bitte –
weist unser Baby nicht zurück
und nehmt es auf in eurer Mitte.

Ralf Korrek

handensein dieser Väter und Mütter ignoriert und verdrängt. Oder sogar die abstruse Vorstellung hat, man brauche doch nur »neue« Kinder in die Welt zu setzen, um getröstet zu sein.

Was wir dazu sagen? Wir glauben, dass an dieser Stelle auf einen weiterführenden Kommentar getrost verzichtet werden kann!

Warum reagieren Familie und Freunde nicht so, wie wir uns das aus tiefstem Herzen wünschen?

Was verwaiste Mütter und Väter nicht nur traurig, sondern oft auch geradezu wütend macht, ist in so manchen Foren ein viel diskutiertes Thema: unsere Umwelt, auf deren Trost und Hilfe wir bauen möchten und die viel zu oft kläglich versagt – die verletzt, statt zu heilen, die sich zurückzieht, statt uns beide Hände zu reichen, bis wir endlich ein kleines Licht am Ende des Trauer-Tunnels sehen. Der Grund: Die Menschne in unserer Umgebung können sich beim besten Willen nicht in unsere Situation hineinversetzen. Es sei denn, sie hätten diese Erfahrung selbst schon einmal gemacht. Andernfalls scheint es ein Ding der Unmöglichkeit zu sein, das »Richtige« für trauernde Eltern zu tun, tröstende Worte zu finden, die den emotionalen Schockzustand der verzweifelten Mutter durchdringen, ohne noch mehr Schaden anzurichten. Trauer ist für die Umwelt meistens unbequem. Zu unbequem? Viele (eigentlich mitfühlende) Menschen ziehen sich anfangs lieber zurück – oft aus Angst, sich falsch zu verhalten.

> Freunde und Verwandte wissen häufig nicht mit unserer Trauer umzugehen und ziehen sich zurück oder – noch schlimmer – flüchten sich in Floskeln.

»Die Zeit heilt alle Wunden…« – wird sie das wirklich tun?

Viele (eigentlich durchaus Sensible) retten sich in Phrasen wie beispielsweise: »Das Leben geht weiter…«, »Seid froh, dass es so früh passiert ist…« oder »Die Zeit heilt alle Wunden…«. Und wir? Wir wissen genau: Nein, diese Wunde wird niemals ganz heilen. Wir werden immer an unser Kind denken, bestenfalls lernen wir, irgendwann mit ihr zu leben.

Bevor wir aber aus verständlicher Enttäuschung über (Fehl-)Reaktionen lieber Mitmenschen in die Isolation flüchten, sollten wir, so schwer es auch fallen mag, auf sie zugehen und eindeutige Signale setzen.

Paten hat unser Kind nie gehabt. Was ist, wenn wir eine Sternpatenschaft wollen?

Manche verwaiste Eltern vertiefen das Gefühl von Sternenhimmel und Unendlichkeit dadurch, dass sie einen realen Stern »kaufen« und ihm den Namen ihres Sternenkindes geben, um ein Leben lang aufschauen und die Erinnerung an das geliebte Wesen leuchten lassen zu können. Ein schöner Gedanke, der leicht in die Tat umzusetzen ist, wenn man den angeblichen Kauf von vornherein als Fiktion begreift. Realistisch sind lediglich Sternpatenschaften, wie sie von kommerziellen Unternehmen, aber durchaus auch von seriösen Sternwarten qua Urkunde angeboten werden. Ob man »seinen« Himmelskörper wirklich jemals am Firmament präzise lokalisieren wird, bleibt dahingestellt, denn mit bloßem Auge zu sehen sind sowieso nur rund 6000 Sterne, aus der Großstadtperspektive allenfalls einige hundert. Doch darum geht es letztendlich gar nicht. Allein der Gedanke, dass »irgendwo dort oben der Stern unseres Sternenkindes blinkt«, kann in Augenblicken der Wehmut unendlich guttun …

> »Hoch oben am Himmel blinkt unser Sternchen … Es sieht zu uns herunter, und wir sehen zu ihm hinauf.«

Ich bin wieder schwanger. Ab wann kann ich mich richtig freuen?

Haben wir ein Kind viel zu früh verloren, ist es mehr als verständlich, wenn neben aufsprühenden Glücksfünkchen erst einmal Angst und Sorge das Ruder übernehmen und wir um diese Schwangerschaft, um diese neue Chance zittern.
»Wird diesmal alles gut gehen …?« Die Furcht vor dem nächsten Schicksalsschlag hat uns erst mal fest im Griff und nimmt noch zu. Zumindest bis zu dem Zeitpunkt, an dem wir damals das Sternenkind gehen lassen mussten. Zwar raten Experten, dieses Datum nicht zu verdrängen, sondern zu akzeptieren, sie wissen aber gleichzeitig, dass sich die seelischen Folgen einer Fehlgeburt und deren Verarbeitung auf den Verlauf einer nachfolgenden Schwangerschaft auswirken können.
Vor allem dann, wenn bereits mehrere Fehlgeburten aufgetreten sind, ist die seelische Belastung groß. Oft stellen Frauen daraufhin generell ihre Fortpflanzungsfähigkeit infrage, die Männer hingegen die »Qualität« ihres Erbguts (siehe Seite

56 f.). Wissenschaftler sind mittlerweile tatsächlich zu dem Schluss gekommen, dass sich durch Verarbeitungsprozesse nach einer Fehlgeburt die Befindlichkeit der Frau im ersten Trimenon einer neuen Schwangerschaft ziemlich genau vorhersagen lässt: Hat die werdende Mutter seinerzeit beispielsweise mit Depressionen beziehungsweise pessimistisch-trauriger Verarbeitung reagiert oder sogar eine pathologische Trauer mit chronischer Symptomatik entwickelt, neigt sie eventuell auch jetzt zu großen Ängsten und depressiven Störungen. Im Gegensatz dazu, heißt es, kann der aktiven Trauer (siehe Seite 20) eine durchaus adaptive (anpassende) Funktion zugeschrieben werden.

»Traumatische Trauer« blockiert oft den Wunsch nach einem weiteren Kind

Bei der »traumatischen Trauer« handelt es sich um eine Sonderform mit eigenem Krankheitswert, die von heftigen Emotionen, nicht enden wollender starker Sehnsucht nach dem verlorenen Kind, aber auch von einer sogenannten vermeidenden Symptomatik begleitet werden kann. Manche Mütter quälen noch Jahre nach dem Verlust Bilder aus der Vergangenheit, die nicht wegzuschieben sind – die Geburt, das tote Baby oder der schmerzliche, tränenreiche Abschied im Krankenhaus. Andere hingegen weichen jeder Situation aus, die an das Erlebte erinnern könnte.

Nicht selten entscheidet sich eine Frau bewusst gegen eine neue Schwangerschaft, aus Angst vor der Wiederholung des traurigen Geschehens.

Wie können wir mit neuen Zweifeln und Befürchtungen fertig werden?

Es gibt keinen Königsweg. Aber wir können durchaus einiges tun, um uns besser und sicherer zu fühlen. Zunächst einmal sollten wir keinesfalls zu hart mit uns ins Gericht gehen, wenn sich unsere Freude über die – glücklichen – Umstände erst einmal in Grenzen hält (kein Wunder bei der Vorgeschichte), und wir sollten es uns auch nicht vorwerfen, wenn traurige Gefühle überschwappen und Tränenbäche fließen. Gelegentlich zu weinen ist nicht nur verständlich, sondern löst so manche Anspannung. Ist der Schwangerschaftszeitpunkt des vorherigen Verlustes überschritten, fällt auch positives Denken leichter. Wir wagen es, daran zu glauben, dass diesmal alles gut ausgehen wird. Denn je mehr Schwangerschaftswochen vergehen, desto geringer ist die Gefahr einer Fehlgeburt. Darüber hinaus lassen die munteren Turnübungen in unserem Bauch, regelmäßige Vorsorgekontrollen und ausführliche Informationen vom Gynäkologen die Gewissheit wachsen, dass das Baby wohlauf ist, dass mit ihm alles in Ordnung ist. Natürlich können wir den Arzt auch bitten, außerplanmäßig vorbeikommen zu dürfen, um dem Herzschlag des Kindes zu lauschen – nur zur Beruhigung. Ebenfalls zur Beruhigung tragen Hebammen bei, tröstliche und aufbauende Begleiterinnen bis zum (Baby-)Ziel und auch noch eine Weile danach.

Hebammen haben eine Menge Erfahrung darin, wie Angst zu mildern und Vertrauen zu uns selbst zu stärken ist (Akupunktur, Tees, Bachblüten etc.), und wir können sie jederzeit um ein Gespräch bitten.

Wenn die Ursache für unseren damaligen Verlust eindeutig festgestellt worden ist (beispielsweise Gebärmutterhalsschwäche), in Zukunft ausgeschaltet wird oder vermutlich kein zweites Mal passieren kann, haben wir einen klaren Vorteil. Leider gibt es, wie in Teil II dieses Buches ab Seite 35 nachzulesen ist, für viele Fehl- und Totgeburten absolut keine Erklärung, bestenfalls Mutmaßungen. Aber immerhin besteht nur eine geringfügig erhöhte Wahrscheinlichkeit, dass es nach ein oder zwei Fehlgeburten zu einer weiteren kommt. Halten wir uns am schönsten und beruhigendsten Fakt getrost ein bisschen fest: Die überwiegende Mehrheit der Sternenmütter hat anschließend völlig gesunde und problemlose Schwangerschaften, wie einige von ihnen in dem Teil V »Wenn sich der Traum doch noch erfüllt« ab Seite 175 erzählen.

»Awareness Ribbons«: Wo bekomme ich die Schleifen der Erinnerung?

Fast jeder kennt sie, die rote Aidsschleife und die rosa Brustkrebsschleife – Symbole, mit denen an die jeweilige Krankheit sowie an die Betroffenen und deren Familien erinnert werden soll. Diese Schleifen sind inzwischen weltweit bekannt. Mittlerweile existieren Bänder in den unterschiedlichsten Farben, stellvertretend für viele andere Krankheiten und Zwecke. Darunter befindet sich eine ganz besondere Schleife in den Farben Rosa und Hellblau zum Gedenken an Babys, die vor, während oder kurz nach der Geburt gestorben sind.

In Deutschland ist diese Schleife noch immer relativ unbekannt. Sie ist auf jeden Fall bei spezialisierten Versandhändlern in den USA und England zu bekommen. Geben Sie dazu einfach das Stichwort »awareness ribbon light blue« bei der Suche im Internet ein.
Neuerdings kann aber auch über deutsche Internetadressen, wie www.erinnerungsschleifen.de oder www.tiefimherzen.com, neben vielen wunderbaren Erinnerungsstücken unter anderem diese Erinnerungsschleife erworben werden.

Wie lange sollten wir warten, bis andere von der neuen Schwangerschaft wissen dürfen?

Der Schwangerschaftstest ist positiv, ein Glückwunsch des Gynäkologen folgt auf dem Fuße, und wir umarmen die ganze Welt, rufen ihr zu: »Hurra, ein Baby ist unterwegs!« So haben wir es damals erlebt. Bis uns der Schicksalsschlag traf und all unsere Lieben mit uns litten und um uns bangten. Hätten wir doch nur nichts gesagt! Viele Sterneneltern entscheiden sich darum aus gutem Grund erst einmal für ein Verschweigen der Neuigkeit, zumindest bis sie über den Zeitpunkt der letzten Fehlgeburt hinweg sind und ernsthaft zu hoffen beginnen. Der richtige Weg? Zumindest ein ganz persönlicher Entschluss, an dem niemand rütteln sollte.

Nachdenken über Alternativen: Muss es ein leibliches Baby sein?

Haben wir im Vorfeld alles versucht, jede nur erdenkliche Möglichkeit (erfolglos) ausgeschöpft, ein eigenes Baby zur Welt zu bringen, oder ist die Angst vor einem erneuten Verlust übermächtig? Wer sich sehnlichst ein Kind wünscht, sollte auch einmal über Alternativen nachdenken. Mögliche Wege sind die der Adoption oder Pflegschaft.

Was ist der Unterschied zwischen Adoptiv- und Pflegekind?

Das **Adoptivkind** wächst nicht bei seinen leiblichen Eltern auf, wird in den meisten Fällen gleich nach der Geburt zur Adoption freigegeben und kommt somit fast immer ohne Verzögerung in die neue Familie. Leiblichen Kindern – die schon da sind oder wunderbarerweise doch noch geboren werden – ist es rechtlich in jeder Weise gleichgestellt. Das heißt: Die Adoptiveltern sind sorgeberechtigt, für den Unterhalt des Kindes verantwortlich, können das staatliche Erziehungsgeld beziehen und Elternzeit in Anspruch nehmen. Dieses rechtliche, nicht auf biologischer Abstammung be-

> Viele Eltern, die mehrere Fehlgeburten erleiden mussten, entscheiden sich dann irgendwann für ein Adoptivkind.

ruhende Eltern-Kind-Verhältnis lässt sich nur unter ganz speziellen Umständen und ausschließlich zum Wohl des Kindes auflösen.

Das **Pflegekind** bleibt – rechtlich gesehen – Mitglied seiner Ursprungsfamilie, das Sorgerecht bei einem Vormund oder den leiblichen Eltern, die nicht in der Lage sind, es adäquat zu versorgen.

Kurzzeitpflege, Langzeitpflege – kann daraus auch viel mehr werden?

In die sogenannte **Kurzzeitpflege** kommen Kinder, deren Eltern sich nur vorübergehend nicht ausreichend um sie kümmern können, beispielsweise wegen Krankheit, und sie danach (baldmöglichst) wieder zu sich holen.

Die **Langzeitpflege** ist auf Jahre ausgelegt und wird eingesetzt, wenn Kinder bereits eine lang anhaltende Notlage (Vernachlässigung, Gewalt, Missbrauch) erleiden mussten, ihre Entwicklung stark gefährdet ist und sich herausstellt, dass ihre Mütter und Väter aller Voraussicht nach auch in Zukunft nicht »erziehungsfähig« sind.

Pflegeeltern erhalten finanzielle Unterstützung für ihren Einsatz und den Unterhalt des Kindes. Zudem haben sie Anspruch auf fachliche Hilfe durch das Jugendamt, dessen »Vertragspartner« sie sind. Bei dieser Pflegeform wird spätestens in einem Zeitraum von etwa zwei Jahren entschieden, ob es eine Rückführung nach Hause geben darf oder nicht, also das Kind wieder bei seinen leiblichen Eltern wohnt. So manches Pflegekind ist durch traurige Erfahrungen in seiner Vorgeschichte – die es häufig auf das neue Umfeld überträgt – nicht leicht zu integrieren, und man braucht dort vor allem: unendliche Geduld und liebende Bereitschaft, den jungen (beziehungsweise kleinen) Menschen zu akzeptieren und aufzufangen, wenn es Probleme gibt.

Erfahrungsgemäß sieht das Kind seine Pflegeeltern irgendwann als Bezugspersonen an und bindet sich so fest an sie, dass es, ähnlich wie ein Adoptivkind, bis ins Erwachsenenalter bei ihnen bleibt.

Was können wir noch tun, wenn sich der Wunsch nach einem leiblichen Baby niemals erfüllen wird, wir uns eine Zukunft mit Adoptiv- oder Pflegekind aber auch nicht vorstellen können? Wir können uns auf die Suche machen nach anderen Lebensinhalten, in denen wir – auch wenn wir es uns jetzt kaum vorstellen können – neue Möglichkeiten und Chancen finden werden.

Es gibt viele Kinder in unserer Gesellschaft, die unserer Liebe bedürfen. Es muss nicht immer nur das eigene sein.

Wenn eine Schwangerschaft zu früh endet

Fehlgeburt – eine sachliche Diagnose und doch viel mehr als nur das. Der folgende Teil von »Sternenkinder« beleuchtet sämtliche medizinischen Hintergründe in gebotener Ausführlichkeit. Weil jeder von uns endlich ganz genau wissen will, was da mit einem – und dem kleinen Leben in einem – geschah oder geschieht, und vor allem: ob man ernsthaft hoffen darf, dass beim nächsten Mal wirklich alles gut geht. Um die Antwort auf diese eine und entscheidende Frage vorwegzunehmen: Man darf – und das aus vielen guten Gründen.

Es fällt schwer, halbwegs unbefangen darüber zu reden

Das Wort allein ist schlimm genug: Fehlgeburt. Auch die medizinische Vokabel dafür, nämlich Abort, hört sich kaum erträglicher an. Und selbst die fachärztlichen, relativ leidneutral klingenden Spezifizierungen wie Abortus incipiens, missed Abortion oder ähnliche strahlen eine emotionale Kälte aus, die schaudererregend ist.

Aber man kommt leider nicht umhin, diese Begriffe zu verwenden. Sie sind klar definiert, und wenn wir uns auf den folgenden Seiten ihrer bedienen, so tun wir es zum einen notwendigerweise und zum anderen in der Hoffnung, dabei so behutsam wie nur möglich mit den Gefühlen der Beteiligten umzugehen.

Der medizinische Fachterminus klingt distanziert und steril. Doch nur so kommt man den Ursachen auf die Spur.

Am besten wäre es natürlich, man würde sich dem leidvollen Thema in einer Art Vieraugengespräch nähern, durch und durch faktenbezogen und fernab jeder persönlichen Betroffenheit. Das ist gewiss viel verlangt. Lassen Sie es uns trotzdem versuchen. Dass die folgenden Texteinheiten bei allem Bemühen um populäre Lesbarkeit zuweilen auch ein paar trocken anmutende Passagen enthalten können, ist der angestrebten Sachlichkeit wegen kaum zu vermeiden. Einigen wir uns darauf: Diese bewusst zurückhaltende Form wird der Sache am ehesten gerecht.

In der Medizin muss alles steril sein – oft selbst die Formulierungen

Unter Medizinern gilt eine Fehlgeburt, so Prof. Dr. Ragosch, schlicht und einfach als das »Absterben eines Embryos beziehungsweise die vorzeitige Geburt eines Fötus vor Erreichen der extrauterinen (außerhalb des Mutterleibes möglichen) Überlebensfähigkeit« bis zum Ablauf der etwa 22. bis 24. Woche. Oder noch karger: »Ein Abort liegt dann vor, wenn das Kind mit einem Gewicht von unter 500 Gramm tot zur Welt kommt. « Auch vom »verfrühten Ende einer Schwangerschaft durch spontanen Verlust oder willentliche Unterbrechung« zu sprechen, wäre korrekt, weil es bedeutet: Das Baby kann nicht bis zur normalen Entbindung ausgetragen werden. Die Antwort auf die Frage, wie häufig Fehlgeburten zu beklagen sind, hat sich im Laufe der letzten Jahrzehnte geändert. Früher glaubte man noch, das sei ein eher seltenes Phänomen. Heute aber endet fast jede zweite Schwangerschaft in einem Abort.

Wie sich eine Fehlgeburt ankündigen kann, aber keineswegs muss

Diese Einschränkung in der Überschrift ist wichtig, einfach deshalb, weil es viel mehr Arten von Fehlgeburten gibt, als man überhaupt für denkbar hält. Das gilt zumindest für die meisten Menschen, die nicht unmittelbar involviert sind und darum auch kaum ermessen können, wie weit der Bogen reicht: von unbefangener Zuversicht bis zu tiefster Trauer und Verzweiflung nämlich.

Die Unterschiede bei der Definition einer Fehlgeburt hängen sowohl von der jeweiligen Ursache als auch vom Zeitpunkt innerhalb der Schwangerschaft ab. Gemeinhin gilt: In den ersten drei Monaten kann sich ein Abort durch geringe Blutungen oder bräunlichen Ausfluss ankündigen, vielfach treten danach Schmerzen im Unterleib auf. Typisch für einen drohenden Verlust zu einem späteren Schwangerschaftszeitpunkt sind dagegen ziehende, wehenartige Beschwerden im Unterbauch oder der Verlust von Fruchtwasser, während leichte bis mittelstarke Blutungen erst anschließend auftreten.

Fehlgeburten können sich durch plötzliche Blutungen und Schmerzen im Unterleib ankündigen – müssen aber nicht.

Kleine Wunder gibt es immer wieder

Im gleichen Atemzug hört und liest man dann vielleicht auch noch: Manchmal lässt sich eine Schwangerschaft trotzdem erhalten – per Ultraschall und Hormonbestimmungen wird festgestellt, ob der Fötus im Prinzip normal ausgebildet ist und lebt und ob der Mutterkuchen weiterhin seine Funktion erfüllt. Trifft all das zu, folgen Versuche, den Status quo mithilfe strenger Bettruhe, entspannender und wehenhemmender Medikamente zu erhalten. Wenn allerdings wehenartige Schmerzen einsetzen, die Blutungen zunehmen, der Muttermund sich öffnet und sogar die Fruchtblase platzt, sinken die Chancen rapide, die Fehlgeburt noch zu verhindern.

Wann Schmierblutungen eher harmlos sind

An dieser Stelle wollen wir der Vollständigkeit halber nur zu gern darauf hinweisen, dass vaginale Blutungen in einer frühen Phase der Schwangerschaft keineswegs automatisch und grundsätzlich immer auf eine drohende Fehlgeburt hindeuten müssen. Es gibt sehr wohl auch andere – harmlosere – Gründe dafür. So können

Die Statistik, die Risiken zeigt und zugleich Hoffnung macht

Lassen Sie uns an dieser Stelle ruhig schon mal einen etwas genaueren Blick auf die Zahl der Fehlgeburten werfen, gestaffelt nach ihrem Zeitpunkt innerhalb einer Schwangerschaft (siehe Seite 39). Auch wenn solche statistischen Werte jedes Einzelschicksal überdecken und darum für trauernde Betroffene oft wenig tröstlich sind, helfen sie doch, durchschnittliche Relationen aufzuzeigen, manchmal komplizierte Erklärungen auf einen einfachen Nenner zu bringen – und darüber hinaus Hoffnung zu machen. Die Medizin spricht in diesem Zusammenhang übrigens vom »Schwangerschaftsalter« und verwendet dabei das Kürzel »SSW«, womit schlicht vollendete Schwangerschaftswochen ab dem ersten Tag der letzten Regel gemeint sind (auf Lateinisch p. m. = post menstruationem).

Schmierblutungen beispielsweise durch einen Polypen oder eine Entzündung am Gebärmuttermund verursacht worden sein, was man vielleicht nach dem Geschlechtsverkehr oder bei einer Stuhlverstopfung bemerkt. Eine Plazentarandblutung ist ebenfalls denkbar. Und zu guter Letzt kennt man auch die sogenannte Nidations-(Einnistungs-)Blutung, zu der es kommen kann, wenn die Eizelle sich in der Gebärmutter häuslich einrichtet. Selbstverständlich sollte der behandelnde Arzt unbedingt nach dem Rechten sehen.

Jede Info kann immer nur ein kleiner Mosaikstein sein

Erste Zwischenbilanz: Alle die in diesem Vorlaufkapitel angesprochenen Fakten sind zwar grundsätzlich richtig und wichtig, aber sie sind und bleiben immer nur ein Teil der ganzen Wahrheit. Das wird spätestens auf den folgenden Seiten klar, wenn es explizit um die einzelnen Abortarten geht. Wir erläutern bewusst relativ schnörkellos, wie sie ärztlicherseits definiert und differenziert werden. Bitte nicht erschrecken – es tauchen diverse Kategorien mit Überlappungen und Untergruppierungen auf. Doch da sie alle ihre eigene Charakteristik haben, ist es wirklich sinnvoll, den jeweiligen Hintergrund kurz auszuleuchten. Und sei es nur, um zu erfahren, was einen bei einer erneuten Schwangerschaft zu gegebener Zeit auf keinen Fall mehr ereilt.

Informationen nehmen nicht den Schmerz, aber können für mehr Klarheit sorgen.

Die Arten des Verlustes: von Abortus completus bis Totgeburt

Oft gibt es einen frühen Abschied, ohne dass man ihn überhaupt bemerkt. Dieser Tatsache kam die Medizin in solcher Eindeutigkeit erst auf die Spur, seit sie über die modernen Methoden der Schwangerschaftsdiagnostik verfügt.

Eine Tatsache, die zugleich der Einstieg in die heute gängigen Klassifizierungen der verschiedenen Abortformen ist, die sich zunächst ausschließlich nach ihrem Zeitpunkt richten und darum als Frühest-, Früh- und Spätabort eingeordnet werden. Unterscheidungen, die in dieser marginalen Differenzierung allgemein noch relativ wenig bekannt sind. »Frühest« (die Ärzte sprechen von »präklinisch«) bedeutet, dass unmittelbar nach Einnistung der befruchteten Eizelle eine Fehlgeburt erfolgt, die meistens kaum realisiert wird, weil sie mit der erwarteten Regel zusammenfällt.

Die Medizin ordnet Abortformen unter anderem nach ihrem Zeitpunkt ein: Frühest-, Früh- und Spätaborte.

Viele Frauen sind absolut ahnungslos, nehmen unter Umständen auch an, dass die Periode sich vielleicht ein wenig verzögert hat oder die Blutung nur zufällig stärker ist als sonst. Häufig stirbt die befruchtete Eizelle sogar schon vor der erwarteten nächsten Regel ab. Der Grund in fast allen Fällen: genetische Schäden. Der Embryo wäre niemals lebensfähig gewesen, insofern ist ein solcher Abort nichts anderes als eine nahe liegende körperliche Schutzreaktion. Die Zahl dieser Frühestfehlgeburten kann man nur schätzen, aber so viel dürfte sicher sein: Es sind weit über 50 Prozent aller Aborte überhaupt.

»Früh« bezieht sich auf all jene Fehlgeburten, die bis zur 12., maximal 14. Schwangerschaftswoche passieren. Die 14. Woche ist übrigens auch der Zeitpunkt, ab dem ohne medizinisch und rechtlich begründete Voraussetzungen kein Abbruch mehr möglich ist. »Spät« schließt alle Aborte ein, die, aus welchen Gründen auch immer, erst danach zu verzeichnen sind.

Jede weitere Woche reduziert die Gefahr einer Fehlgeburt

Der aktuellen Statistik zufolge beträgt das Risiko einer Fehlgeburt vor der 5. Schwangerschaftswoche (SSW) über 50 Prozent. Bis zur 7. SSW – beziehungsweise bis zum messbaren Herzschlag – sind es etwa zehn bis 15 Prozent. Zur Erklärung: Ab ungefähr der 6. SSW lässt sich tatsächlich schon eine kindliche Herzaktion im Ultraschall sehen, was an ein Wunder grenzt, weil der Embryo noch kaum größer als fünf Millimeter ist! Bis zur 9. SSW kommt ein Abortrisiko von circa fünf Prozent hinzu. Bis zur 12. Woche sind es weitere rund drei Prozent. Und ab dann bis zur 16. SSW verringert es sich auf unter drei Prozent. Schon diese kurze Übersicht bestätigt: Die Chancen für eine intakte Schwangerschaft steigen von Woche zu Woche!

Auf Lateinisch klingen die Unterschiede fast unerheblich – aber sie sind es nicht

Die übliche Einteilung nach der sogenannten »klinischen Symptomatik« charakterisiert eine, wie eingangs angesprochen, große Zahl ganz unterschiedlicher Abortarten. Sie tragen erwartungsgemäß allesamt lateinische Bezeichnungen, für die sich nur bedingt adäquat kurze Übersetzungen finden lassen: Abortus completus charakterisiert jene Fehlgeburt, bei der es zu einem »vollständigen und gleichzeitigen Abgang der gesamten Frucht« – Chorionhülle, Amnionsack und Embryo – kommt. In der Gebärmutter bleibt nichts zurück. Um die zeitliche Einteilung oben wieder aufzugreifen: Der Abortus completus tritt meistens als früheste oder frühe Fehlgeburt bis zur 12. und selten jenseits der 16. Schwangerschaftswoche auf.

Neben der zeitlichen Einordnung unterscheidet die Medizin nach der »klinischen Symptomatik« und charakterisiert damit eine große Zahl unterschiedlicher Abortarten.

Beim Abortus incompletus handelt es sich in erster Linie um eine »unvollständige« Fehlgeburt, das heißt: Es wird zwar das meiste Schwangerschaftsgewebe geburtsartig – also mit Blasensprung und Wehen – ausgestoßen, doch oft bleiben Plazentateile in der Gebärmutter zurück, die durch eine Ausschabung (Seite 43 ff.) klinisch entfernt werden müssen.

Bei »imminens« hat die Schwangerschaft noch Chancen

Im Gegensatz dazu mag ein Abortus imminens durchaus glücklich verlaufen. Es handelt sich dabei nämlich de facto zunächst nur um eine drohende Fehlgeburt mit geringen Blutungen und Wehentätigkeit: Die Schwangerschaft gilt so lange als intakt wie der Gebärmutterhals geschlossen bleibt. Abhängig von den jeweiligen Umständen lässt sich die Schwangerschaft oft noch durch strenge Bettruhe retten. Anders beim Abortus incipiens, der beginnenden Fehlgeburt: Hier ist der Prozess bereits im Gange, die Fruchtblase kann schon geplatzt sein, die Wehen haben eingesetzt, eine Therapie bringt nichts mehr, im Gegenteil, der Arzt kann – schlimm, aber unumgänglich – eigentlich nur noch zu einer schnellen und vor allem komplikationslosen Beendigung der Schwangerschaft beitragen.

Wenn mehrere Fehlgeburten geschehen sind

Der habituelle Spontanabort beschreibt generell die plötzliche Fehlgeburt ohne äußeren Einfluss, und zwar im Wiederholungsfall. Aber was heißt »wiederholt«? Die Weltgesundheitsorganisation (WHO) geht dabei von drei oder mehr hintereinander – vor der 20. SSW – auftretenden Aborten aus. Eine immer größer werdende Zahl von Wissenschaftlern plädiert inzwischen aber für die neue Definition, wonach auch Frauen mit über 30 Jahren mit zwei und mehr Fehlgeburten bereits in diese Kategorie gehören. Immer davon ausgehend, es handelt sich jedes Mal um ein und denselben Vater.

Abortivei: Es gibt eine Fruchthöhle – doch die ist leer

Äußerst ungewöhnlich ist der ovuläre Abort. Dieser Begriff beschreibt den naturgewollten Abgang bis zur 8. Woche eines sogenannten Abortiveis, das, weil unfähig zur weiteren Entwicklung, auch als Windei (sogenannte Windmole) bekannt ist. Kein sonderlich nettes Wort für ein derart unglückliches Vorkommnis, bei dem sich die Fruchtanlage zwar an der richtigen Stelle ansiedelt, aber kein Leben daraus erwächst. Zunächst deutet alles auf eine normale Schwangerschaft hin. Beim Ultraschall ist wie üblich eine Fruchthöhle auszumachen, doch die bleibt (erst ab der 6. oder 7. Woche erkennbar) leer, ohne Dottersack und Embryo.

Bei einem sogenannten Windei zeigt der Ultraschall zwar eine Fruchthöhle, doch darin wächst leider kein Leben.

Statt eines Embryos nur blasige Strukturen

Als sehr spezielle Variante gilt die Blasenmole, eine Art weiterentwickeltes Windei. Hier wächst der Trophoblast (Zellschicht), aus dem sich Plazenta und Eihäute bilden, zunächst durchaus fort, und die Chorionzotten (fingerförmige Ausstülpungen der Zottenhaut) quellen auf, im Ultraschall zeigen sich dann erwartungsgemäß statt eines Embryos nur blasige Strukturen. Die Schwangerschaft muss notgedrungen beendet werden. Wegen der Komplexität dieser Diagnose sollte sich unbedingt ein klinischer Spezialist des Falls annehmen!

Vergessen wir nicht den endokrinen Abort, den schwangerschaftsspezifische hormonelle Funktionsstörungen seitens der Mutter auslösen können, beispielsweise eine sogenannte Corpus-luteum-Insuffizienz, also Gelbkörperschwäche (siehe Seite 68), oder beim heranreifenden Kind etwa eine Trophoblastin-Insuffizienz, eine Mangelfunktion der zelligen Außenwand der Blastozyste.

Vom septischen Abort ist die Rede, wenn die Fehlgeburt mit hohem Fieber plus Schüttelfrost einhergeht, was eine massive Bakterienbelastung des Blutes, Entzündungen der Beckenorgane und die Gefahr einer Bauchfellentzündung inklusive septisch-toxischem Schock zur Folge hat.

Missed Abortion: keine Blutungen, keine Wehen

Als sehr spezielle Form der Fehlgeburt gilt die Missed Abortion. Hinter dieser Definition verbirgt sich die sogenannte verhaltene Fehlgeburt. Konkret: Das bereits tote Kind bleibt – manchmal Tage – im Uterus, ohne dass es zu Blutungen oder Wehen kommt. Subjektive Schwangerschaftszeichen wie Übelkeit oder Ziehen in der Brust verschwinden, festgestellt wird der Zustand meistens per Ultraschall. Der Fötus hat aufgehört zu leben oder sich bereits zurückgebildet. Die nicht abgeschlossene Schwangerschaft muss notgedrungen beendet werden.

> Bei der Missed Abortion spürt die Frau keine äußeren Anzeichen wie Blutungen oder Schmerzen. Der Embryo hat einfach aufgehört zu leben.

»Still geboren« – Umschreibung für eine besondere Tragik

Gehen wir in diesem Zusammenhang auf den Begriff der sogenannten Totgeburt ein, dem offiziellen Terminus für jene Fälle, bei denen Kinder bereits über 500 Gramm wiegen, aber im Mutterleib oder – ganz selten – während der Entbindung versterben. Rein statistisch enden vier von 100 Schwangerschaften mit einer Totgeburt. Um dieses grausame Wort, wenn es irgendwie geht, zu vermeiden, hat sich die sanfte Bezeichnung »still geboren« (aus dem Englischen: stillborn children) eingebürgert. Von Amts wegen ist solch ein tragisches Ereignis meldepflichtig. Es gibt eine Geburtsurkunde und einen Totenschein, die Eltern haben das Recht, dem verlorenen Kind seinen Namen zu geben, und die Pflicht, es bestatten zu lassen (mehr darüber in Teil III dieses Buches ab Seite 83).

Das Drama bei kritischen Mehrlingsschwangerschaften

Abschließend der Hinweis auf einen Tatbestand, der in der Öffentlichkeit kaum wahrgenommen wird und von Medizinern als Embryozid oder Fetozid bezeichnet wird. Gemeint ist, dass bei extrem seltenen Vier- oder Fünflingsschwangerschaften oft mindestens ein ungeborenes Kind keine Chance erhält, das Licht der Welt zu erblicken. Entweder, weil es behindert ist, oder um die Überlebens- und Entwicklungsvoraussetzungen der Geschwister zu erhöhen. Welche seelischen Qualen das auf Elternseite in Gang setzt, lässt sich nicht einmal ansatzweise ermessen.

Die Ausschabung und das Risiko der falschen Methode

Das Unfassbare ist geschehen, und nur wenn wir uns an dieser Stelle erneut vornehmen, die Bewältigung des Schocks und der seelischen Qualen ganz bewusst außer Acht zu lassen, kann man sich auf die medizinische Frage konzentrieren, wie es unmittelbar nach einer Fehlgeburt eigentlich weitergeht. Die nächsten ärztlichen Hilfsmaßnahmen hängen davon ab, um welche der verschiedenen Abortarten es sich handelt und wie die allgemeine Befindlichkeit der Mutter einzuschätzen ist. Im Prinzip wird zwischen drei Möglichkeiten unterschieden: Beobachtung, medikamentöse und/oder chirurgische Therapie. Das klingt wieder äußerst nüchtern, aber manchmal benötigen Frauen, beispielsweise bei einer kompletten Fehlgeburt, in der Tat keine Behandlung, weil man lediglich abwarten muss, bis der Beta-HCG-Serumspiegel (hierbei handelt es sich um ein schwangerschaftserhaltendes Hormon) wieder auf null ist.

Nach einer erlittenen Fehlgeburt gibt es drei Möglichkeiten der medizinischen Behandlung: Beobachtung, medikamentöse und/oder chirurgische Therapie.

Gelegentlich reagiert der Körper extrem langsam

In anderen Fällen – wenn es nötig ist, verbliebene Schwangerschaftsreste (so lautet der Terminus nun mal) aus der Gebärmutter zu entfernen – helfen entsprechende Medikamente, diese Prozedur in Gang zu setzen. Bis der Körper damit durch ist, können allerdings mehrere Tage vergehen.

Die dritte Therapieform, etwa bei einer frühen Fehlgeburt, gilt als die üblichste. Ihre Bezeichnung: Curettage oder Abrasio. Im normalen Sprachgebrauch ist allerdings meistens von Ausschabung die Rede – eine kleine Operation, bei der der Gebärmutterhals gedehnt wird, um eventuelle Reste des Embryos und des Mutterkuchens aus der Gebärmutterhöhle zu entfernen, die andernfalls Entzündungen auslösen könnten. Keine Angst, hinterher sorgt ein spezielles Medikament für ein beschleunigtes Zusammenziehen der Gebärmutter.

Ausschabung – ein Eingriff, der im Prinzip nur wenige Minuten dauert

In der Regel empfiehlt sich für die schnelle OP eine kurze Vollnarkose. Wer meint, darauf verzichten zu können, sollte zumindest eine örtliche Betäubung des Muttermundes (der im Übrigen mit einem Zäpfchen vorab weich gemacht wird) akzeptieren, um das Prozedere zu erleichtern und unnötige Beschwerden danach zu vermeiden.

Die Curettage findet meistens in einer Klinik oder Tagesklinik statt, einige Ärzte bieten sie auch praxisambulant an. In einzelnen Fällen können allerdings zwei, drei stationäre Tage nach einer Ausschabung sinnvoll sein. Theoretisch denkbare Komplikationen wie Verletzungen der Gebärmutter, Thrombose oder Infektionen gelten als äußerst selten, zumal dann, wenn es sich – was meistens der Fall ist – um eine Saugcurettage handelt, bei der die Reste des Embryos und des Mutterkuchens mittels eines dünnen Saugrohres ohne mechanische Vorgehensweise entfernt werden.

Die Ausschabung ist eine kleine Operation, bei der die Reste des Embryos und des Mutterkuchens aus der Gebärmutterhöhle entfernt werden.

Achtung! Durch eine anschließende genetische Untersuchung des abgesaugten Materials lässt sich möglicherweise feststellen, ob eine Abweichung im Chromosomenbereich (siehe Seite 54) die Fehlgeburt womöglich ausgelöst hat. Dabei handelt es sich allerdings um eine ziemlich aufwändige Untersuchung, die man eigentlich nur bei wiederholten Aborten vornimmt.

Normalerweise läuft eine Curettage komplikationslos ab

Neben der Saugcurettage gibt es auch immer noch die klassisch-konventionelle Ausschabung, die mit einer Art Schlingenlöffel, der stumpfe Ränder aufweist, erfolgt, um Verletzungen der zu diesem Zeitpunkt sehr empfindlichen Gebärmutterschleimhaut auszuschließen. Trotzdem kann es manchmal während des Eingriffs zu Schädigungen des sensiblen Gewebes kommen, die aber normalerweise komplikationslos verheilen. Die Betonung liegt auf »normalerweise«. Die neuesten Techniken der minimalinvasiven gynäkologischen Chirurgie offenbaren nun allerdings, dass bei Curettagen sehr wohl öfter als bisher vermutet Verwachsungen und Vernarbungen zurückbleiben. Gefahren, auf die Frauen vor der Ausschabung noch viel zu selten hingewiesen werden! Man sollte in diesem Zusammenhang allerdings eines wissen: Das Risiko solcher Folgen hängt eng davon ab, wie häufig man sich Ausschabungen aussetzen muss.

Wenn eine Ausschabung misslingt, kann es zum Asherman-Syndrom und damit im schlimmsten Fall zur Unfruchtbarkeit kommen.

Das Risiko trägt einen Namen: Asherman-Syndrom

Experten ist diese Bezeichnung (die den Namen jenes Arztes aufgreift, der das Problem bereits 1948 erkannte und genau beschrieb) zwar geläufig, doch selbst manch unmittelbar betroffene Patientin hat noch nie vom Asherman-Syndrom gehört, obwohl es eine – durch teilweise oder gänzliche Verwachsungen – geschlossene Gebärmutterhöhle und damit im Extremfall Unfruchtbarkeit und Ende der Regelblutungen meint. Verwachsungen (sogenannte intrauterine Adhäsionen),

Eine OP ist möglich, aber nur unter bestimmten Voraussetzungen

In Deutschland gibt es nur wenige Ärzte, die ein Asherman-Syndrom erfolgreich zu operieren verstehen! Die Auflösung der vorhandenen Verwachsungen gilt als außerordentlich schwierig – bei fehlerhafter Behandlung besteht sogar die Gefahr einer Zustandsverschlimmerung.

Andererseits: Solange noch gesunde Schleimhaut in der Gebärmutter vorhanden ist, die sich nach dem Eingriff ausbreiten und erneute Verwachsungen verhindern kann, haben betroffene Frauen gute Chancen, wieder schwanger zu werden, müssen allerdings akzeptieren, dass sie als (zumindest theoretische) Risikofälle eingestuft werden.

Im Falle einer zu starken Verletzung der Gebärmutterwand ohne verbliebene Schleimhautreste sieht es dagegen ganz düster aus: Nach der Entfernung der Verwachsungen treten sofort neue auf.

Das betrifft besonders Frauen, bei denen sich das Asherman-Syndrom nach einer Ausschabung infolge einer Fehlgeburt eingestellt hat. Bittere Realität: Erst verloren sie ihr Kind, dann auch noch die Fruchtbarkeit.

die auch deshalb oft im Verborgenen bleiben, weil sie sich per Ultraschall kaum erkennen lassen, allenfalls mithilfe einer Gebärmutterspiegelung zu diagnostizieren sind.

Wie viele Frauen nach einer – aus welchen Gründen auch immer vorgenommenen – Ausschabung unter dem Asherman-Syndrom zu leiden haben? Mindestens eine von 100, sagen die Experten. Die Zahl ist allerdings umstritten.

Wenn man sein totes Baby ganz normal gebären muss ...

Bei einem späten Abort oder wenn das Kind nach dem dritten Schwangerschaftsmonat intrauterin, also im Mutterleib, stirbt, findet meistens – so schlimm es ist – eine »richtige« Geburt statt. Sie wird, abhängig von Situation und Zeitpunkt, relativ rasch nach Feststellung des Todes eingeleitet. Manchmal, zum Beispiel dann, wenn der erwartete Entbindungstermin rein rechnerisch sowieso bevorsteht, wartet man eventuell sogar die regulären Wehen ab.

Ein verlorenes Kind über den Weg einer normalen Entbindung auf die Welt bringen zu müssen, erscheint zunächst unfassbar, wird aber von vielen Sternenmüttern als wertvolle Erfahrung empfunden.

Der Gedanke, sein nicht mehr lebendes Baby selbst zur Welt bringen zu müssen, gehört für viele Frauen zum Schlimmsten, was ihnen das Schicksal aufbürden kann. Trotz Einsatz wehenauslösender Mittel kommt es vor, dass diese Geburt viele Stunden, gelegentlich Tage dauert, weil der Körper einfach noch nicht dazu bereit ist. Medikamentös stimulierte Wehen sind erfahrungsgemäß auch schmerzhafter als jene, die sich bei einer Gebärenden ohne Zutun von außen in Gang setzen. Bei besonderer psychischer Belastung der Patientin kann ein solch belastendes Ereignis in seltenen Fällen mit Hilfe eines Kaiserschnitts umgangen werden.

Manche Menschen werten dies als bewussten Abschied

In Selbsthilfegruppen oder Internetforen ist es eines der großen bewegenden Themen, über das immer wieder diskutiert wird. Tatsache scheint: Nicht wenige betroffene Mütter, Eltern, Ärzte, Hebammen werten das Gefühl, bei einer späten Fehl- oder Totgeburt im Rahmen einer regulären Entbindung auf angemessene Weise von dem Kind Abschied nehmen und sich dem Schmerz des tragischen Verlustes stellen zu können, keineswegs nur als unerträglich, sondern ebenso als eine wertvolle Erfahrung. Besonders dann, wenn es den Frauen gelingt, die Geburt als vom Tod losgelöstes Erlebnis zu erfahren. Im ersten Teil dieses Buches (ab Seite 7) haben wir uns diesen Aspekten bereits intensiv gewidmet.

Beschwerden, die danach auftreten könnten

Dass nach einer Fehl- beziehungsweise Totgeburt oder Ausschabung vermehrt Infektionen auftreten, wie man immer wieder unter Hinweis auf das angeschlagene körpereigene Immunsystem liest, gilt ärztlicherseits als völlig unbegründete Panikmache. Tritt im Einzelfall dennoch wider Erwarten mal Fieber mit Verdacht auf eine Unterleibsentzündung auf, schafft ein gynäkologischer Check samt Blutabnahme schnell Klarheit. Danach kann gezielt behandelt werden. Weniger überraschend wäre, wenn ein rapider Hormonabsturz nach der Achterbahnfahrt »nicht schwanger – schwanger – nicht mehr schwanger« die innere Körperbalance ins Schleudern brächte. Dadurch kann es beispielsweise zu Gewichtszunahme, Akne, aber auch Haarausfall oder Zyklusstörungen kommen. Doch all diese Symptome sind meist harmlos und verschwinden wieder von selbst.

> Infektionen nach einer Ausschabung sind eher selten. Hormonschwankungen können allerdings die innere Körperbalance aus dem Gleichgewicht bringen.

Fehlgeburt – eine Laune der Natur: Ursachen, Symptome, Behandlungsmethoden

Wer eine Fehlgeburt – auf welche Art auch immer – durchgemacht hat, ist zwangsläufig traumatisiert und fragt sich unentwegt, wie es um Himmels willen dazu kommen konnte. Gleichwohl findet eine fachärztliche Ursachenforschung in der Regel nicht sofort statt, weil die Medizin inzwischen davon ausgeht, dass eine weitere Schwangerschaft keinesfalls ähnlich enden muss. Ab zwei, spätestens drei Fehlgeburten wird allerdings akribisch untersucht, wo die Probleme liegen könnten. Man empfindet nicht nur unendliches Leid, sondern oft gar eigene Schuld, als ob die Fehlgeburt Folge eines Fehlers wäre, den man selbst begangen hat. Der Kopf weiß, dass diese Reaktion jeglicher Grundlage entbehrt, Herz und Seele jedoch hadern mit dem Schicksal.

Vielfach gibt es trotz Checks kein konkretes Ergebnis

Die Erfahrung zeigt tatsächlich: In einer Menge von Fällen findet man trotz intensiver Suche keine wirklich eindeutige Erklärung für den Abort und muss sich unter Umständen mit der unverbindlichen Laune-der-Natur-Formel abfinden, was einerseits frustrierend sein mag, andererseits die Hoffnung auf ein glücklicheres nächstes Mal ohne schwerwiegende Diagnose erlaubt, auch wenn die Chancen rein rechnerisch sinken: Laut Statistik beträgt das Risiko einer abermaligen Fehlgeburt nach einem Abort 20, nach zwei Aborten 28, nach drei oder mehr bis zu 45 Prozent.

Dennoch ist der Optimismus begründet

Die eben aufgeführten Circawerte klingen zugegebenermaßen extrem hoch, doch objektiv betrachtet kommt solch eine Fehlgeburtenhäufigkeit äußerst selten vor – die Rede ist von einem bis zwei Fällen unter 100 –, sodass selbst bei vorauseilender Skepsis ein gerüttelt Maß an begründetem Optimismus auf ein glückliches nächstes Mal besteht. Die Zahlen beschreiben nämlich wirklich nur das statistische Risiko weiterer Fehlgeburten, ohne dass man die Ursachen dafür kennt. Ursachenabhängig aber können die Zahlen erheblich variieren, will heißen: Bei bestimmten genetischen Veränderungen beispielsweise, um die es im folgenden Abschnitt geht, ist das tatsächliche Risiko oft genauso niedrig wie bei einer Frau, die noch kein Kind verlor.

Unser Körper ist darauf programmiert, die Notbremse zu ziehen

Das mit der Laune der Natur ist übrigens gar nicht so weit hergeholt. Man braucht beispielsweise nur mal ansatzweise zu überlegen, wie viele und welche Hindernisse eine winzige Zelle überwinden muss, bevor daraus ein properes gesundes Baby wird! Selbst wer keine dezidierte Kenntnis von den seit Jahrmillionen gleichen Vererbungsabläufen hat, vermag sich mühelos vorzustellen, dass bei den unzähligen Zellteilungen immer etwas schiefgehen kann. Die daraus resultierenden Gendefekte – chromosomale Abnormitäten in der Erbanlage – sind denn auch die häufigste Ursache für eine Fehlgeburt. Und da unser Körper aus Selbstschutzgründen darauf programmiert

Unser Körper trifft selbst eine natürliche Auslese, beispielsweise wenn er einen genetischen Defekt feststellt.

ist, massive Schäden für ein neues Leben rechtzeitig aufzuspüren, zieht er unbeirrbar und konsequent im richtigen Augenblick automatisch die Notbremse. Genau genommen hat das mit »Laune« wenig zu tun. Eigentlich tut die Natur nur ihre Pflicht, auch wenn wir das im Moment des Verlustes weder begreifen noch akzeptieren können und wollen. Das Dilemma lässt sich leicht erklären: Weil der Mensch des 21. Jahrhunderts regelrecht darauf geeicht ist, alle sonstigen Bereiche seines Daseins – von der Berufswahl bis zur Entscheidung über das adäquate Automodell – exakt zu planen und dann konsequent in die Tat umzusetzen, hat sich

Nicht alles hat der Mensch unter Kontrolle – eine glückliche, erfolgreiche Schwangerschaft ebenso wenig wie Naturkatastrophen.

gerade bei kopfgesteuerten Frauen und Männern die Erwartungshaltung quasi verselbstständigt, dass auch eine Schwangerschaft nach Plan und gefälligst störungsfrei abzulaufen hat. Vielleicht sollten wir uns wieder an das Wort »Wunder« gewöhnen?

Wann eine Fehlgeburt ausgelöst wird und wann nicht

Für ein erstes grobes Raster bei der Frage nach den Ursachen schauen wir noch einmal kurz auf den Zeitpunkt einer Fehlgeburt, gemessen am so genannten Schwangerschaftsalter (womit, wie bereits erwähnt, schlicht die Zahl der Wochen ab dem ersten Tag der letzten Regel gemeint ist). Grundsätzlich geht die Wissenschaft davon aus, dass Defekte des kindlichen Chromosomensatzes fast immer zu einem Abort in den ersten zwölf Wochen führen. Auch das sogenannte Antiphospholipidsyndrom – eine fatale Fehlsteuerung des Immunsystems, bei dem Abwehrstoffe gegen körpereigene Substanzen aktiv werden (mehr dazu auf Seite 58 f.) – wirkt sich eigentlich nur in diesem frühen Stadium aus.

Anders ist es bei hochgefährlichen Virusinfektionen wie etwa Masern. Was noch immer fälschlicherweise für eine reine Kinderkrankheit gehalten wird, kann uns sehr wohl auch als Erwachsene treffen, und geschieht dies, während wir in anderen Umständen sind, besteht das Risiko einer Fehlgeburt praktisch in jedem Stadium der Schwangerschaft. Vaginale Infektionen (mehr darüber auf Seite 64 f.) sorgen in den ersten drei Monaten eher selten für einen Abort, können allerdings zur Frühgeburt führen.

Den Risiken auf die Schliche kommen

Wie auf den nächsten Seiten nachzulesen sein wird, gibt es neben den bereits kurz angesprochenen Chromosomenanomalien eine Menge anderer möglicher Gründe für Fehlgeburten, die häufig bei der Mutter oder beim Vater zu suchen sind. Im Vordergrund stehen dabei Auffälligkeiten der Gebärmutter, beispielsweise Missbildungen oder Verwachsungen, größere oder zahlreiche Myome, also gutartige Tumore. Außerdem zählen Infektionen, hormonelle Störungen, Stoffwechselerkrankungen und immunologische Ursachen zu den Problemfeldern.

Es gibt eine Menge möglicher Gründe für eine Fehlgeburt. Eine eindeutige Diagnose ist dennoch oftmals schwierig.

Darüber hinaus können sogenannte Genussgifte, wie Alkohol, Kaffee, Tabak, regelrechte Drogen, eine unheilvolle Rolle spielen, ebenso Schadstoffe oder Störungen der Blutgerinnung bei schlecht eingestellter Diabetes, ganz gewiss auch die Qualität des väterlichen Erbgutes. Diesen Faktoren kann man heutzutage durchaus erfolgreich nachspüren.

Oder sagen wir vielleicht doch besser so: Zumindest bei den meisten ist das möglich. Wobei man immer im Hinterkopf behalten sollte, was unsichtbar über selbst äußerst umfangreichen Checks steht: Eine echte Garantie für das komplette Aufspüren von Ursache und Wirkung bleibt Illusion – deswegen darauf zu verzichten, wäre trotzdem töricht.

Das alles gehört zu einer gezielten Diagnostik

Los geht es mit einer gynäkologischen Anamnese, dem Abklopfen der geburtshilflichen Vorgeschichte, auch im Hinblick auf humangenetische – das Erbgut betreffende – Auffälligkeiten und Krankheiten in der Familie. Genauso unumgänglich sind Untersuchungen auf Infektionen von Scheide und Muttermund, um bakterielle Vaginose, Chlamydien etc. ausschließen zu können. Ultraschall, besonders vaginale Sonografie, gegebenenfalls auch eine Gebärmutterspiegelung runden das Bild ab. Eine Chromosomenanalyse mütterlicher- und väterlicherseits macht ebenso Sinn wie ein Hormoncheck und die Suche nach sogenannten Antiphospholipid-Antikörpern, Abwehrstoffen, die eine Autoimmunerkrankung (womit die überschießende Reaktion des Immunsystems gegen körpereigenes Gewebe gemeint ist) signalisieren und nicht nur Thrombosen, sondern eben auch Fehlgeburten auslösen können.

Professor Ragosch: Was für eine humangenetische Beratung spricht

Die humangenetische Beratung ist sinnvoller Teil eines Gesamtkonzeptes bei der Betreuung von Paaren – nicht grundsätzlich, aber auf jeden Fall dann, wenn es wiederholte Spontanaborte (WSA) zu beklagen gibt. Auf Seite 41 wurde bereits deutlich, was wir unter »wiederholt« verstehen: wenn es zu drei und mehr Fehlgeburten hintereinander vor der 20. SSW kam; bei Schwangeren, die über 30 Jahre alt sind, ergibt sich die Notwendigkeit auch schon bei zwei oder mehr Aborten. Die Ursachenforschung ist sehr komplex. Deshalb sollte eine professionelle Abklärung gleich zu Anfang alle relevanten Faktoren beinhalten, wegen der angespannten Lage im Gesundheitssystem aber auch kosteneffektiv sein und natürlich zu therapeutischen Konsequenzen bei dem Paar führen.

Was bereits an anderer Stelle anklang: Auch bei professionellster Beratung und umfassender Untersuchung lässt sich in gut der Hälfte der Fälle keine Abortursache finden. Aber um es positiv auszudrücken: Bei jedem zweiten Paar findet man eine Ursache, die häufig auch behandelbar ist! Die humangenetische Beratung gilt bei den betroffenen Paaren als ein sehr wichtiger Baustein und sollte immer von dafür qualifizierten Fachärzten – siehe nachfolgende Hinweise – durchgeführt werden. Die Inanspruchnahme ist freiwillig, wobei die Ratsuchenden normalerweise das 18. Lebensjahr vollendet haben. Minderjährige nehmen am besten in Begleitung der Eltern daran teil. Zu einer optimalen Beratung gehört, wie gesagt, eine ausführliche Anamnese (Erhebung der Krankengeschichte), wobei in gut zusammenarbeitenden Zentren der Berater in der Regel schon viele Fakten,

> **Eine humangenetische Beratung sollte immer von qualifizierten Fachärzten durchgeführt werden. Bei jedem zweiten Paar findet man eine behandelbare Ursache.**

Bundesweite Beraterliste im Internet

Wer Interesse an humangenetischer Beratung in einer Klinik oder ärztlichen Praxis hat, kann sich natürlich von seinem behandelnden Arzt einen entsprechenden Kontakt herstellen lassen.
Darüber hinaus besteht aber beispielsweise auch die Möglichkeit, das umfassende Adressenverzeichnis der Deutschen Gesellschaft für Humangenetik (gfh) zu durchforsten. Im Internet bietet sie unter www.gfhev.de eine nach Postleitzahlen gegliederte Liste von annähernd 300 Ärzten und Naturwissenschaftlern in ganz Deutschland, die aufgrund ihrer Ausbildung und beruflichen Qualifikation eine optimale genetische Beratung liefern. Eine Recherche, die sich lohnt!

wie Ergebnis der Chromosomenanalyse des Abortmaterials oder Laborunter-suchungen durch den betreuenden Frauenarzt, erhalten hat. Trotzdem sollte eine Gesprächsdauer von ein bis zwei Stunden eingeplant worden. Die daraus erwach-senden Informationen münden dann normalerweise in eine weitere, ganz individu-elle, Abklärungs- und Behandlungsplanung.

Unser Erbgut erlaubt sich die merkwürdigs-ten Entgleisungen

Bleiben wir einmal bei den schon mehrfach erwähnten Chromosomen. Wenn über die Hälfte aller Fehlgeburten – die unerkannten, die schon vor der fälligen Regel-blutung passiert sind, mit eingerechnet – auf genetische Fehler zurückzuführen sind, dann drängt sich die Warum-Frage natürlich besonders in diesem Zusammenhang auf.

Zahlenmäßige Veränderungen im Chromosomensatz sind nicht selten. Am bekanntesten ist die Trisomie 21, das soge-nannte Downsyndrom.

Fakt ist: Zahlenmäßige Veränderungen im Chromosomensatz kommen überraschend häufig vor. Die Gründe dafür liegen oftmals im Dunkeln. Statt der üblichen 46 Chromosomen hat der Embryo beispielsweise 47 (Trisomie) oder nur 45 (Monosomie) Träger des Erbgutes. Am häu-figsten sind laut Statistik Embryonen mit einem fehlenden X- oder Y-Chromosom (45, X0) und der sogenannten Trisomie 16 (47,16), wobei die erste Konstellation durchaus lebensfähige Mädchen hervorbringt, die wegen nicht aus-gebildeter Eierstöcke später allerdings unfruchtbar sind, während Trisomie-16-Kin-der keine Überlebenschance haben.

Bei einer Trisomie steigt die Gefahr der Wiederholung mit den Jahren

Das Alter der Eltern spielt bei der eben angesprochenen Monosomie nicht zwin-gend eine Rolle und die Befürchtung, Gleiches könnte in der nächsten Schwanger-schaft abermals auftreten, ist ebenfalls eher unbegründet. Im Falle einer Trisomie erhöht sich das Wiederholungsrisiko jedoch deutlich, besonders mit zunehmendem Alter der Mutter.

Bekannt ist das Phänomen der Altersabhängigkeit bei der Trisomie 21, dem soge-nannten Downsyndrom. Diese Kinder haben, wie wir wissen, durchaus eine Über-lebenschance.

Professor Ragosch: Warum man mit über 40 Jahren ein deutlich höheres Fehlgeburtsrisiko hat

An dieser Stelle ist es vielleicht wichtig, doch etwas genauer auf das Problem der Chromosomenstörung einzugehen, weil hier die häufigsten Missverständnisse bestehen. Um die Zahl noch einmal zu erwähnen: Das generelle Risiko des Nichtaustragens einer befruchteten Eizelle, bezogen auf alle Schwangerschaften, beträgt mehr als 50 Prozent. Das heißt, die Hälfte aller Schwangerschaften endet als Abort. Die Ursachen lassen sich in drei Gruppen einteilen: erstens, die genetischen und/oder strukturellen Auffälligkeiten des Embryos, zweitens, eine gestörte Interaktion zwischen Mutter und Kind (darauf kommen wir später noch im Detail zurück) und drittens, mütterliche Erkrankungen (auch diesem Thema widmen wir uns an anderer Stelle ausführlich).

Die meisten Fehlgeburten sind sogenannte präklinische Frühaborte oder, wie auf Seite 39 beschrieben, jene Frühestaborte, bei denen klinisch noch gar keine anderen Umstände festgestellt wurden, die Frauen also in der Regel gar nicht wussten, dass sie schwanger sind.

Die häufigste Ursache: unbehandelbare Einnistungsstörungen der Eizelle oder eben chromosomale Defizite des Embryos, die der Körper der Mutter quasi selbst »aussortiert«. Dies ist nicht krankhaft, sondern ein ganz normaler und sinnvoller Ausleseprozess.

Genetische Untersuchungen von Abortmaterial haben gezeigt, dass in etwa 40 bis 70 Prozent der sogenannten sporadischen – sprich zufälligen – Aborte der Chromosomensatz des Embryos nicht intakt ist. Die Wahrscheinlichkeit einer Wiederholung dieser chromosomalen Auffälligkeit erhöht sich gleichwohl nicht! Im Gegensatz dazu ist bei Frauen mit einer habituellen – sprich wiederholten – Abortneigung der Chromosomensatz des Kindes eher normal. Die Ursachen liegen also häufiger woanders und sind häufiger behandelbar. Das ist auch der Grund, warum nach zwei beziehungsweise drei hintereinander erfolgten Aborten eine genauere Spurensuche auf Seiten beider Partner empfohlen wird.

Frauen über 40 Jahre haben deshalb ein höheres Fehlgeburtsrisiko, weil ihr Erbgut altersbedingt schon Schaden genommen haben kann.

Eine Besonderheit besteht allerdings in dem gegenwärtig durchschnittlich zunehmenden mütterlichen Alter bei Eintritt einer Schwangerschaft. Heutzutage sind Frauen in den Industrieländern circa 30 Jahre alt, wenn sie ihr erstes Baby zu bekommen versuchen. Das Risiko von kindlichen Aneuploidien (so die medizinische Bezeichnung auffälliger Chromosomensätze) steigt aber altersabhängig deutlich an! So hat eine 25- bis 30-jährige Frau ein Fehlgeburtsrisiko von etwa elf Prozent, bei einer Frau von 40 bis 45 Jahren steigt dieses Risiko dagegen auf circa 50 Prozent. Daher empfiehlt sich gerade bei Frauen über 35 Jahren eine sogenannte Pränataldiagnostik – Amniozentese, Chorionzottenbiopsie, Nackenfaltendicke-Messung, differenzierter Organultraschall –, um chromosomale Auffälligkeiten mit deren organischen Auswirkungen feststellen zu können.

Translokation: Klingt harmlos, ist es aber nicht

Bei etwa acht bis zehn Prozent aller, auch wiederholten Fehlgeburten ist eine sogenannte Translokation des elterlichen Genoms im Spiel. Um es mal ganz schlicht auszudrücken: Dabei werden Gene innerhalb der Chromosomenpaare verschoben. Aus Expertensicht steht Translokation – der Begriff kommt aus dem Lateinischen und bedeutet so viel wie Ortsveränderung – für eine durch nichts zu beeinflussende Positionsverlagerung von Chromosomen oder Chromosomenabschnitten innerhalb des Bestandes. Und dieser Vorgang kann tatsächlich, quasi automatisch, das Risiko erhöhen, sein ungeborenes Kind durch einen Abort zu verlieren.

Wenn sich Gene auf Wanderschaft begeben

Erinnern wir uns: Jeder Mensch hat von jedem Chromosom (1 bis 22) zwei Stück plus zwei Geschlechtschromosome (XX oder XY), macht zusammen zwei mal 23 gleich 46. Wenn nun Gene von dem einen Chromosom eines Chromosomenpaares auf das andere abwandern, entsteht ein Ungleichgewicht, was **Etwa jeder zehnte Abort geht eindeutig auf das Konto einer Translokation.** für das betroffene Elternteil zunächst nicht weiter tragisch ist, denn schließlich bleiben die beiden Gene ja vorhanden und leisten ihre Arbeit – wenn auch nur auf einem Chromosom. Medizinisch nennt sich das eine »balancierte Translokation«.

Sobald diese Menschen nun aber um der Fortpflanzung willen Spermien/Eizellen bilden, werden im Zuge der Reifeteilungen ihre Chromosomensätze halbiert. Bei Eltern mit einer Translokation im beschriebenen Sinne passiert dann genau das, was zur Gefahr fürs neue Leben wird: Bei einigen Spermien/Eizellen sind die verschobenen Gene gleich zweimal angelegt, bei einigen aber gar nicht vorhanden! Das muss nicht in jedem Fall eine Notbremsung des Körpers, sprich: Fehlgeburt, bedeuten, weil manche Gene letztlich zur Kategorie »entbehrlich« gehören.

Professor Ragosch: Bei einer Translokation ist das Baby normalerweise nicht lebensfähig

Translokationen stellen in der Tat eine Besonderheit dar. Solch auffällige Verteilung des Chromosomensatzes bei einem oder beiden Elternteilen bedeutet letztlich: Der oder die Partner haben im Falle einer balancierten Translokation einen kompletten Genpool, der aber ist, wie im Vortext erläutert, unterschiedlich auf die Chromosomen verteilt und komplett unauffällig.

Wird bei einer Befruchtung nur die Hälfte des Chromosomensatzes weitergereicht, kann dies für das heranreifende Kind zu einer unbalancierten Chromosomenanomalie führen. Normalerweise sind Babys mit diesen Veränderungen nicht lebensfähig. Gelegentlich entwickelt sich daraus dennoch Nachwuchs, allerdings mit einer geistigen und/oder körperlichen Behinderung. Das ist auch der Grund, warum man Patienten mit solchen Formen der Translokation eine humangenetische Beratung (siehe Seite 51) empfiehlt. Dabei sollte im Übrigen auch auf die Möglichkeit einer sogenannten Präimplantationsdiagnostik (PID) – zytologische und gentechnische Untersuchungen, die dazu dienen, bei einem durch In-vitro-Fertilisation (künstliche Befruchtung) erzeugten Embryo bestimmte Erbkrankheiten und Chromosomenbesonderheiten zu erkennen – hingewiesen werden, die in Deutschland leider außerhalb der gesetzlichen Grundlagen liegt.

> Bei einer Translokation werden Gene innerhalb der Chromosomenpaare verschoben. Das bedeutet meist eine geringe Überlebenschance für das ungeborene Baby.

Vaterwerden scheint so kinderleicht – manchmal ein tragischer Irrtum...

Die Zeugungsfähigkeit eines Mannes hat wenig mit Potenz, dafür umso mehr mit der Qualität seiner Spermien zu tun, und dass die durch Umwelteinflüsse schlechter wird und vor allem bei Älteren generell zu wünschen übrig lassen kann, scheint hinlänglich geklärt. So resultieren etwa 15 Prozent aller Fehlgeburten letztlich aus zu wenigen und vermehrt krankhafter, missgebildeter Form der Spermien. Relativ neu ist in diesem Zusammenhang allerdings folgende Feststellung: Männer mit Diabetes produzieren öfter Keimzellen, deren Erbsubstanz signifikant mehr Schäden aufweist! Dies bedeutet nicht zwangsläufig eine Beeinträchtigung ihrer Möglichkeit, Vater zu werden. Doch Wissenschaftler fanden jetzt Parallelen zu Studien, bei denen ähnliche Defekte in der DNA – die DNA ist, wenn man so will, der Bauplan des Menschen – ein erhöhtes Risiko für Fehlgeburten ergaben.

Bei zuckerkranken Männern kann die DNA irreparable Schäden haben

Auf den ersten Blick haben die Spermien in der Samenflüssigkeit zuckerkranker Männer zwar die übliche Konzentration, Beweglichkeit, Form und Vitalität. Bei detaillierten Analysen stellt sich allerdings heraus: Sowohl in der DNA der Spermienzellkerne als auch in der DNA der Mitochondrien, der Zellkraftwerke, bestehen deutlich höhere Abweichungen, was die Zahl der Fehlstellen angeht. Auch wenn die weibliche Eizelle grundsätzlich in der Lage ist, einen Teil dieser Fehler auszugleichen – Tatsache bleibt: Es gibt offensichtlich einen Zusammenhang zwischen diesen Schäden und der steigenden Gefahr von Aborten.

Wer Zweifel an seiner Spermienqualität hat, kann eine makro-mikroskopische Laboruntersuchung vornehmen lassen. Die Werte werden in einem sogenannten Spermiogramm dokumentiert.

Spermiogramm: Was vom väterlichen Erbgut zu halten ist

Die Untersuchung des Ejakulats wird offiziell Spermiogramm genannt. Dass diese Titulierung fast wie eine Parodie aus Comedianmund klingt, sollte uns nicht weiter stören.

Das Ergebnis ist für die Beantwortung der Frage nach der männlichen Zeugungsfähigkeit äußerst wichtig und kann auch Aufschluss darüber geben, ob die Samenzellen eventuelle Defekte aufweisen, die eine normale Schwangerschaft der Partnerin unmöglich machen.

Wenn bei der Mutter keine Auffälligkeiten festgestellt werden können, wird vom Vater ein Spermiogramm erstellt, um herauszufinden, ob die Samenzellen Defekte aufweisen.

Voraussetzung für eine umfassende Spermauntersuchung ist frisches Ejakulat. Das wird per Masturbation geliefert – meistens ungestört gewonnen in einem abgeschirmten Praxisraum. Zur Not kann das Ganze aber auch zu Hause vonstattengehen, wenn die einwandfreie Aufbewahrung und der kurzfristige Transport zum Arzt gesichert sind.

Dabei müssen zwei Dinge beachtet werden. Regel Nr. 1: mindestens fünf Tage vorher kein Sex.

Regel Nr. 2: Wiederholung nach mehr als vier Wochen, weil das Sperma in seiner Qualität auch bei äußerst fertilen (fruchtbaren) Männern von Zeit zu Zeit beträchtlich variieren kann.

Makroskopischer Check: Menge, Geruch, Farbe

Nicht nur Zahl, Mobilität und Form der Samenzellen, auch ihr pH-Wert, der Zucker-
gehalt, die Viskosität (Zähflüssigkeit) und das Vorhandensein von Bakterien im Ejakulat werden labortechnisch untersucht – letztlich kann alles auf unerwünschte Veränderungen des Spermas hinweisen.

**Das Spermiogramm beinhal-
tet eine makroskopische und
eine mikroskopische Untersuchung. Dabei werden so-
wohl Menge, Geruch, Farbe
als auch die Qualität der
Samenzellen kontrolliert.**

Beim makroskopischen Durchlauf geht es ums Volumen, den Geruch,
die Farbe und den Säurewert des Ejakulats. Mengenmäßig sollte ein
Samenerguss zwischen zwei und sieben Milliliter liegen, ist es weniger, deutet vieles auf fehlendes Samenblasensekret hin, das für gewöhnlich zwei Drittel des Gesamtvolumens ausmacht. Duftet die
Probe nach Kastanienblüten – okay. Wenn statt weißlich-trüber Farbe
eine gelbliche Abweichung vorliegt, kann auf eine Infektion, bei rötlich-
brauner Variante auf das unerwünschte Vorhandensein roter Blutkörperchen geschlossen werden. Ein pH-Wert von 7,2 bis 7,8 ist die Norm. Achtung: Liegt er
niedriger, deutet dies auf eine Missbildung oder einen Verschluss des Samen-
leiters, der Samenblase oder des Nebenhodens hin.

Mikroskopischer Check: Qualität und Quantität

Spermienkonzentration (ein Muss: über 20 Millionen Spermien je Milliliter) und -ge-
samtzahl (ein Muss: 40 Millionen Spermatozoen pro Ejakulat), Beweglichkeit, Vitalität – das sind die Faktoren, die sich erst unter dem Mikroskop offenbaren. Außerdem wird gecheckt, wie lange es dauert, bis sich das Ejakulat verflüssigt, und was
an Fruktose oder Zink darin steckt. Normabweichungen können Veränderungen,
aber eben auch ganz klar Krankheiten signalisieren: Leukozyten (weiße Blutkörperchen) und Bakterien dürfen auf keinen Fall nachweisbar sein. Wie im richtigen
Leben ist bei den Spermien der Faktor »Aussehen« relevant. Üblicherweise kommen sie mit ovaler Kopfform, intaktem Mittelstück und einem Schwanz daher.
Krankhafte Vertreter haben eine deutlich abweichende Optik. Sie sind nicht nur zu
klein oder zu groß, sie haben darüber hinaus längliche, keulen- oder tränenförmige
Köpfe, Defekte im mittleren Teil oder am Schwanz, manchmal sogar doppelt ange-
legte Köpfe und Schwänze. Neue Schnelltests aus der Apotheke, die per Test-
streifen binnen 15 Minuten die Zeugungsfähigkeit des Mannes überprüfen können,
sind in diesem Fall übrigens kein Ersatz für ein umfassendes Spermiogramm.

Plötzlich setzt sich ihr Immunsystem gegen seinen Samen zur Wehr

Ein Kind zu zeugen ist rein medizinisch betrachtet ein Geben und Nehmen, eine Angelegenheit von Spender und Empfänger, und kann, was gar nicht so selten passiert, ähnlich wie bei einer Organtransplantation tatsächlich dazu führen, dass der weibliche Körper das Fremdeiweiß attackiert. Mit anderen Worten: Die körpereigene Abwehr versucht, die Hälfte des kindlichen Genmaterials, den väterlichen Anteil am Fötus, regelrecht loszuwerden – und manchmal heißt das Ende dieses Kampfes Fehlgeburt.

Bei manchen Frauen rebelliert der Organismus gegen die väterlichen Zellen: Eine Fehlgeburt ist die Folge.

Nun wird bei einer Organverpflanzung bekanntlich von vornherein auf eine größtmögliche Gewebeähnlichkeit geachtet, darüber hinaus verhindern spezielle Medikamente die sonst unaufhaltsame Abstoßungsreaktion. Bei der Partnerwahl aber kümmert sich natürlich kein Mensch darum, ob man nicht nur als Paar, sondern auch noch immunologisch optimal zusammenpasst.

Normalerweise spielt das keine Rolle. Aber wenn es gilt, eine begonnene Schwangerschaft vor den Abwehrreaktionen des eigenen Immunsystems zu schützen, wird es kritisch. Wobei dieses Immunsystem nicht etwa zu stark oder übersensibel ist, im Gegenteil, es erweist sich als zu schwach, um in der Auseinandersetzung mit dem fremden Eiweiß die Schwangerschaft zuzulassen und entsprechende Antikörper zu bilden, die das neue Leben vor den Attacken der eigenen Abwehr schützen.

Professor Ragosch: Immunologische Ursachen sind am schwierigsten zu diagnostizieren, aber …

… trotzdem gibt es inzwischen große Erfolge! Die Immunologie spielt im Rahmen der Schwangerschaft ohnedies eine große Rolle, da der Embryo ja zur Hälfte vom Vater stammt und dadurch immunologisch für den Körper der Mutter eigentlich einen »Fremdkörper« darstellt. Nur sehr komplexe Interaktionen machen es möglich, dass ihr Organismus diesen Zustand überhaupt akzeptiert. Aber darin liegt eben auch die Schwierigkeit eines immunologischen Nachweises.

Als ein sehr wichtiges immunologisches Erkrankungsbild gilt das sogenannte Antiphospholipidsyndrom (kurz: APS). Diese Autoimmunkrankheit ist durch im Blut nachweisbare Antikörper gekennzeichnet und kann zu Thrombosen und verschiedenen Störungen der Schwangerschaft führen. Bei Frauen mit habituellen (wiederholten) Fehlgeburten sollte unbedingt an APS gedacht werden, da neuerdings wirksame therapeutische Möglichkeiten zur Verfügung stehen. Konkret: Dieses Syndrom ist offensichtlich in rund 15 Prozent der Fälle habitueller Aborte relevant. Tut man nichts, muss man bei einer Folgeschwangerschaft in circa 80 Prozent mit einer neuerlichen Fehlgeburt rechnen. Bei adäquater Behandlung beträgt die Lebendgeburtrate dagegen etwa 70 Prozent!

Aus diesem Grund zählt das Antiphospholipidsyndrom zu den am besten therapierbaren Problemen bei Frauen mit wiederholtem Spontanabort. Eine APS-Antikörperbestimmung sollte darum bei jedem Routineprogramm der Abklärung dazugehören. In der Behandlung wird niedermolekulares Heparin mit niedrig dosierter Acetylsalicylsäure (Aspirin) eingesetzt. Einige Wissenschaftler berichten neuerdings auch von einem überschießenden Auftreten von Antikörpern gegen väterliche Antigene und raten deshalb zur aktiven Immunisierung der Patientinnen mit väterlichen Zellen beziehungsweise Spenderleukozyten oder zur passiven Immunisierung mit Immunglobulinen. Doch das brachte bisher keinen nennenswerten Erfolg. Aufgrund möglicher Gefahren sollte diese Therapie mit größter Zurückhaltung und nur in entsprechend ausgestatteten Kompetenzzentren angewendet werden.

Gerade Frauen mit wiederholten Fehlgeburten sollten auf die Autoimmunkrankheit APS hin untersucht werden.

Was dahinterstecken könnte, wenn die Gebärmutter das Mutterwerden erschwert

Noch einmal: Um denkbare Hintergründe für das Zustandekommen von Fehlgeburten auszuloten, sollte man keinen Aspekt außer Acht lassen, und sei die Wahrscheinlichkeit auch noch so klein. Beispiel Gebärmutter: Wenn schon vereinzelt von Uterusauffälligkeiten als mögliche Abortursache die Rede war, fragt man sich spätestens jetzt, um welche Faktoren es sich dabei handeln mag. Häufiger als vermutet sind es angeborene Missbildungen, zumeist durch teilweise Verschmelzungen von Organanlagen, die bereits in der Embryonalzeit entstanden sind. Das können leichte Anomalien wie etwa die Bildung einer kleinen, manchmal auch doppelten Scheidewand in der Gebärmutter sein, in extremeren Fällen besteht allerdings auch eine vollständige Separierung der rechten und der linken Uterushälfte, die bis in die Scheide reicht.

Je nach Ausprägung bedeutet das manchmal »nur« Menstruationsprobleme, aber eben auch Früh- oder Fehlgeburten oder sogar eine vollständige Unfruchtbarkeit. Wird diese Uterusproblematik erkannt, sind erfolgversprechende Operationen und damit glückliche Schwangerschaften durchaus möglich. Anders ist es bei einer Schwäche der Zervix, des Gebärmutterhalses. Jede zehnte Frau, die zu wiederholten Fehlgeburten neigt, leidet unter diesem Problem.

Professor Ragosch: Bei etwa jeder zehnten Frau mit mehreren Aborten liegt eine Uterusfehlbildung vor

Bei Frauen mit wiederholten Fehlgeburten spielen anatomische Veränderungen der Gebärmutter als Ursache tatsächlich eine große Rolle. Wir müssen hier allerdings zwischen angeborenen und erworbenen Veränderungen unterscheiden. In puncto angeboren geht man davon aus, dass etwa vier Prozent aller Frauen eine Fehlbildung im Bereich des Genitaltraktes haben. Trotz groß angelegter Studien bleibt die genaue Zahl wegen unterschiedlicher diagnostischer Methoden zwar eher unklar. Klar ist jedoch: Die Rate an Fehlbildungen bei Frauen mit wiederholt auftretenden Aborten liegt deutlich höher, sie beträgt etwa 10 bis 15 Prozent,

Fehlbildungen der Gebärmutter sind eine häufig unerkannte Ursache bei Frauen, die bereits mehrere Fehlgeburten erlitten haben.

das heißt, bei jeder neunten bis zehnten Frau mit Abortneigung ist die Ursache eine Fehlbildung. Das zeigt, wie sinnvoll hier Checks sind.

Als häufigste angeborene Form gilt die teilweise oder vollständige Septenbildung in der Gebärmutter. So ein Septum muss man sich wie eine Art Trennwand vorstellen. Die Fehlgeburtshäufigkeit bei unbehandelten Septen wird im ersten Drittel der Schwangerschaft mit über 60 Prozent angegeben! Auch Frühgeburten treten bei Septenbildung der Gebärmutter deutlich häufiger auf.

Diagnostizieren und behandeln lässt sich so etwas heutzutage relativ problemlos. Dazu wird eine Spiegelung (medizinisch: Hysteroskopie) der Gebärmutter durchgeführt. Mit einer sehr dünnen Optik lässt sich ein sehr guter Eindruck vom Innenraum der Gebärmutterhöhle gewinnen. Keine Angst: Die Optiken sind mittlerweile so dünn, dass in den meisten Fällen gar keine Narkose notwendig ist, weil auf eine schmerzhafte Dehnung des Muttermundes verzichtet werden kann. Zunehmend setzt sich übrigens auch die dreidimensionale Darstellung der Gebärmutterhöhle im Ultraschall durch, womit eine exzellente Bildgebung ganz ohne Eindringung möglich ist.

Was die eigentliche Behandlung angeht: Als Standardmethode gilt die hysteroskopische Beseitigung des Septums. Dazu wird neben der Optik noch ein Arbeitskanal in die Gebärmutterhöhle eingebracht, durch den es sich häufig sehr schonend (und ohne anschließende lange Liegezeit) operativ entfernen lässt.

Die hysteroskopische Methode hat Operationen vom Bauchraum aus fast vollständig abgelöst. Viele Studien zeigen, dass die Erfolgsquote – und der Erfolg misst sich in diesem Fall an der Schwangerschafts- und Geburtenrate nach dem Eingriff – äußerst hoch ist.

Warum Myome manchmal gefährlich sind

Ein besonderes Kapitel sind gutartige Wucherungen der Uterusmuskulatur und des Bindegewebes, die Myome heißen und praktisch an allen Stellen der Gebärmutter auftreten können. Ob und wie sie eine Gefahr für das neue Leben darstellen, hängt von ihrer Größe und Lage ab.

Bemerkbar machen sich Myome manchmal durch starke Menstruationsblutungen, weil sie praktisch die Oberfläche der Schleimhaut vergrößern. Während einer Schwangerschaft stellen sie eine Fehlgeburtsgefahr dar, wenn sie – unter der Gebärmutterschleimhaut oder in der Gebärmutterwand angesiedelt – eine erhöhte Kontraktionsbereitschaft forcieren und die Versorgung des Embryos behindern, sofern er sich ausgerechnet auf einem von ihnen eingenistet hat. Um Größe, Lage und Herkunft von Myomen festzustellen, kann die Kombination verschiedener Untersuchungsmethoden nötig sein, beispielsweise Ultraschall und Gebärmutterspiegelung. Wenn der begründete Verdacht besteht, dass sie durchaus in der Lage wären, Fehlgeburten auszulösen, bleibt nur ihre operative Entfernung.

Myome erhöhen die Kontraktionsbereitschaft der Gebärmutter und können so die Versorgung des Embryos verhindern.

Professor Ragosch: Eine OP lässt die Geburtschancen erheblich steigen

Myome sind – im Unterschied zu den gerade angesprochenen Gebärmutterseptten – keine angeborenen, sondern erworbene Veränderungen. Am meisten beschäftigen uns hier Myome, die in die Innenwand der Gebärmutter wachsen und dort die Einnistung einer befruchteten Eizelle verhindern. Sie sollten, wenn möglich, vorab operativ entfernt werden, weil danach die Schwangerschafts- und Geburtschance erheblich ansteigt.

Wie beim Septum kann in den meisten Fällen per Hysteroskopie von der Scheide aus, also ohne Bauchschnitt oder Bauchspiegelung, operiert werden. Der zusätzliche Vorteil dieser Methode: Aufgrund geringerer Narbenbildung gibt es auch weniger Komplikationen bei nachfolgenden Schwangerschaften.

Zu den nicht angeborenen, sondern erworbenen Veränderungen zählen im Übrigen, und zwar in einem nicht unerheblichen Umfang, auch Verklebungen in der Gebärmutter nach Ausschabungen (siehe Asherman-Syndrom Seite 45) oder Entzündungen. Es ist einfach so: Je häufiger Ausschabungen durchgeführt werden, desto größer ist die Gefahr solcher Verklebungen. Nach einer Curettage beträgt die Wahrscheinlichkeit des Auftretens circa 10 Prozent; nach drei Ausschabungen steigt sie bereits auf über 30 Prozent. Darum sollte bei Frauen mit wiederholten Aborten und entsprechender Zahl von Ausschabungen eine Spiegelung der Gebärmutterhöhle zur diagnostischen Abklärung dazugehören. Bestehen Verklebungen, hilft die Hysteroskopie bei der Lösung des Problems.

> Myome sollten vor einer geplanten Schwangerschaft operativ entfernt werden, weil damit die Geburtschance ansteigt.

Zusammenfassend kann gesagt werden: Anatomische Veränderungen – gleichgültig, ob angeboren oder erworben – machen einen hohen Anteil bei den Ursachen wiederholter Aborte aus. Eine frühzeitige Klärung empfiehlt sich also dringend!

Die Sache mit dem Rhesusfaktor

Beim Thema Rhesusfaktor (der Begriff entstand übrigens nach Untersuchungen bei Rhesusaffen) sprechen wir von Unverträglichkeiten zwischen den Blutgruppen der Mutter und ihrem ungeborenen Kind, die sich in der Regel allerdings erst in einer zweiten Schwangerschaft fatal auswirken können. Als Voraussetzung nämlich gilt, dass es zu einem Kontakt der unterschiedlichen Blutgruppen kommt, was vor oder während der Geburt eines ersten Kindes, einem Abort, einem Schwangerschaftsabbruch oder bei einer Fruchtwasseruntersuchung möglich ist und dann zur Bildung spezifischer Antikörper im mütterlichen Blut führt – Antikörper, die bei erneuten anderen Umständen die Plazenta durchstreifen und die für sie »falschen« kindlichen Blutkörperchen gnadenlos bekämpfen. Die Ärzte sprechen in diesem Zusammenhang von einer Sensibilisierung.

Was passiert, wenn die Antikörper Amok laufen

Dazu muss man wissen: Betroffen sind Rhesus-negative Frauen, deren Nachwuchs Rhesus-positiv ist. Beim Durchschnitt der Bevölkerung geht die Statistik von rund 15 Prozent Rhesus-negativ (rh) und 85 Prozent Rhesus-positiv (Rh) aus – jedes gezeugte Kind kann mithin einen negativen oder positiven Rhesusfaktor erben, was zunächst mal ohne Bedeutung wäre, nur: Bei einer Verbindung einer rh-Frau mit einem Rh-Mann kommt es in circa zehn Prozent der Fälle zu Rh-Babys, und diese Mutter-Kind-Kombination kann bei einer nachfolgenden Schwangerschaft zu solch einem Problemfall werden.

Professor Ragosch: Heute kann eine Bluttransfusion schon im Mutterleib gegeben werden

Eines zur Abrundung an dieser Stelle vorab: Beim Menschen kennen wir sehr viele verschiedene Blutgruppensysteme, von denen die wichtigsten und bekanntesten das AB0-System und das hier angesprochene Rhesussystem sind. Die Blutgruppeneigenschaften werden durch sogenannte Antigene auf den roten Blutkörperchen bestimmt. Für die Schwangerschaft von großer Bedeutung ist aber tatsächlich nur der Rhesusfaktor beim zweiten Kind, weil die Antikörper der Mutter (die durch die Plazenta wandern können) seine Blutkörperchen zerstören. Die Folge: Es kommt zu einer Blutarmut (hämolytische Anämie). Man nennt diese Erkrankung des Kindes dann Morbus haemolyticus neonatorum. Sie kann so stark ausgeprägt sein, dass sich das Vollbild der Erkrankung beim Baby entwickelt, der sogenannte Hydrops fetalis. Dieser zeigt sich durch Wassereinlagerungen in das Gewebe, die Bauchhöhle und das Lungenfell (Pleura). Es entsteht eine Pumpschwäche des Herzens. Das Kind kann an dieser Erkrankung schon im Mutterleib versterben.

Durch die frühzeitige Blutgruppenbestimmung ist heute das Risiko aufgrund des unterschiedlichen Rhesusfaktors zwischen Mutter und Vater so gut wie ausgeschlossen.

Aber: Dieses Krankheitsbild tritt in solch starker Ausprägung in Europa nur noch sehr selten auf, da bei der intensivierten Schwangerenvorsorge heutzutage rechtzeitig vorgebeugt wird. Falls doch eine Sensibilisierung eintritt, gibt es gute Therapiemöglichkeiten. Bei leichteren Formen kann man nach der Entbindung eine Gelbfärbung der Haut sehen, die häufig lediglich mit einer Lichttherapie behandelt werden muss. Bei nachgeburtlich schwereren Formen kann ein Blutaustausch notwendig werden.

In der Schwangerschaft besteht die Vorbeugung darin, dass man jeder schwangeren rh-Frau in der 28. SSW und zusätzlich spätestens 72 Stunden nach der Geburt eines Rh-Kindes ein Anti-D-Immunglobulin spritzt. Durch diesen Antikörper werden die kindlichen roten Blutkörperchen, die eventuell in den Blutkreislauf der Mutter gelangt sind, quasi sofort abgefangen und zerstört, bevor das mütterliche Immunsystem reagiert. Dieses Anti-D wird ebenfalls nach Fehlgeburten, Blutungen in der Schwangerschaft, Fruchtwasseruntersuchungen und anderen Ereignissen, bei denen es zu einer Vermischung mütterlichen und kindlichen Blutes kommen kann, eingesetzt. Auf diese Art lässt sich eine Sensibilisierung so gut wie verhindern.

Falls sie doch aufgetreten ist, kann heute per Ultraschall und Punktion der Nabelschnur eine Bluttransfusion schon im Mutterleib gegeben werden. Hierdurch wird die Blutarmut des Kindes ausgeglichen und der gefährliche Hydrops fetalis entsteht gar nicht erst.

Infektionen, die sich heimlich einschleichen

Nach Meinung mancher Geburtshelfer können Infektionen während der Schwangerschaft durchaus ein Problem sein, sie beschränken sich allerdings vornehmlich auf erst- und einmalige Fehlgeburten, weil man bei einer nachfolgenden Schwangerschaft selbstverständlich rechtzeitig Gegenmaßnahmen ergreifen wird. Wie schon angedeutet, gibt es Fälle, bei denen Infektionen mit Viren, Bakterien, Pilzen oder Parasiten sowohl Frühgeburten und Schädigungen beim Kind als auch Spätaborte bewirkt haben. Wir sprechen hier im Wesentlichen von Herpes simplex, Toxoplasmose, Listerien, Hepatitis, Zytomegalie, Mykoplasmen und Chlamydien.

Normale Infekte sind während einer Schwangerschaft eher harmlos, solange man nicht hohes Fieber bekommt.

Die meisten normalen Infekte, die man sich immer mal einfangen kann, wie Schnupfen, leichte Grippe oder Magen-Darm-Infekt, sind dagegen auch in der Schwangerschaft eher harmlos, es sei denn, sie gehen mit starkem Fieber einher. Nur der Ordnung halber sei hier auf Vorsichtsmaßnahmen in Form von Impfungen gegen ansteckende Erkrankungen wie Hepatitis A und B oder Röteln verwiesen. Eine Röteln-Embryopathie (Erkrankung durch Schädigung im Mutterleib) kommt heute allerdings kaum mehr vor (siehe Seite 65). Außerdem empfiehlt es sich, Katzen zu meiden, wenn man keine Antikörper gegen Toxoplasmose im Blut hat, und auf rohe tierische Lebensmittel wie Hackfleisch, Mett oder Mettwurst zu verzichten.

Alle diese Punkte sind im Grunde hinreichend bekannt. Was für das Risiko vaginaler Infektionen vermutlich nicht im gleichen Umfang gilt – ein Fakt, der darum in den letzten Jahren eine große mediale Aufklärungswelle ausgelöst hat. Der Grund: Diese Krankheitserreger können sich unter Umständen bis in die Gebärmutter vorarbeiten, führen eventuell zu Veränderungen in der Muttermundregion, lösen, heißt es, manchmal tatsächlich vorzeitige Wehen, Fruchtblasensprung und damit eine Frühgeburt oder einen Spätabort aus.

Professor Ragosch: Die früher gefährlichen Röteln kommen heute fast gar nicht mehr vor

Es gibt fraglos problematische Infektionen, viele der »altbekannten« Formen haben in der Geburtshilfe jedoch an Bedeutung verloren, so wie bei den Röteln beispielsweise: Die flächendeckende Impfung und Kontrolle auf Röteln in der Schwangerschaft hat längst dazu geführt, dass eine Röteln-Embryopathie heute fast gar nicht mehr vorkommt.

Für das wiederholte Abortgeschehen spielt eine Infektion als Ursache eine nur noch untergeordnete Rolle. So wird zwar von manchen Medizinern etwa die Entzündung mit Chlamydien, Ureaplasmen und Co. nach wie vor kritisch gesehen, doch den Zusammenhang konnte man bisher keinesfalls schlüssig nachweisen, sodass auch ein spezielles Infektions-Screening – sprich: Reihenuntersuchung bei allen Schwangeren – nicht empfohlen wird. Im Übrigen wäre solch ein Screening bei Frauen mit mehreren Fehlgeburten ohnehin fragwürdig, weil die Zeitspanne bis zur nächsten Schwangerschaft wenig absehbar ist und sich währenddessen naturgemäß neue Infektionen einstellen können.

Infektionen können erst im späteren Schwangerschaftsstadium vorzeitige Wehen oder eine Frühgeburt auslösen.

Anders stellt sich die Frage nach dem Risikofaktor Infektion bei einem Spätabort beziehungsweise einer Frühgeburt. So wird etwa der frühe vorzeitige Blasensprung oder die vorzeitige Wehentätigkeit mit Öffnung des Muttermundes – Stichwort Zervixinsuffizienz (siehe Seite 60) – häufig durch Infektionen ausgelöst. Es bestehen bisher jedoch wenig Möglichkeiten einer vorbeugenden Behandlung.

Die vaginale ph-Wert-Messung im Verlauf der Schwangerschaft, von der nachstehend die Rede ist, hat seit einiger Zeit Befürworter gefunden, ohne dass ihre Effektivität allerdings bereits zweifelsfrei nachgewiesen und sie inzwischen Bestandteil der Schwangerenvorsorge geworden wäre.

Testhandschuh: zweimal pro Woche

Als ein Mittel, oft lange unbemerkt bleibende Scheideninfektionen zu verhindern, gilt, wie gesagt, die neuerdings stark propagierte Selbstkontrolle per Testhandschuh.

Dazu eine kurze Vorbemerkung: Normalerweise schafft es unser körpereigenes Abwehrsystem selbst, mit den ständig vaginal eindringenden Keimen – Bakterien, Viren, Pilze – fertig zu werden. Hilfestellung leisten dabei die friedfertig vor Ort siedelnden Milchsäurebakterien (Lactobacillus acidophilus), deren Absonderungen für ein eher saures Milieu der Scheidenflüssigkeit im vaginalen Eingangsbereich sorgen. Die Folge: Die meisten auftauchenden Keime bleiben prompt auf der Strecke.

Der Säuregehalt wird durch den pH-Wert definiert. Die einfache Formel lautet: Je saurer eine Flüssigkeit, desto niedriger ist dieser Wert. Im Scheideneingangsareal liegt er üblicherweise zwischen pH 4,0 und 4,4. Wenn unser körpereigenes Abwehrsystem nun aber lahmt oder die fleißigen Milchsäurebakterien infolge ungünstiger äußerer Bedingungen ins Schleudern geraten, steigt der pH-Wert plötzlich an. Man selbst würde das vermutlich erst mit beträchtlicher Verspätung registrieren, der Testhandschuh aus der Apotheke aber erkennt die Veränderung sofort – rechtzeitig, bevor ernsthafte Komplikationen auftreten.

Mit dem Testhandschuh misst man den pH-Wert in der Scheide. So lassen sich Scheideninfektionen bereits frühzeitig erkennen.

Wie der Handschuh, der aus biologisch abbaubarem Polyethylen hergestellt und immer nur einmal verwendet wird, wirklich funktioniert? Auf dem Zeigefinger sitzt ein Testpapierstreifen, dessen Farbe sich je nach pH-Wert verändert. Er wird zwei bis drei Zentimeter tief eingeführt und mit der Scheidenflüssigkeit benetzt. Der Grad seiner Verfärbung zeigt dann in einem Farbskalenvergleich das Ergebnis: Steigt der pH-Wert nach mehreren Messungen konstant auf über 4,4, sollte man seinen Arzt auch abseits der üblichen Vorsorgetermine darauf aufmerksam machen. Der entscheidet dann, ob eine angemessene medikamentöse Behandlung gestartet werden muss, um Schlimmeres zu verhüten.

Zum Prozedere: Die Handschuhmessungen nimmt man am besten ab Schwangerschaftsstart zweimal pro Woche vor, egal zu welcher Tageszeit. Sollte der pH-Wert einmal nicht im Normbereich von pH 4,0 bis 4,4 liegen, ist das noch kein Grund zur Aufregung. Er kann sich beispielsweise durch die Samenflüssigkeit nach dem Geschlechtsverkehr oder den Kontakt mit Urinresten kurzfristig verändern.

Die Schwangerschaftsvergiftung hat nichts mit Giftstoffen zu tun

Die Rede ist von der sogenannten Präeklampsie, einer Erkrankung, die nur in der Schwangerschaft auftreten kann und früher häufig – fälschlicherweise – als »Schwangerschaftsvergiftung« bezeichnet wurde (und von einigen immer noch wird). Ihre Ursache ließ sich bisher nicht zweifelsfrei klären, es ist jedoch sicher, dass keine »Giftstoffe« als Auslöser infrage kommen. Diskutiert werden Fehlentwicklungen der Gefäße im Mutterkuchen oder eine gestörte Einnistung des Embryos.

Eine Präeklampsie macht sich unter anderem durch starke Wassereinlagerungen bemerkbar. Es sollte unbedingt der Arzt aufgesucht werden.

Wie macht sich nun diese Erkrankung bemerkbar? Früher wurde die Präeklampsie auch als EPH-Gestose bezeichnet. Das E (Edema) steht für eine deutlich vermehrte Wassereinlagerung im mütterlichen Gewebe. Schwangere merken dies häufig daran, dass Ringe nicht mehr passen, weil die Finger anschwellen, und auch im Gesicht deutlich mehr Wasser eingelagert wird. Isolierte Schwellungen der Beine und Füße, die in der Schwangerschaft häufig vorkommen, sind damit allerdings nicht gemeint und in der Regel völlig harmlos. Das P (Proteinurie) signalisiert eine vermehrte Eiweißausscheidung im Urin. Dies wird bei der Vorsorgeuntersuchung häufig am Urinschnelltest festgestellt. Das H (Hypertonie) bedeutet Blutdruckerhöhung. Dies ist auch der Grund, warum eine Messung des Blutdrucks in der Schwangerschaft regelmäßig erfolgen sollte. Möglich sind aber zusätzlich auch Augenflimmern, Übelkeit mit Erbrechen und Kopfschmerzen. Bei manchen Frauen sind die Reflexe, etwa der Kniesehnenreflex, deutlich gesteigert. All diese Symptome können der Beginn einer Präeklampsie sein.

Professor Ragosch: Das HELLP-Syndrom macht die Präeklampsie noch gefährlicher

Man rechnet damit, dass etwa fünf bis zehn Prozent der Schwangeren von einer Präeklampsie betroffen sind. Häufiger trifft es Frauen, die schon vor der Schwangerschaft an Übergewicht litten, eine Zuckererkrankung und erhöhten Blutdruck haben oder Mehrlinge bekommen. Da es sich um ein ernstes und für die Mutter sehr gefährliches Krankheitsbild handelt, muss angesichts der oben aufgeführten Symptome unbedingt ein Arzt aufgesucht werden. Bei Bestätigung bleibt nur eine Krankenhausaufnahme.

Die schwerste Verlaufsform einer Präeklampsie ist das HELLP-Syndrom. Das hat nichts mit Hilfe (help) zu tun, es handelt sich vielmehr um ein Akronym, bei dem die Buchstaben für bestimmte Symptome stehen, die bei diesem Syndrom auftreten: Hämolyse (Blutarmut aufgrund Zerstörung von roten Blutkörperchen), erhöhte Leberenzyme (bedingt durch eine Leberfunktionsstörung) und ein drastisches Absinken der Blutplättchen. Gerade durch Letzteres kann es zu schweren Blutungen kommen. Auch ein akutes Nierenversagen und eine plötzliche Ablösung des Mutterkuchens sind möglich. Diese Ablösung kann natürlich zum Tod des Kindes führen. Die Therapie der Präeklampsie besteht je nach Schweregrad in der Behandlung der Symptome. Das heißt, der Blutdruck wird gesenkt und Schmerzen werden behandelt. In dramatischen Verlaufsformen kann es zu Krampfanfällen (Eklampsie) kommen. Dann muss die Schwangerschaft zum Schutz der Mutter beendet werden.

Eine spezielle Form der Präeklampsie ist das HELLP-Syndrom, das umgehend im Krankenhaus behandelt werden muss.

Gleiches gilt für das HELLP-Syndrom. Hier ist häufig eine zügige Entbindung meist per Kaiserschnitt – unabhängig von der Schwangerschaftswoche – notwendig. Bei ganz frühen Schwangerschaftswochen kann auf das Kind keine Rücksicht genommen werden, da das Leben der Mutter in diesem Fall das höhere Gut darstellt. Dies passiert aber Gott sei Dank sehr selten, da die meisten HELLP-Syndrome erst auftreten, wenn das Kind bereits eine gute Überlebenschance hat.

Wie die umtriebigen Hormone zum Fehlerfaktor werden

Hormone (aus dem Griechischen hormao = Bote) sind ein Phänomen: Sie können die Vorgänge in unserem Körper stimulieren, hemmen, beschleunigen, umstellen. In verschiedenen Drüsen gebildet und in winzigen Mengen ins Blut abgegeben, erreichen sie jederzeit die entlegensten Winkel zwischen Ohr und großem Zeh, steuern so, neben dem Nervensystem, den gesamten Organismus. In der Schwangerschaft übernehmen Hormone das Kommando – nur: gelegentlich funktioniert das ganze System nicht hundertprozentig und die Störungen, die dadurch entstehen, können die frohe Erwartung auf tragische Weise beeinträchtigen.

Um nur einige Beispiele zu nennen: Die Corpus-luteum-Insuffizienz etwa geht auf eine Gelbkörperschwäche im Körper zurück, dadurch wird zu wenig Progesteron gebildet, jenes Hormon, das die Schwangerschaft am Laufen hält.

Ebenso macht man Über- oder Unterfunktionen der Schilddrüse für ein erhöhtes Fehl- und Totgeburtsrisiko verantwortlich, weil sie qua Regulierungskreis der Hirnanhangdrüse die Hormonkonzentrationen verändern, die den Eisprung steuern. Auch die Hashimoto-Thyreoiditis, eine entzündliche Autoimmunerkrankung der Schilddrüse, gilt in diesem Zusammenhang als erhebliches Risiko.

Professor Ragosch: Eine Schilddrüsenunterfunktion muss konsequent behandelt werden

Endokrine, also durch Hormone verursachte Störungen, zählen in nicht unbeträchtlichem Maße zum Ursachenspektrum bei wiederholten Fehlgeburten, darüber hinaus können sie auch jene anderen Schwangerschaftskomplikationen auslösen, die auf den nächsten Seiten eingehender thematisiert werden. Deshalb gehören sie stets in den Rahmen einer kompetenten Diagnostik.

An dieser Stelle seien zunächst nur die bereits erwähnten Schilddrüsenfunktionsstörungen angesprochen. Dazu muss man wissen: Deutschland ist ein Jodmangelgebiet, darum haben etwa vier Prozent der Gesamtbevölkerung Schilddrüsenprobleme – in erster Linie betroffen sind allerdings Frauen. Gerade die Schilddrüsenunterfunktion wird als eine der Ursachen für die WSA, die wiederholten Spontanaborte, angesehen und bedarf einer entsprechenden Behandlung.

Hormonelle Störungen können Schwangerschaftskomplikationen bis hin zu Fehlgeburten auslösen. Rechtzeitig erkannt, lassen sie sich gut medikamentös behandeln.

Was es bedeutet, wenn von Prolaktinproblemen die Rede ist

Das Hormon Prolaktin kann tatsächlich für sich beanspruchen, ein ganz spezieller Fall zu sein. Es wird in der Hirnanhangdrüse produziert und ist unter anderem für die Milchbildung zuständig. Bei einem zu hohen Prolaktinspiegel im Blut – als Gründe für die sogenannte Hyperprolaktinämie kommen Funktionsstörungen in der Hirnanhangdrüse, vermehrt männliche Hormone, aber auch körperlicher oder seelischer Dauerstress infrage – vermögen die Eierstöcke nicht mehr einwandfrei zu arbeiten. Mögliche Konsequenz: Unfruchtbarkeit oder eben auch Fehlgeburt im Frühstadium einer Schwangerschaft. Hinweise auf Prolaktinprobleme gibt es oft schon vorher. Bei rund 20 Prozent aller Frauen ohne regelmäßigen Eisprung und/oder normaler Regelblutung geht die Diagnose in diese Richtung. Neben solchen Zyklusschwierigkeiten deuten aber auch andere Symptome auf das Bestehen einer Hyperprolaktinämie hin. Zwei Drittel der betroffenen Frauen registrieren eine Milchproduktion, die allerdings oft nur durch Ausstreichen der Brust feststellbar ist. Einmal erkannt, lässt sich die Erkrankung mit Medikamenten behandeln.

Eine Million Eizellen sind ständig abrufbereit

An dieser Stelle scheint ein kleiner Exkurs über das Wunder des Lebens sinnvoll, weil sich damit manche, leider auch irreguläre Vorgänge, leichter einordnen lassen. Es scheint kaum vorstellbar, aber es stimmt – jeder der beiden Eierstöcke einer Frau beherbergt etwa 400 000 bis 500 000 Keimzellen, und eine davon ist Monat für Monat (korrekt: alle 28 Tage) reif. Das funktioniert in der Weise, dass die Zellen, die diese Keimzelle umgeben, eine hormonelle Order erhalten, zu wuchern beginnen und dann eine Art Flüssigkeitsbläschen bilden, den sogenannten Follikel.

Jede Frau verfügt über eine Million Eizellen, von denen Monat für Monat eine reif wird und, falls nicht befruchtet, mit der Regelblutung abgeht.

Mittendrin schwimmt, von Nährstoffen umspült, die eingangs erwähnte Eizelle. Unser Eibläschen hat nichts Eiligeres zu tun, als sich seinerseits in eine Hormondrüse zu verwandeln und Östradiol – ein weibliches Geschlechtshormon – zu produzieren, das der Gebärmutterschleimhaut den Tipp gibt: Achtung, eventuell kommt demnächst ein befruchtetes Ei vorbei. Auf halber Strecke zwischen zwei Menstruationen ploppt unser Bläschen auf – der sogenannte Eisprung –, das Ei wechselt vom Eierstock in den Eileiter weiter und das geplatzte Bläschen übernimmt prompt einen neuen Job: Sein winziger Hohlraum beherbergt nun gelblich anmutende Zellen und wird deswegen ab sofort auch als Gelbkörper bezeichnet.

Das Einnisten im »Nest« dauert etwa vier Tage

Während sich die Eizelle mithilfe von Flimmerhärchen Richtung Gebärmutter transportieren lässt – die Reise dauert etwa eine Woche –, produziert unser verwandeltes Bläschen das wichtige Gelbkörperhormon Progesteron. Das ist wichtig, weil es die anfängliche Aufgabe des Follikelhormons Östradiol übernimmt und die Gebärmuttermobilmachung mit anderen Mitteln fortsetzt, auf dass der Uterus noch optimaler durchblutet und nährstofftechnisch versorgt wird, damit das Ei ein ideales »Nest« vorfindet.

Vorausgesetzt, das Ei wurde unterwegs tatsächlich befruchtet. Hat es geklappt, nistet es sich binnen circa vier Tagen ein, das heißt, es wird von der Gebärmutterschleimhaut umhüllt, und die Eröffnung erster Blutgefäße sorgt für Premierenkontakt zwischen dem künftigen Kind und dem mütterlichen Stoffwechsel. Kam es zu keiner Befruchtung, setzt die fällige Menstruation mit ihren Blutungen dem Versuch ein Ende und beim nächsten Zyklus fängt das ganze Prozedere von vorn an.

Auch zu viele männliche Hormone im weiblichen Körper lösen Fehlgeburten aus

Wie das Prolaktinproblem kommt auch das sogenannte PCO-Syndrom – Syndrom der polyzystischen Ovarien (früher Stein-Leventhal-Syndrom), auf gut Deutsch: ausbleibender Eisprung, der sich beim Ultraschall in Form vieler kleiner und unreifer Eibläschen im Eierstock als kleine Zysten darstellt – in Form von Zyklusunregelmäßigkeiten daher. Entweder sind die Zyklen verlängert oder die Blutung bleibt ganz aus. Nur allzu oft geht das PCO-Syndrom mit einem – gerade angesprochenen – erhöhten Prolaktinspiegel und zu vielen männlichen Hormonen wie dem Testosteron einher. Diese Kombination führt letztlich dazu, dass Frauen mit zu vielen männlichen Hormonen im Blut mehr Aborte erleiden als Frauen mit normalem Hormonmix.

Manche Frauen haben zu viele männliche Hormone im Blut, was dem Embryo offenbar nicht gut bekommt. Ein Zuviel an Testosteron kann Fehlgeburten auslösen.

Chronische Belastung lässt die reifende Eizelle altern

Warum das so ist, danach wird intensiv geforscht, abschließend verbindliche Erklärungen fehlen allerdings noch. Vermutlich hängt das Ganze mit oft gleichzeitig erhöhten Werten für das eisprungauslösende LH-Hormon zusammen. Durch dessen vermehrte Produktion kommt es zu einer chronischen Belastung der reifenden Eizelle, was sie, wenn man so will, vorzeitig altern lässt – eine denkbar schlechte Voraussetzung für gutes Gelingen.

Diese Hypothese bestätigen vielfach gemachte Erfahrungen, denen zufolge Frauen mit erhöhtem LH-Spiegel im Blut tatsächlich vermehrt zu Fehlgeburten neigen. Und da bei ihnen oft zusätzlich ein PCO-Syndrom konstatiert wird, gewinnt diese These deutlich an Plausibilität, wobei man natürlich nicht ausschließen kann, dass die Abortgefahr in höherem Maße wirklich auf überbordende männliche Hormonwerte zurückzuführen ist, die oft im Zusammenhang mit dem PCO-Syndrom auftreten. Immerhin fällt auf: Es scheint einen nicht zu übersehenden Zusammenhang zwischen dem Syndrom und androgenbedingten äußeren Veränderungen wie Akne oder fettiger Haut, vermehrter Behaarung an für Frauen eigentlich ungewöhnlichen Stellen, gelegentlich aber auch Haarausfall zu geben.

Warum übergewichtige Frauen oft mehr Probleme haben

Ob das PCO-Syndrom auffallend häufig mit Übergewicht einhergeht oder ob es wegen zu großer Körperfülle überhaupt erst gepusht wird, darüber ist die Medizin noch uneins. Gleichwohl lässt sich kaum wegdiskutieren, dass allzu »starke« Frauen, bei denen Hormonstörungen festgestellt werden, offensichtlich öfter Fehlgeburten erleiden.

Übergewichtige Frauen mit Hormonstörungen erleiden laut einer medizinischen Untersuchung häufiger Fehlgeburten als andere.

Da drängt sich automatisch die Frage auf: Hat eigentlich jedes übergewichtige weibliche Wesen ein erhöhtes Abortrisiko? Soweit man es bisher einschätzen kann, ist das in dieser Eindeutigkeit höchstwahrscheinlich nicht der Fall. Neben dem PCO-Syndrom und zu viel Körperfett muss wohl noch eine sogenannte Insulinresistenz hinzukommen, damit das Risiko wirklich spürbar ansteigt. Eine Behandlung der Zuckerkrankheit mit gleichzeitiger Gewichtabnahme verringert automatisch die Fehlgeburtsrate.

Professor Ragosch: Eine Million Frauen sind vom PCO-Syndrom betroffen

Fakt ist: Das Syndrom der polyzystischen Ovarien ist die häufigste endokrine (hormonelle) Erkrankung geschlechtsreifer Frauen. Allein hierzulande sind etwa eine Million Frauen davon betroffen. Die polyzystischen Ovarien müssen aber bei diesem Krankheitsbild nicht unbedingt auftreten. Keine oder wenige Eisprünge (Oligo- oder Anovulation) und erhöhte Androgene im Blut (also die Erhöhung der männlichen Geschlechtshormone) sind auch Kriterien für diese Erkrankung. An Symptomen treten bei diesen Patientinnen Übergewicht, Diabetes, Herz-Kreislauf-Erkrankungen, vermehrte männliche Behaarung und eben Unfruchtbarkeit sowie vermehrte Neigung zu Fehlgeburten auf. Für diese Abortneigung scheint eine Insulinresistenz bedeutsam zu sein. Die Behandlung mit Metformin (einem Medikament gegen die Zuckerkrankheit) zeigte eine spürbare Senkung der Abortraten. Problem dabei ist jedoch, dass für dieses Medikament eine strenge Indikationsstellung in der Schwangerschaft besteht und noch keine ausreichenden Untersuchungsdaten zu dieser Indikation vorliegen.

Manchmal tritt Diabetes unverhofft auf ...

Es ist kein Geheimnis: Ein schlecht eingesteller Diabetes mellitus (so heißt die Zuckerkrankheit unter Medizinern) kann, was den Nachwuchs angeht, Schaden anrichten, für Komplikationen mütterlicherseits sorgen und sowohl Früh- als auch Fehlgeburten initiieren. Frauen, die Diabetes und damit einen Mangel an Insulin haben, sind also gut beraten, wenn sie vor und während der Schwangerschaft auf eine besonders präzise Einstellung ihres Blutzuckers achten.

Wichtig ist, möglichst in der 24. bis 28. SSW einen sogenannten oralen Glukosetoleranztest (oGTT) vorzunehmen.

Leider nicht voraussehbar ist die Tatsache, dass einige Frauen, die in keiner Weise vorbelastet sind, plötzlich während der Schwangerschaft einen sogenannten Gestationsdiabetes bekommen. Der verschwindet hinterher so gut wie immer wieder, kann währenddessen aber, häufig zunächst symptomlos und darum unerkannt, zu teilweise fatalen Komplikationen führen, womit keineswegs nur die bereits angesprochene Präeklampsie gemeint ist, sondern eben auch Früh-, Fehl- und Totgeburt.

Professor Ragosch: Einen Glukosetoleranztest durchführen lassen

Gut zu wissen: Die Gefahr des mütterlichen Diabetes wird im Rahmen der rezidivierenden (sich wiederholenden) Aborte inzwischen eher überschätzt. Früher traten Komplikationen wie Fehlbildungen, deutlich vermehrtes Fruchtwasser und sehr große, aber insgesamt unreife Kinder häufiger auf. Heutzutage wissen die meisten Frauen, die eine manifeste, schon vor Beginn der Schwangerschaft bestehende Zuckerkrankheit haben, von dieser Tatsache und sind zumeist gut eingestellt. Wer erst im Zuge der Schwangerschaft einen Diabetes entwickelt – wir sprechen hier, wie gesagt, von Gestationsdiabetes –, kann davon ausgehen, dass dies für gewöhnlich im Rahmen der Schwangerenbetreuung festgestellt und behandelt wird. Der Glukosetoleranztest zählt zwar noch nicht zu den Mutterschaftsrichtlinien und wird auch noch nicht von sämtlichen Krankenkassen übernommen, doch jeder gewissenhafte Arzt dürfte ihn dringend empfehlen.

Reden wir ruhig mal von zu viel Stress

Bei manch einer Fehlgeburt kommen ganz unterschiedliche – sprich: multifakto-rielle – Einflüsse zusammen, und dazu zählen, oft verdrängt, durchaus auch psychi-sche und soziale Gründe, die eine spezielle gynäkologisch-psychosomatische For-schung auszuloten versucht. Wieso erleiden beispielsweise alleinstehende Frauen häufiger Aborte? Klare, unstrittige wissenschaftliche Erkenntnisse gibt es noch nicht, dafür diverse Vermutungen wie etwa das Fehlen von Sicherheit und Gebor-genheit sowie unverarbeitete Verlustängste aus vorangegangenen Schwanger-schaften. Solch ein negativer Gefühlsschub löst zwangsläufig heftige Stresssymp-tome aus (wie bereits in Teil I dieses Buches behandelt), die auf dem Umweg über Hormonstimulanzien (anregende Mittel) Aborte begünstigen können.

Emotionaler Druck bis aufs Blut

Besonderes Augenmerk wird dabei auf das Stresshormon Cortisol gelegt. Es soll, wenn die werdende Mutter unter dauerndem emotionalen Druck steht, einen Rück-gang ausgerechnet jener Substanzen im Blut verursachen, die das Abstoßen der fötalen Zellen eigentlich zu verhindern haben, nämlich Progesteron und der Pro-teinstoff PIBF. Zu viel Stress steht außerdem im Verdacht, bei der

Großer emotionaler Druck – aus welchen Gründen auch im-mer – tut dem heranreifenden Baby offenbar nicht gut.

sogenannten Plazentainsuffizienz, der mangelnden Fähigkeit des Mut-terkuchens, das heranreifende Baby zu ernähren, unheilvoll mitzumi-schen. Die immer mal wieder aufkommende Vermutung, eine innere Ablehnung der Schwangerschaft würde verstärkt zur Fehlgeburt füh-ren, trifft offenbar nicht zu. Dass Fett- oder Magersucht, aber ebenso sozial indizierte Problemerfahrungen wie Gewalt in früheren Jahren eine unselige Rolle im multifaktoriellen Mix der Abortgründe spielen können, steht im Übrigen längst außer Frage.

Professor Ragosch: »Tender Loving Care« – alle zwei Wochen Gespräche und Ultraschall

Wiederholte Fehlgeburten – gerade Spätaborte – stellen für die meisten Paare und hier besonders für Frauen eine oft extreme psychische Belastung dar. Hinzu kommt der Druck von außen: Dass eine glückliche Beziehung erfolgreich Nachwuchs gebiert, wird vom persönlichen Umfeld vielfach geradezu erwartet, da es sich ja um einen natürlichen Prozess handelt. Aus diesem Grund legen nicht wenige, vor allem ältere Patientinnen oft schon nach einer Fehlgeburt großen Wert auf Ursachenforschung. Wegen der sehr aufwändigen Diagnostik (siehe Seite 50) ist dies nicht wirklich ratsam, da das Nutzen-Risiko-Verhältnis in solchen Fällen klar zu Ungunsten der Patientin ausfällt. Eine einfühlsame Beratung kann die Angst vor Wiederholung häufig viel nachhaltiger nehmen, insbesondere – objektiv begründete – Informationen über die hohen Chancen einer neuen, unkomplizierten Schwangerschaft entlasten die Paare erheblich. Die Bedeutung solcher Gespräche wurde durch viele Arbeitsgruppen nachgewiesen.

»Tender Loving Care«-Maßnahmen unter fundierter psychologischer Betreuung können die Erfolgsaussichten einer Schwangerschaft um ein Vielfaches erhöhen.

Die Situation bei wiederholten Spontanaborten (WSA) ist, wie gesagt, eine andere. Die betroffenen Frauen fühlen sich zweifellos psychischen Belastungen ausgesetzt und leiden auch häufiger unter Depressionen (mehr darüber auf Seite 14 ff.). Dass solch emotionaler Stress die schwangerschaftserhaltenden Abläufe negativ beeinflusst, ist eindeutig nachgewiesen. Dagegen hilft eine engmaschige und psychologisch fundierte Betreuung etwa im Rahmen sogenannter »Tender Loving Care«-Maßnahmen, die Stress durch 14-tägige Behandlungsintervalle mit Gesprächen und Ultraschall abbauen. Erfolgszahlen von bis zu 50 Prozent werden genannt. Selbst wenn das zu hoch gegriffen wäre, ist eine solch emotionale Führung mit Sicherheit sinnvoll.

Eileiter- oder Bauchhöhlenschwangerschaft: Wie so etwas überhaupt möglich ist

Von einer »extrauterinen«, also außerhalb des Uterus liegenden Schwangerschaft spricht die Medizin dann, wenn – was zum Glück sehr selten geschieht – die Befruchtung bereits im Eileiter stattgefunden hat, die Eizelle aber nicht bis in die Gebärmutter wandern kann, sondern schon vorher hängen bleibt: im Eileiter, in einem Eierstock, irgendwo in der Bauchhöhle oder im Gebärmutterhals.

Eine normale Entwicklung des Embryos kann so allerdings niemals funktionieren, denn das von Natur aus dafür vorgesehene Körperareal ist nun mal der Uterus – nur die Gebärmutter hält mit dem Wachstum des heranreifenden Babys Schritt, nur sie ist in der Lage, sich so immens auszudehnen, dass ein neues Wesen 50 und mehr Zentimeter groß werden kann und drumherum auch noch Platz für durchschnittlich 1,5 Liter Fruchtwasser bleibt. Außerdem ist ausreichend Muskelmasse vonnöten, um das später einmal fertige Kind mittels Wehen ins Freie zu bewegen.

Mehrere Schwangerschaftsabbrüche können ihre Spuren hinterlassen haben

Zu solch einer Schwangerschaft am falschen Ort kann es durch Verklebungen oder Verwachsungen kommen, aber auch Hindernisse wie Schleimhautpolypen, die Abknickung eines Eileiters oder darin auftretende Ausbuchtungen sind als denkbare Ursache bekannt, ganz abgesehen von einer simplen Muskelschwäche, nicht ausreichender Beweglichkeit des Eileiters oder zu wenig Flimmerhärchen für den Weitertransport.

Reißen oder Platzen des Eileiters

Halten wir fest: Das erhoffte neue Wesen hat keine Chance, länger als drei Monate außerhalb der Gebärmutter zu existieren, kann durch seine falsche Lage aber unter Umständen dramatische Schäden verursachen. Nach ärztlicher Einschätzung werden viele extrauterine Schwangerschaften bis zum Abort zwar kaum wahrgenommen, öfter machen sie sich allerdings auch durch einseitige, wiederkehrend ziehende Unterbauchschmerzen bemerkbar, bisweilen kommt es zu Schmierblutungen, vornehmlich eineinhalb bis zwei Monate nach Ausbleiben der Menstruation.

Eine unbemerkte Bauchhöhlenschwangerschaft kann lebensbedrohlich sein. Im Normalfall wird der Embryo aber innerhalb der ersten drei Monate abgehen.

Stirbt der Embryo im Eileiter, kommt es zu einer, manchmal von Unterbauchkoliken begleiteten, Vaginalblutung. Der absolute Gau: das Reißen oder Platzen eines »schwangeren Eileiters«. Ein akuter Unterleibschmerz signalisiert eine Blutung in der Bauchhöhle, was im Extremfall zum Schock führt und ohne sofortige ärztliche Hilfe lebensbedrohend ist!

Die Gebärmutter bleibt lange fit

Die Wahrscheinlichkeit, dass eine Schwangerschaft mit zunehmendem Alter der werdenden Mutter erhöhte Risiken in sich birgt, ist unstrittig: Bei Frauen über 35 Jahren liegt die Aborthäufigkeit deutlich höher als bei 20- bis 29-Jährigen. Daran ändern auch Meldungen nichts, nach denen im Ausland sogar Frauen von über

60 Jahren noch Nachwuchs bekommen. Deren (offenes) Geheimnis aber heißt Eizellspende, bei der die Eizellen jüngerer Frauen mit dem Samen des Mannes der Empfängerin befruchtet und in deren Gebärmutter eingesetzt werden. Die Erfahrung nämlich zeigt: Eine Gebärmutter hat oft sogar bis ins hohe Alter die Fähigkeit, Schwangerschaften auszutragen (wenngleich die Gefahr von Komplikationen und Fehlgeburten natürlich deutlich höher als bei jüngeren ist). Das eigentliche Problem muss man woanders suchen: nämlich bei den Eizellen.

Die Eizellen ermüden, weil sie schon so lange lagern

Die Eierstöcke schwächeln erheblich früher als die Gebärmutter. Die Zahl der Eizellen sinkt, es gibt weniger aktive und ruhende Follikel, sodass die Reaktion auf Hormone nachlässt, ergo auch nicht mehr so viele reife Eizellen stimuliert werden können, was bedeutet: Immer häufiger kommt es zu Zyklen ohne Eisprung.

Außerdem geht die Durchblutung der Eierstöcke zurück, was in letzter Konsequenz zu einer verlangsamten Follikelreifung und gleichzeitig zu vermehrtem Auftreten von Gelbkörperschwäche führen kann. Und nicht zuletzt: Die Alterung der Eizellen – im Unterschied zu den männlichen Spermien werden sie nicht immer neu produziert – bringt chromosomale Veränderungen mit sich, und dieser Vorgang verursacht nicht nur eine immer öfter ausbleibende Befruchtung oder Einnistung, er kann später eben auch eine Fehlgeburt in Gang setzen, die für unseren Körper eine ganz natürliche Notreaktion darstellt.

Die Gebärmutter einer Frau wäre auch im Alter noch in der Lage, ein Kind auszutragen. Die Eizellen dagegen altern und erleiden chromosomale Veränderungen.

Professor Ragosch: 40 Jahre gilt häufig als psychologische Grenze

Die entscheidende Frage lautet: Was bedeutet eine »ältere« Patientin in der Geburtshilfe, und welche Gefahren steigen mit dem Alter tatsächlich an? Die Grenze lässt sich sicherlich schwer ziehen. Verschiedene wissenschaftliche Arbeiten zeigen, dass schon in der Gruppe der 27- bis 34-Jährigen die Chance, schwanger zu werden, deutlich abnimmt. Ab 35 Jahren firmiert in Deutschland das Alter als »Risikofaktor« in der Schwangerschaft, darum wird dann auch eine invasive Pränataldiagnostik klar empfohlen. 40 Jahre gilt als psychologische Grenze, ab der eine Schwangerschaft in der Bevölkerung häufig kritisch gesehen wird.

Die Chancen, eine intakte Schwangerschaft zu haben, liegen im Alter zwischen 40 und 45 Jahren bei etwa 15 Prozent, ab 45 Jahren nur noch bei fünf bis sieben Prozent. Diese Zahlen müssen Frauen in Aufklärungsgesprächen natürlich vor Augen geführt werden. Gleiches gilt für die Abortraten: Zwischen 20 und 24 Jahren besteht ein Fehlgeburtsrisiko von etwa zehn Prozent. Zwischen 40 und 45 Jahren sind es schon über 50 Prozent und ab 45 Jahren steigt die Zahl dann auf knapp 80 Prozent.

Ältere schwangere Frauen gelten in Deutschland als Risikogruppe, nichtsdestotrotz ist eine erfolgreiche Schwangerschaft jenseits der 40 keine Seltenheit.

Ursache für diese Aborte sind meist chromosomale Auffälligkeiten. Für das Downsyndrom (Trisomie 21; siehe auch Seite 52) beispielsweise beträgt das durchschnittliche Risiko etwa 1:800 in der Bevölkerung. Das Risiko einer 35-jährigen Frau steigt rein rechnerisch bereits auf 1:300, eine 45-jährige werdende Mutter hat ein Risiko von 1:20. Ab 40 Jahren kommen auch bestimmte Erkrankungen wie die Präeklampsie (Seite 67 f.), die Schwangerschaftszuckererkrankung (Gestationsdiabetes, siehe Seite 73) und die Frühgeburtlichkeit etwas häufiger vor.

Um Missverständnissen vorzubeugen: Dies sollte keinesfalls davon abschrecken, das »Projekt Schwangerschaft« in Angriff zu nehmen. Wichtig aber ist bei steigendem Alter eine intensivierte und einfühlsame ärztliche Betreuung.

Was mit »Schadstoffbelastung durch die Umwelt« gemeint ist

Bei diesem Denkansatz geht es in erster Linie um Schwermetalle, die wir über das Essen aufnehmen oder deren Ausdünstungen wir einatmen. Sie können sich, heißt es, in verschiedenen Organsystemen ablagern und dort mit der Zeit anreichern, beispielsweise in der mütterlichen Hirnanhangdrüse oder dem Eierstock, genauso gut in der väterlichen Samenflüssigkeit. Geschieht dies tatsächlich, werden kindliche Missbildungen, aber eben auch Fehlgeburten initiiert.

Als besondere Gefährder gelten Blei, Arsen, Cadmium, Quecksilber oder Holz- und Pflanzenschutzmittel.

Die seit Jahren hochkochende Diskussion über Amalgamzahnfüllungen als Störungsauslöser hält unvermindert an, ohne dass allerdings eindeutige Beweise vorlägen. Immerhin: Versuche, Frauen mit habituellen Aborten und vermehrter Schwermetallausscheidung im Urin durch eine verstärkte Gabe von Vitaminen und Spurenelementen zu stabilisieren, scheinen erfolgversprechend.

Professor Ragosch: Genussgifte schaden Mutter und Kind ganz eindeutig

Die Frage, inwieweit Umweltgifte oder Schadstoffe Einfluss auf das Zustandekommen von Fehlgeburten ausüben, wird besonders häufig von Frauen gestellt, die bereits mehrere Aborte erlitten haben. Das liegt nahe und eventuell auch daran, dass die Medien dem Thema viel Aufmerksamkeit widmen. Rein wissenschaftlich lassen sich bislang in den meisten Fällen keine direkten, ursächlichen Zusammenhänge nachweisen. Was allerdings nicht die Unbedenklichkeit beweist.

Denn: Selbstverständlich übt der intensive Konsum etwa von Genussgiften, wie Nikotin oder Alkohol, sowie von harten Drogen, wie Opiaten und Kokain, einen negativen Einfluss auf die Gesundheit der Patientin und des werdenden Kindes aus.

Nikotin und Alkohol sowie andere Drogen sind während der Schwangerschaft absolut tabu. Und auch mit weiteren Genussgiften sollte man äußerst vorsichtig umgehen.

Unabhängig davon, was »intensiver« Konsum im Unterschied zu »durchschnittlichem« Konsum ist, sollte man sich deshalb darauf verständigen: Nikotin und Alkohol in der Schwangerschaft unbedingt meiden! Bei der Zigarette kommt noch hinzu, dass es sich nicht nur um Nikotin, sondern auch um viele andere, in ihrer Wirkung nur ansatzweise bekannte Giftstoffe handelt, die bei der Inhalation freigesetzt werden.

Stichwort Koffeinkonsum: Darüber wird in Fachkreisen sehr kontrovers diskutiert, wobei gelegentlicher Kaffee- oder Colagenuss mit großer Wahrscheinlichkeit keinen Schaden beim Kind anrichtet und für einen wiederholten Spontanabort sicher auch nicht ursächlich verantwortlich ist. Eine dänische Untersuchung besagt, dass sich bei mehr als acht Tassen Kaffee pro Tag das Fehlgeburtsrisiko deutlich erhöht. Sie basiert jedoch auf der einzigen Studie, die das nachweisen konnte. Diese Daten müssen aber insoweit mit Vorsicht interpretiert werden, da Frauen, die in der Schwangerschaft täglich mehr als acht Tassen Kaffee trinken, häufig auch in puncto Zigaretten- und Alkoholkonsum über dem Durchschnitt liegen. In diesen Fällen muss dann die Frage gestellt werden, welcher übermäßige Konsum letztlich wirklich für die Fehlgeburt verantwortlich ist.

Noch eine Anmerkung zum Risiko von Schadstoffen am Arbeitsplatz: Das dürfte im deutschsprachigen Raum als sehr gering bewertet werden, zumal es sehr strenge Mutterschaftsrichtlinien gibt, die den Umgang mit solchen Giften in der Schwangerschaft untersagen. Auch der Einfluss etwa von elektromagnetischen Feldern – also durch Mobiltelefon, Hochspannungsleitungen etc. – auf das Abortrisiko konnte in keiner Untersuchung nachgewiesen werden.

Nach einer Fehlgeburt: Körperlich relativ schnell wieder fit

Die allgemeinen medizinischen Ratschläge für das Leben nach dem Kindesverlust konzentrieren sich, natürlich abhängig vom Zeitpunkt des Aborts – bei einer späten Fehl- oder Totgeburt braucht der Körper länger zur Regeneration –, auf einige wenige Punkte. Ärztlicherseits wird empfohlen, sich bis zum Einsetzen der ersten Menstruation möglichst an folgende drei Regeln zu halten:

Der Körper einer Frau erholt sich nach einer Fehlgeburt – anders als die Psyche – relativ schnell wieder. Dennoch sollte man gewisse Regeln beachten.

✦ Verzichten Sie, bis die Blutung aufhört, auf Geschlechtsverkehr.
✦ Verkneifen Sie sich anfangs den Wunsch, Vollbäder zu nehmen oder schwimmen zu gehen.
✦ Versuchen Sie möglichst, vor Ablauf von zwei, besser drei Monaten nicht erneut schwanger zu werden.

Dass nach einer Fehlgeburt, vor allem im Hinblick auf weiter bestehenden Kinderwunsch, oft ganz unterschiedliche Vorsichtsmaßnahmen oder Therapien sinnvoll sein können, haben wir hier im medizinischen Teil dieses Buches mehrfach angesprochen – und sei es nur eine Routineprophylaxe wie die Rhesogam-Impfung gegen die Bildung irregulärer Antikörper bei Frauen mit Rhesusfaktor negativ. Ihr Arzt weiß ganz genau, was im Einzelfall darüber hinaus alles zu tun sein wird. Ein anderer, mindestens genauso wichtiger Punkt ist der Seelenfrieden. Wie Sie und Ihr Partner mit den quälenden psychologischen Problemen während und nach einer Fehlgeburt angemessen umgehen und sich aus der tiefen Trauer heraushelfen – auch helfen lassen – können, haben wir ausführlich in Teil I dieses Buches besprochen.

Warum man trotz allem vertrauensvoll auf gesunden Nachwuchs warten kann

So wichtig und aufschlussreich die gebündelten Informationen über die medizinischen Hintergründe einer Fehl- oder Totgeburt auch sind, die wir hier in Teil II zusammengestellt, kommentiert und in ihrer Bedeutung für einzelne Abortarten bewertet haben: Der Umgang mit diesen vielen, zunächst zweifellos bedrückenden Erkenntnissen ist alles andere als einfach und verlangt von jedem akut betroffenen Elternteil ein geradezu unmenschliches Maß an Abstraktionsfähigkeit. Zu unterscheiden zwischen der Sache an sich und dem eigenen Leid – wie soll das gehen? Vor allem in puncto Ursachenklärung. Es gibt einfach zu viele Faktoren, die eine Rolle gespielt haben mögen. Faktoren, deren Existenz einem vorher vielleicht nicht einmal ansatzweise bekannt waren, von denen man auf diesen Seiten womöglich überhaupt zum allerersten Mal erfuhr.

Aber wir alle sind Teil einer Wissensgesellschaft. Selbst bei bitteren Schicksalsschlägen können und wollen wir nicht die Augen verschließen vor dem, was ist. Nur Informiertsein schützt vor unbedachter Sorglosigkeit – so liebend gern wir uns manchmal auch eben dieser Sorglosigkeit hingeben würden.

Professor Ragosch: Wir haben allen Grund, optimistisch in die Kinderzukunft zu blicken!

Ärzte und Wissenschaftler neigen leider manchmal dazu, Dinge sehr kompliziert auszudrücken und mit der Verwendung von Fachvokabeln eher Verunsicherung und Angst als Vertrauen einzuflößen. Es ist jedoch auch so, dass manche Zusammenhänge nicht ganz so einfach sind und gerade beim Thema Schwangerschaft und Abort viele falsche Vorstellungen und Empfehlungen kursieren. Im Internet und auch in manchen Ratgeberbüchern versuchen selbst ernannte Fachleute, mit Halbwissen und teilweise völlig veralteten Ratschlägen »Hilfe« zu geben. Ich denke, dass es ratsam ist, in einem so wichtigen Bereich wie der Beratung nach Aborten oder Totgeburten Fachleute aufzusuchen, die sich mit dieser Thematik intensiv beschäftigen. Große Zentren oder spezialisierte Einheiten bieten sich hierfür an. Nach meiner Erfahrung ist die Individualität der Betreuung und Beratung ein ganz wesentlicher Punkt, weil jede Frau und auch jedes Paar unterschiedlich mit der Situation umgeht.

Individuelle Beratung und Betreuung nach einer Fehlgeburt sind ein wesentlicher Schritt auf dem Weg zu einer neuen, erfolgreichen Schwangerschaft.

In den allermeisten Fällen ist heutzutage durch kompetente Abklärung eine Hilfe möglich. Wir haben also tatsächlich allen Grund, optimistisch in die Kinderzukunft zu blicken.

Wenn Eltern verwaisen

Ein Grab. Ein Trauerakt. Ein Chaos aus Pflichtgefühl
und tausend widersprüchlichen Empfindungen.
Wenn das Liebste im Leben von einem geht, ohne
dass es die Chance hatte, dieses Leben überhaupt
zu erleben, scheint alles, was man tut, so sinnlos
zu sein. Man tut es trotzdem – obwohl die Bestattung eines kleinen Wesens, dessen Zukunft bereits
vor der Ankunft endet, die mit Abstand schmerz-
hafteste Aufgabe ist, der man sich als Mutter oder
Vater stellen kann. Muss. Will. Alles über den end-
gültigen Abschied in Liebe und Würde.

Was man für sein verlorenes Kind in diesen Stunden tun kann

Das Lebewohl in Liebe und Würde zu gestalten, scheint zu diesem Zeitpunkt oft unmöglich zu sein. Manchmal erweist sich Beistand von außen als der gangbarste Weg. Ein eindrucksvolles Beispiel dafür lieferte der vor einigen Jahren ausgestrahlte TV-Bericht »Die Totenwäscherin«. Die Reportage handelte von der Bestatterin Anita Märtin, einer Frau, die Eltern und Familien hilft, auf angemessene Art Abschied von ihren vorzeitig geborenen und verstorbenen Kindern zu nehmen. Der Bundesverband Verwaiste Eltern und trauernde Geschwister in Deutschland bat Anita Märtin, ihre Erfahrungen und Anregungen allen betroffenen Müttern und Vätern zugänglich zu machen, um ihnen Kraft zu geben, die schweren Stunden zu überstehen. Hier ein Auszug der mitfühlend-tröstenden Worte Anita Märtins:

»Das Herz versteht erst, wenn es sehen konnte«

»Das Erste, was man oft von Krankenhauspersonal und Bestattern hört, ist: ›Tun Sie es sich lieber nicht mehr an, das kleine Würmchen anzusehen!‹ Diesen Satz sollten junge verwaiste Eltern weit von sich weisen. Ganz im Gegenteil, Sie als Eltern sollten darauf bestehen, dass Sie Ihr verstorbenes Kind sehen, es im Arm halten können, es im Krankenhaus ans Bett gebracht bekommen. Es ist für Sie ebenso wichtig, angemessen Abschied zu nehmen von Ihrem Kind, wie für die Angehörigen, deren Vater oder Mutter gestorben ist. Denn das Herz versteht das Geschehene erst, wenn es sehen konnte. Wenn die verwaiste Mutter noch im Krankenhaus ist, sollte mit der Beisetzung des Kindes bis zu ihrer Entlassung gewartet werden. In der Regel bleibt das Kind ebenfalls so lange im Krankenhaus. Der Bestattungstermin könnte auf den Nachmittag des Entlassungstages der Mutter gelegt werden. So könnten am Morgen dieses Tages beide – Mutter und Kind – vom Vater oder der Bestatterin (eine ›Bestattungsfrau‹ halte ich persönlich für geeigneter als einen Mann) im Krankenhaus abgeholt werden.

Wenn es die Eltern aushalten, können sie ihr Kind während der Fahrt in einem Kissen auf dem Schoß halten und es für einige Stunden mit nach Hause nehmen. So können sie dabei sein, wenn der winzige Körper in warmem Wasser gebadet, in

> Die Eltern sollten darauf bestehen, im Krankenhaus ihr verstorbenes Kind noch einmal ans Bett gebracht zu bekommen.

weiche Tücher gehüllt und behutsam mit einem Babyöl betupft wird. Ein größeres
Kind wird mit Erstlingskleidung und Mützchen bekleidet, ein sehr kleines Kind in ein
weiches Tuch eingehüllt und so in das Särglein gebettet.

Wenn Sie seelisch dazu in der Lage sind, können Sie diese Handlungen bei
Ihrem Kind selbst vornehmen. Größere Geschwisterkinder können währenddessen
ebenfalls in schöner Weise Abschied nehmen von ihrem verstorbenen Geschwisterchen. Sie dürfen das Baby berühren, streicheln, ihm ein Spielzeug von sich in den
Sarg legen. Die Bestatterin ist die ganze Zeit über dabei und leistet Hilfestellung.

»Beweinen, betrauern und bei ihm sein«

Das offene Särglein mit dem Baby darf bis kurz vor der Beerdigung bei seiner
Familie aufgebahrt bleiben (…) Die Familie kann ihr Kind beweinen, betrauern und
bei ihm sein. Später kommt die Bestatterin wieder, um das Baby im
Sarg und seine Familie zur Beisetzung abzuholen. Wenn die Eltern all
dies nicht bewältigen können, versorgt die Bestatterin das Kind in der
beschriebenen Weise im Krankenhaus und bringt den kleinen Sarg
zum vorgesehenen Friedhof. Auch dort können die Eltern sich am
offenen Sarg von ihrem Kind entsprechend verabschieden. Sollte
keine Beerdigung für das verstorbene Frühgeborene gewünscht sein,
ist die Einäscherung möglich. An dieser Stelle appelliere ich an verwaiste Eltern Frühgeborener, sich in angemessener und würdiger Weise von ihrem
Kind zu verabschieden. Ein kleiner Mensch, der nicht leben darf, muss wieder her-
gegeben werden. Und er hat alle Liebe und alles Mitgefühl sehr nötig.«

Ein angemessener, würdiger Abschied von dem verlorenen Kind ist für verwaiste Eltern sehr wichtig, um besser mit ihrer Trauer und ihrem Schmerz fertig zu werden.

Wie sich die rechtliche Situation auf den ersten Blick darstellt

So sehr man sich eine verständnisvoll agierende und reagierende Umwelt in den
Tagen des Leids wünscht, Tatsache ist: In Deutschland bestimmen das bundesweit
geltende Personenstandsgesetz (amtssprachliches Kürzel: PStG) und die dazu-
gehörende Ausführungsverordnung (PStV) den Umgang mit Geburten, Todesfällen
usw. Das Gesetz schreibt im Falle des Todes eine Bestattung zwingend vor – wie

das dann aber im Einzelnen zu handhaben ist, wird durch unterschiedliche Bundes-
länderregelungen präzisiert.

Die 500-Gramm-Grenze unterscheidet zwischen Bestattungspflicht und -wunsch. An dieser »Marke« orientiert sich das Bestattungsgesetz.

In Paragraf 29 des PStV wurde bis 2013 auch definiert, wo die Abgrenzung einer Totgeburt zur Lebend- und Fehlgeburt liegt und welche Konsequenzen das hat. Eine »Leibesfrucht«, stand dort sinngemäß, die bei der Entbindung kein Lebenszeichen zeigt, aber mindestens 500 Gramm schwer ist, wird als »tot geborenes« oder »in der Geburt verstorbenes Kind« bezeichnet. Aber: »Beträgt das Gewicht weniger als 500 Gramm, so ist die Frucht eine Fehlgeburt. Sie wird in den Personenstandsbüchern nicht beurkundet.«

In der Öffentlichkeit, vor allem unter Betroffenen, wurde diese 500-Gramm-Grenze als ziemlich willkürlich empfunden. Dabei hatte sie sich in den letzten Jahrzehnten schon gravierend verändert. Bis Juli 1979 war im Gesetz von einer Totgeburt die Rede, wenn der Fötus eine Mindestgröße von 35 Zentimetern aufwies. Danach, bis April 1994, musste er mindestens 1000 Gramm wiegen. Das lag daran, dass die Ärzte damals einfach noch nicht in der Lage waren, zu früh geborene Kinder unter 1000 Gramm überhaupt am Leben zu erhalten. Mit der mehrheitlich vorgenommenen Änderung um die Hälfte auf 500 Gramm nahm der Gesetzgeber die zwischenzeitlich gemachten Fortschritte der Medizin zur Kenntnis. Die 500-Gramm-Grenze gilt übrigens bundesweit, auch wenn das nicht in allen vorliegenden Landesgesetzen exakt so definiert wird (siehe ab Seite 91).

Das neue Namensrecht: Was die Initiative eines Sternenkinder-Elternpaars bewirkt hat

Obwohl die Mütter ihre Sternenkinder geboren hatten, gab es bis 2013 für Fehlgeburten unter 500 Gramm Körpergewicht kein Namensrecht – für viele betroffene Eltern eine unerträgliche Situation.

Dass es im Jahr 2013 endlich zu einer entscheidenden Änderung kam, geht vor allem auf die Initiative von Barbara und Mario Martin aus Bechen (Hessen) zurück. Das Ehepaar träumte von einer großen Familie, verlor jedoch seine beiden Söhne und eine Tochter schon bei der vorzeitigen Geburt. Barbara erinnert sich an ihre erste Schwangerschaft 2007 und wie überglücklich sie waren. Sogar einen Namen hatten sie für ihren Sohn bereits ausgesucht: Joseph-Lennard. Im 7. Schwangerschaftsmonat traten dann jedoch plötzlich Komplikationen auf. Bei der Frühgeburt wiegt der Junge lediglich 440 Gramm. Er schafft es nicht. Für die Ärzte heißt das: Totgeburt. Vor dem Gesetz gilt das Baby der Martins, weil ihm 60 Gramm Gewicht bis zur 500-Gramm-Grenze fehlen, lediglich als »Leibesfrucht«. Ein Jahr später ist Barbara Martin erneut schwanger: Sie erwartet Zwillinge. Im 5. Monat stirbt einer der beiden Föten – ein Junge, der den Namen Tamino-Federico tragen sollte – im Mutterleib. Die Ärzte holen das Kind. Es wiegt knapp 290 Gramm. Im 6. Monat arbeitet die Lunge der Zwillingsschwester – sie sollte Penelope-Wolke heißen – immer schlechter. Das Mädchen überlebt die Geburt nur um Minuten. Weil Penelope-Wolke aber über 500 Gramm wiegt, erhält sie, was es für ihre Brüder Joseph-Lennard und Tamino-Federico nicht gab: eine Geburts- und Sterbeurkunde.

Das ist der Moment, in dem der Kampf der Martins um das Andenken ihrer anderen Sternenkinder beginnt. Vater Mario formulierte es so: »Sie sind in unseren Herzen, aber sie sollen auch in unserem Familienstammbuch stehen.« Barbara und Mario beschließen, das offiziellen Prozedere der Petition und Unterschriftensammlung für eine entsprechende Änderung der gültigen Personenstandsverordnung in Angriff zu nehmen. Es beginnt ein jahrelanger und mühevoller Weg. Barbara Martin begründet ihren Antrag 2009 an den Bundestag in einer relativ formalen Tonart, doch in jeder Zeile sind die überwältigenden Emotionen spürbar:

»Der Deutsche Bundestag möge beschließen, dass alle geborenen Kinder, unabhängig von ihrem Gewicht, anerkannt und in die Bestandsbücher eingetragen werden. Diese Forderung zielt auf eine Änderung des § 31 (3) der PStV ab. Bisher wurden laut dieser Verordnung Fehlgeburten, sprich Kinder unter einem Gewicht von 500 Gramm und ohne Merkmal des Lebens wie Herzschlag, Nabelschnurpulsation oder Lungenatmung und kein Teil einer Mehrlingsgeburt, nicht in den Personenstandsregistern beurkundet. Das heißt, dass diese Kinder rein rechtlich nicht existiert haben und auch nirgends statistisch registriert sind. Dieses Schicksal einer späten Fehlgeburt widerfährt werdenden Eltern in circa 10–15 % aller Schwangerschaften. Zwischen der 24. und der 26. Schwangerschaftswoche haben die Kinder das Gewicht von 500 Gramm erreicht. Ab der 12. Woche ist aber ein Schwangerschaftsabbruch auf legalem Weg schon verboten, da man hier eine ›Straftat gegen das Leben‹ (§ 218 StGB) begeht. Kinder, die zwischen der 12. und 26. Woche auf normalem Weg tot geboren werden (natürliche Geburt, Kaiserschnitt) und unter 500 Gramm wiegen, werden nicht als Menschen beurkundet. Sie sind somit offiziell nicht existent. Zudem haben heute durch den medizinischen Fortschritt Kinder, die früher zur Welt kommen, auch mit einem Gewicht von weniger als 500 Gramm schon Chancen, als Menschen zu überleben.

Wir fordern daher eine Abschaffung der 500-Gramm Grenze und erhoffen uns von dieser Petition, dass alle Kinder, die geboren werden (keine Ausschabung), in die Personenstandsregister aufgenommen und gesetzlich anerkannt werden.

Das beinhaltet auch, dass die Eltern für ihre Kinder ein Recht auf Bestattung in einem eigenen Grab haben. Bestattungsrecht ist Ländersache und wird in jedem Bundesland unterschiedlich gehandhabt. Dies hat leider oft zur Folge, dass die Kinder nicht würdevoll beerdigt werden, sondern durch den »Inhaber des Gewahrsams« (wie es im Gesetz lautet) hygienisch einwandfrei und dem sittlichen Empfinden entsprechend zu entsorgen sind, sofern sie nicht zu wissenschaftlichen Zwecken verwendet werden.

Zur Zeit gibt es nur zwei Möglichkeiten für die trauernden Eltern: ein Kindersammelgrab, in dem die Kinder vierteljährlich gesammelt, gemeinsam verbrannt und in einer Urne bestattet werden (sofern die ansässige Stadt oder Gemeinde ein Grabfeld für Kinder ausgewiesen hat, was nur in größeren Städten der Fall ist) oder das Grab eines Verwandten. Sollten diese Möglichkeiten nicht gegeben sein, besteht keine Chance, sein Kind zu beerdigen. Aber gerade für Eltern ist es wichtig, eine persönliche Anlaufstelle und einen Zufluchtsort zum Trauern und Gedenken an ihr Kind zu haben, was bei den oben genannten Möglichkeiten nicht der Fall ist.«

Das Ehepaar Martin sammelte zigtausend Unterschriften für ihre Petition, fand Unterstützung durch das Bundesfamilienministerium und Bundeskanzlerin Angela Merkel. 2013 wurde die angestrebte Änderung des Personenstandsrechts von Bundestag und Bundesrat beschlossen und vom Bundespräsidenten rechtskräftig unterzeichnet. Besonders positiv dabei ist, dass auch die rückwirkende Eintragung ohne Schwangerschaftswochenbegrenzung möglich ist. Für viele Sternenkinder-Eltern ist nun ein inniger Wunsch Realität geworden.

Praktiziertes Mitgefühl trotz stressigem Schichtdienst

Spätestens an dieser Stelle scheint es angebracht, ein Wort über die meist aufopferungsvolle Betreuung von Fehlgeburtmüttern und -eltern durch die Ärzte und das Pflegepersonal in den Krankenhäusern zu verlieren – eine Tatsache, die nur allzu oft von einzelnen kritischen Äußerungen überlagert wird. Die Geburtsabteilungen sind ihrer Bestimmung nach auf das »freudige Ereignis« ausgerichtet, und wenn es zu Aborten kommt, geht trotzdem kaum noch jemand einfach routiniert zur Tagesordnung über, sondern man versucht, situativ angemessen zu reagieren. Dass dieses Bemühen von verwaisten Eltern in den letzten Jahren verstärkt so empfunden wird, ist in Gesprächen immer wieder herauszuhören. Mitgefühl drückt sich dabei keineswegs nur durch die richtige Wortwahl aus. Dazu zählt auch Umsicht des Handelns, indem man beispielsweise eine Mutter, die gerade ihr Baby verloren hat, nicht zusammen mit einer glücklich Entbundenen in ein Zimmer legt. Dass der stressige Klinikschichtdienst trotz bester Absichten gelegentlich zu Unbedachtsamkeiten führen kann, wird niemand bestreiten.

Die ewige Diskussion: Ab wann die »Menschenwürde« gilt

Bei der Antwort auf die Frage, in welchem Augenblick neues Leben beginnt und damit dem grundgesetzlichen Schutz der Menschenwürde unterliegt, sind die beiden großen Kirchen und der Gesetzgeber nicht unbedingt einer Meinung.

Menschenwürde gelte ab der Zeugung, sagt die Evangelische Kirche, und das beträfe dann logischerweise auch Embryone im Reagenzglas. Die Bundesvereinigung Lebenshilfe unterstützt diese Auffassung mit dem Argument, die Zuerkennung der Menschenwürde könne nicht von einer Fähigkeit zur Selbstbestimmung abhängig gemacht werden. Und auch die Katholische Kirche ist davon überzeugt, dass der unbedingte Schutz und die Unantastbarkeit der Würde des Menschen von der Zeugung bis zum Tod grundsätzlich alle Entwicklungsstufen beinhalte.

Ab welchem Zeitpunkt beginnt die Menschenwürde? Die beiden großen Kirchen und der Gesetzgeber vertreten unterschiedliche Meinungen.

Das Bundesjustizministerium differenziert stärker. Dort steht man auf dem Standpunkt, Menschenwürde fange erst mit der Einnistung an, weil die befruchtete Eizelle in der Petrischale nur eine abstrakte Möglichkeit biete, sich in diesem Sinne weiterzuentwickeln. Dass die befruchtete Eizelle im Mutterleib dagegen bereits Menschenwürde besäße, sei sicher. Für die meisten Mütter und Väter fehl- oder totgeborener Kinder ist jedoch vermutlich nur dieser Punkt entscheidend: Zum Wesen von Würde gehört das Recht auf Bestattung eines jeden – noch so winzigen – Menschen. Nicht umsonst heißt es in Artikel 1 des Grundgesetzes: »Die Würde des Menschen ist unantastbar. Sie zu achten und zu schützen ist Verpflichtung staatlicher Gewalt.«

Warum Eltern manchmal eine Autopsie wünschen

Wenn man mit Sterneneltern spricht – und dabei spielt es keine Rolle, ob sie noch unmittelbar unter dem Schock der Fehl- oder Totgeburt stehen oder vielleicht schon Wochen bzw. Monate Zeit hatten, das Erlebte ein wenig zu verarbeiten –, ist manchmal herauszuhören, was sich Außenstehenden nicht immer leicht vermitteln lässt: bohrendes Begehren, Gewissheit über die Todesursache zu erhalten. Zu schwer lastet dann das oft unterschwellige – fast immer total unbegründete – Gefühl auf einem, irgendwie schuld am unbegreiflichen Sterben des Kindes zu sein. Darum muss man verstehen, wenn Mütter oder Väter von sich aus um eine Autopsie beziehungsweise Obduktion des winzigen Leichnams bitten.

Ein derartiger Elternwunsch ist allerdings nicht die Regel. Normalerweise kommt es nur zur Autopsie/Obduktion, sofern ärztlicherseits ein Grund dafür vorliegt. Bei totgeborenen (nicht bei fehlgeborenen) Babys muss die Einwilligung eines Elternteils eingeholt werden. Die Pathologie hat zwölf Stunden nach Einlieferung des Kindes abzuwarten (in der Zeit von 6 bis 18 Uhr), weil solch eine Einwilligung auch widerrufen werden kann. Möchten die Eltern ihr Kleines anschließend selbst bestatten, sollten sie auf jeden Fall vorher darauf hinweisen.

Manche Eltern wünschen sich eine Autopsie ihres toten Kindes, weil sie Gewissheit über die Todesursache erlangen wollen.

Ein Okay zur Obduktion fehlgeborener Kinder wird oft schon beim Aufnahmeantrag in die Klinik quasi mit unterschrieben, was viele zu dem Zeitpunkt häufig kaum realisieren. Dass Aborte danach mit Leichenteilen gleichgesetzt und beseitigt werden, dürfte in dem Augenblick auch nicht jedem klar sein. Also genau lesen, was man da akzeptiert.

Man sollte sich die Fehlgeburt von der Klinik attestieren lassen

Dass es neben dem Bestattungsrecht inzwischen auch einen Bestattungsanspruch gibt, wurde bereits verschiedentlich angemerkt. Um in diesem Zusammenhang quälend unnötige Diskussionen zu vermeiden, sollten sich Eltern von Abortkindern die Fehlgeburt auf jeden Fall durch die Klinik attestieren lassen. Dieses Papier benötigt man möglicherweise schon für die ersten Schritte zur Vorbereitung der Beerdigung, wenn dafür eine Unbedenklichkeitsbescheinigung durch das Ordnungsamt nötig ist. Mitunter stellen aber auch Friedhofsämter diese Bescheinigung aus. Wie gesagt: Eine bundeseinheitliche Regelung gibt es nicht.

Die weiteren Schritte: Was in den Bundesländern alles Vorschrift ist

Nur noch einmal zur Erinnerung: Das, was die Behörden als Bestattungsrecht apostrophieren, ist Ländersache, und jedes der 16 Bundesländer in Deutschland hat seine eigenen Gesetze und Verordnungen, die einander zwar sehr ähneln, zum Teil aber durchaus voneinander abweichen. Darum geben wir nachfolgend sämtliche relevanten Textpassagen aus dem jeweiligen Bestattungsrecht der – in alphabetischer Reihenfolge aufgeführten – einzelnen Bundesländer von Baden-Württemberg bis Thüringen fast durchgängig im Wortlaut wieder. Man kann sich beim Lesen selbstverständlich auf die Texte »seines« Bundeslandes beschränken. Sollten in irgendeinem Zusammenhang Irritationen im Hinblick auf die neue Personenstandsverordnung (PStV) von 2013 aufkommen: Sie gilt bundesweit.

Jedes der 16 Bundesländer in Deutschland hat sein eigenes Bestattungsgesetz, die sich allerdings weitgehend ähneln. Hier die relevanten Textpassagen in alphabetischer Reihenfolge.

Bestattungsrecht und Gesetzestexte im Detail

Baden-Württemberg:

Hier gilt das Bestattungsgesetz von 1994. In § 6 heißt es: »Für jeden Friedhof ist im Benehmen mit dem Gesundheitsamt festzulegen, wie lange die Grabstätten nicht erneut belegt werden dürfen. (…) Die Ruhezeit beträgt bei Leichen von Kindern, die vor Vollendung des zweiten Lebensjahres gestorben sind, mindestens 6 Jahre. (…) Diese Mindestruhezeit ist auch für Aschen Verstorbener einzuhalten.« § 20 definiert die Leichenschaupflicht: »Menschliche Leichen und Totgeburten (Leichen) sind zur Feststellung des Todes, des Todeszeitpunktes, der Todesart und der Todesursache von einem Arzt zu untersuchen. (…) Jeder niedergelassene Arzt ist verpflichtet, die Leichenschau auf Verlangen vorzunehmen. Gleiches gilt für Ärzte von Krankenhäusern und sonstigen Anstalten.«
Die sogenannte Veranlassung der Leichenschau erläutert § 21: »Bei einer Totgeburt sind verpflichtet, die Leichenschau unverzüglich zu veranlassen,1) der ehe-

liche Vater, 2) die Hebamme, die bei der Geburt zugegen war, 3) der Arzt, der dabei zugegen war, 4) jede andere Person, die dabei war oder von der Totgeburt aus eigenem Wissen unterrichtet ist.« Die Bestattungspflicht wird in § 30 so beschrieben: »Jede Leiche muss bestattet werden. (…) Fehlgeburten, die nicht bestattet werden, und abgetrennte Körperteile sind hygienisch einwandfrei und dem sittlichen Empfinden entsprechend zu beseitigen …«

Bayern:

Hier sieht das Bestattungsgesetz nach der letzten Änderung 2005 in Artikel 6 vor: »Für eine totgeborene oder während der Geburt verstorbene Leibesfrucht mit einem Gewicht von mindestens 500 Gramm (Totgeburt) gelten die Vorschriften (…) (bzw.) Rechtsvorschriften über Leichen und Aschenreste Verstorbener sinngemäß. Eine totgeborene und während der Geburt verstorbene Leibesfrucht mit einem Gewicht unter 500 Gramm (Fehlgeburt) kann bestattet werden. (…) Fehlgeburten können aber auch hygienisch einwandfrei und dem sittlichen Empfinden entsprechend eingeäschert und dann auf einem Grabfeld zur Ruhe gebettet werden. (…) Nach Einwilligung des Verfügungsberechtigten können Fehlgeburten auch für medizinische oder wissenschaftliche Zwecke herangezogen werden. (…) Für aus Schwangerschaftsabbrüchen stammende Feten und Embryonen finden die meisten Punkte entsprechende Anwendung.« In Artikel 7 geht es um die Bereitstellung von Bestattungseinrichtungen: »Die Gemeinden sind verpflichtet, die erforderlichen Bestattungseinrichtungen, insbesondere Friedhöfe und Leichenräume, auch für die Bestattung von Fehlgeburten herzustellen und zu unterhalten, soweit dafür ein öffentliches Bedürfnis besteht.« Artikel 10 besagt: »Der Friedhofsträger bestimmt Ruhezeiten für Leichen und Aschenreste Verstorbener. Die Ruhezeit für Leichen ist nach Anhörung des Gesundheitsamtes unter Berücksichtigung der Verwesungsdauer festzusetzen. (…) Während der Ruhezeit dürfen in einer Grabstätte weitere Leichenoder Aschenreste Verstorbener beigesetzt und Fehlgeburten oder Körper- und Leichenteile aufgenommen werden, wenn die Grabstätte dazu bestimmt und geeignet ist.« In Artikel 18 (Ordnungswidrigkeiten) heißt es im Übrigen: »Mit Geldbuße kann belegt werden, wer (…) die Leichenschau, die Bestattung oder die Beseitigung von Fehlgeburten, Körper- oder Leichenteilen (…) zu verhindern versucht.«

Berlin:

Hier datiert die letzte Änderung des Bestattungsgesetzes aus 2004. In § 1 ist zu lesen: »Als Leiche gilt auch der Körper eines Neugeborenen, bei dem nach vollständigem Verlassen des Mutterleibes (…) kein Lebenszeichen festzustellen war, das Geburtsgewicht jedoch mindestens 500 Gramm betrug (Totgeborenes). Der Körper eines Neugeborenen mit einem Gewicht unter 500 Gramm, bei dem (…) keines der (…) Lebenszeichen festzustellen war (Fehlgeborenes), gilt nicht als Leiche im Sinne dieses Gesetzes.« Nach § 4 haben bei einer Totgeburt »die Leichenschau unverzüglich zu veranlassen: 1) der eheliche Vater, 2) die Hebamme, die bei der Geburt zugegen war, 3) der Arzt, der dabei zugegen war, 4) jede Person, die dabei zugegen war oder durch eigene Feststellungen von der Geburt Kenntnis erlangt hat (…) Bei Totgeburten in den nachstehend aufgeführten Einrichtungen sind (…) verpflichtet, die Leichenschau zu veranlassen: In Krankenanstalten und Entbindungsheimen der leitende Arzt, bei mehreren selbständigen Abteilungen der leitende Abteilungsarzt, in sonstigen Anstalten und Heimen aller Art deren Leiter.« § 15 besagt in puncto Bestattungspflicht: »Jede Leiche muss bestattet werden. Dies gilt nicht für Totgeborene mit einem Gewicht unter 1000 Gramm. Diese Totgeborenen sowie Fehlgeborenen sind auf Wunsch eines Elternteils zu bestatten. Ist die Geburt in einer Einrichtung erfolgt, soll die Leitung der Einrichtung sicherstellen, dass die Angehörigen auf diese Bestattungsmöglichkeiten hingewiesen werden.« Und: »Werden Totgeborene mit einem Gewicht unter 1000 Gramm oder Fehlgeborene nicht bestattet, sind sie von der Einrichtung, in der die Geburt erfolgt ist, oder durch den Inhaber des Gewahrsams hygienisch einwandfrei und dem sittlichen Empfinden entsprechend zu beseitigen.« Das »gilt auch für die Beseitigung von Föten aus Schwangerschaftsabbrüchen«.

Brandenburg:

Das Bestattungsgesetz wurde nach der Wende modifiziert und zuletzt 2003 aktualisiert. In § 1 wird unter »Grundsätze« zunächst formuliert: »Die würdige Bestattung von verstorbenen Personen ist eine öffentliche Aufgabe« und fügt unmittelbar hinzu: »Mit Leichen, Leichen- und Körperteilen, Aschenresten Verstorbener, Embryonen und Föten aus Schwangerschaftsabbrüchen und Fehlgeborenen darf nur so verfahren werden, dass keine Gefahren für die öffentliche Sicherheit oder Ordnung, insbesondere für die Gesundheit und für die Belange der Strafrechtspflege, zu befürchten sind und die Würde des Verstorbenen und das sittliche Empfinden dor Allgemeinheit nicht verletzt werden.«

In § 3 (Begriffsbestimmungen) heißt es in Absatz 1 unter anderem: »Als Leiche gilt auch der Körper eines Neugeborenen, bei dem nach vollständigem Verlassen des Mutterleibes (...) kein (...) Lebenszeichen festzustellen war, das Geburtsgewicht jedoch mindestens 500 Gramm betrug (Totgeborenes). Der Körper eines Neugeborenen mit einem Gewicht unter 500 Gramm, bei dem (...) keine Lebenszeichen festzustellen waren (Fehlgeborenes), gilt nicht als Leiche im Sinne dieses Gesetzes.«

Zur Bestattungspflicht in § 19 heißt es zwar: »Jede Leiche muss bestattet werden.« Aber gleich darauf wird hinzugefügt: »Dies gilt nicht für Totgeborene mit einem Gewicht unter 1000 Gramm. Diese Totgeborenen sowie Fehlgeborene sind auf Wunsch eines Elternteils zu bestatten.«

Absatz 2 ergänzt: »Werden Totgeborene oder Fehlgeborene mit einem Gewicht unter 1000 Gramm nicht bestattet, sind sie von der Einrichtung, in der die Geburt erfolgt ist, oder durch die Inhaber des Gewahrsams hygienisch einwandfrei und dem sittlichen Empfinden entsprechend zu beseitigen, sofern sie nicht rechtmäßig zu medizinischen, pharmazeutischen oder wissenschaftlichen Zwecken verwendet werden. Für die Beseitigung von Föten aus Schwangerschaftsabbrüchen sowie von Körperteilen gilt Satz 1 entsprechend.«

Zu den Voraussetzungen der Bestattung (§ 22) zählt »bei Totgeborenen oder während der Geburt verstorbenen Kindern«, dass »anstelle einer Bescheinigung mit dem Vermerk der Eintragung in das Sterbebuch« – wie bei allen anderen Leichen – »eine Bescheinigung mit dem Vermerk der Eintragung in das Geburtenbuch« vorgelegt wird. Und: »Sollte ein Fehlgeborenes bestattet werden, so ist dem Träger des Friedhofes oder dem Betreiber einer Feuerbestattungsanlage eine ärztliche Bescheinigung vorzulegen, aus der sich das Datum und der Umstand der Fehlgeburt sowie Name und Anschrift der Mutter ergeben.« Soll eine Leiche feuerbestattet werden (§ 23), ist (...) eine zweite Leichenschau Vorschrift. Dies gilt jedoch nicht, »wenn es sich um ein Totgeborenes mit einem Gewicht unter 1000 Gramm handelt«.

Bremen:

Hier datiert die letzte Änderung des Gesetzes über das Leichenwesen von 2002. In § 1 wird der »Begriff der Leiche« definiert. Dazu zählt auch »der Körper eines Neugeborenen, bei dem nach vollständigem Verlassen des Mutterleibes, unabhängig vom Durchtrennen der Nabelschnur oder von der Ausstoßung der Plazenta, 1) entweder das Herz geschlagen oder die Nabelschnur pulsiert oder die natürliche Lungenatmung eingesetzt hat (Lebendgeborenes) und das danach verstorben ist, oder 2) keines der (…) genannten Lebenszeichen vorhanden war, das Geburtsgewicht jedoch mindestens 500 Gramm betrug (Totgeborenes).« Und weiter: »Keine menschliche Leiche (…) ist eine Leibesfrucht mit einem Gewicht unter 500 Gramm, bei der nach vollständigem Verlassen des Mutterleibes keines der (…) genannten Lebenszeichen vorhanden war (Fehlgeborenes).«

§ 2 ergänzt grundsätzlich: »Wer mit Leichen umgeht, hat dabei die gebotene Ehrfurcht vor dem toten Menschen zu wahren. Gleiches gilt für den Umgang mit Fehlgeborenen oder Föten, Embryonen (…)«

In puncto Todesbescheinigung bestimmt § 9, dass »bei Totgeburten und bei Kindern unter einem Jahr (…) Angaben über die Stätte der Geburt, über Gewicht und Länge bei der Geburt, über das Vorliegen einer Mehrlingsgeburt und über Erkrankungen der Mutter während der Schwangerschaft« zu machen sind.

§ 17 schreibt vor: »Leichen sind zum frühestmöglichen Zeitpunkt, jedoch grundsätzlich erst 48 Stunden nach Eintritt des Todes zu bestatten (…)« Abweichend davon »sind Totgeborene mit einem Geburtsgewicht unter 1000 Gramm nur zu bestatten, wenn ein Elternteil die Bestattung wünscht und eine ärztliche Bescheinigung darüber vorliegt, dass es sich um eine Totgeburt mit einem Geburtsgewicht von unter 1000 Gramm handelt. (…) Auf Wunsch eines Elternteils werden Fehlgeborene bestattet, wenn eine ärztliche Bescheinigung darüber vorliegt, dass es sich um eine Fehlgeburt handelt und dass die Fehlgeburt nicht innerhalb von zwölf Wochen nach der Empfängnis erfolgte.« Aber: »In begründeten Einzelfällen kann die zuständige Behörde hiervon Ausnahmen zulassen.« Tot- und Fehlgeborene, die nicht nach den Ausführungen von § 17 bestattet werden, »sowie aus Schwangerschaftsabbrüchen stammende Föten ab der 12. Schwangerschaftswoche sind (…) unter geeigneten Bedingungen zu sammeln und in bestimmten zeitlichen Abständen auf einem Friedhof beizusetzen.« § 18 ergänzt, dass sie »nicht Gegenstand von Rechtsgeschäften sein dürfen, die auf Gewinnerzielung gerichtet sind«.

Hamburg:

Das Bestattungsgesetz (zuletzt 2007 geändert) erklärt hier in § 1 (Leichenschau) »auch totgeborene Leibesfrüchte mit einem Geburtsgewicht von mindestens 500 Gramm« zu »Leichen im Sinne dieses Gesetzes« und verlangt in § 3 »bei Totgeborenen und bei Kindern unter einem Jahr (…) Angaben über die Stätte der Geburt, über Gewicht und Länge bei der Geburt sowie über das Vorliegen einer Mehrlingsgeburt« zum Zwecke der Todesbescheinigung.

In § 10 heißt es beim Thema Bestattungspflicht: »Totgeborene Leibesfrüchte mit einem Geburtsgewicht unter 1000 Gramm, die nicht bestattet werden, sowie aus Schwangerschaftsabbrüchen stammende Feten und Embryonen sind hygienisch einwandfrei und dem sittlichen Empfinden entsprechend einzuäschern und unter freiwilliger Teilnahme der Eltern auf einem Grabfeld zur Ruhe zu betten.«

Die Bestattungsvoraussetzungen werden in § 12 geregelt. Dort heißt es: »Die Erdbestattung einer Fehlgeburt ist zulässig, wenn die Bescheinigung eines bei oder nach dem Geburtsvorgang hinzugezogenen Arztes darüber vorgelegt wird, dass keine Anhaltspunkte für ein nicht natürliches Geschehen bestehen.«

Hessen:

Das neue Bestattungsgesetz von 2007 präzisiert hier in § 16, Absatz 1: »Leichen sind frühestens 48 Stunden und nicht später als 96 Stunden nach dem Eintritt des Todes zu bestatten. Dies gilt auch für die Bestattung totgeborener Kinder, die nach Ablauf des sechsten Schwangerschaftsmonats geboren worden sind.« In Absatz 3 wird ergänzt: »Die Fristen des Absatzes 1 gelten auch, wenn ein Angehöriger die Bestattung eines totgeborenes Kindes, das vor Ablauf des sechsten Schwangerschaftsmonats geboren worden ist, oder eines Fötus veranlasst.« § 19 bekundet, dass eine Erdbestattung erst dann zulässig ist, »wenn folgende Unterlagen vorgelegt werden: 1) ein Leichenschauschein, 2) die amtliche Sterbeurkunde oder eine Bescheinigung über die Rückstellung der Beurkundung oder eine Genehmigung der örtlichen Ordnungsbehörde nach Paragraf 39 Satz 12 des Personenstandsgesetzes (…), 3) erforderlichenfalls eine gerichtliche oder staatsanwaltschaftliche Erlaubnis zur Bestattung«, unmittelbar anschließend heißt es dann aber: »Für die Bestattung eines totgeborenen Kindes, das vor Ablauf des sechsten Schwangerschaftsmonats geboren worden ist, oder eines Fötus sind die (…) genannten Unterlagen nicht erforderlich. In diesen Fällen ist auch eine Sammelbestattung zulässig.«

Mecklenburg-Vorpommern:

In diesem Bundesland gilt das Bestattungsgesetz von 1998. Die Begriffsbestimmung in § 1 definiert als Leiche »auch den Körper eines Neugeborenen, bei dem nach vollständigem Verlassen des Mutterleibes 1) entweder das Herz geschlagen oder die Nabelschnur pulsiert oder die natürliche Lungenatmung eingesetzt hat und das danach verstorben ist oder 2) keines der (…) genannten Lebenszeichen festzustellen war, das Geburtsgewicht jedoch mindestens 500 Gramm betrug (Totgeborenes). Eine Leibesfrucht mit einem Gewicht unter 500 Gramm, bei der nach vollständigem Verlassen des Mutterleibes keines der (…) genannten Lebenszeichen festzustellen war (Fehlgeborenes), gilt nicht als Leiche im Sinne dieses Gesetzes.« Die in § 2 geforderte Ehrfurcht von den Toten »gilt (auch) für den Umgang mit Fehlgeborenen«.

§ 9 besagt zwar, dass »Leichen (…) zu bestatten sind«, das gelte aber »nicht für Totgeborene mit einem Gewicht unter 1000 Gramm. Diese Totgeborenen sowie Fehlgeborenen sind auf Wunsch eines Elternteils zu bestatten. Andernfalls sind sie von der Einrichtung, in der die Geburt erfolgt ist, hygienisch einwandfrei und dem sittlichen Empfinden entsprechend zu beseitigen, sofern sie nicht rechtmäßig zu medizinischen, pharmazeutischen oder wissenschaftlichen Zwecken verwendet werden.« Das »gilt entsprechend für die Beseitigung von Feten aus Schwangerschaftsabbrüchen«.

Zu den Voraussetzungen der Bestattung (§ 11) gehört dieser Hinweis: »Soll ein Fehlgeborenes bestattet werden, so ist dem Träger des Friedhofes oder des Krematoriums eine ärztliche Bescheinigung vorzulegen, aus der sich das Datum der Geburt sowie Name und Anschrift der Mutter ergibt.«

Eine Feuerbestattung (§ 12) ist grundsätzlich nur nach einer zweiten Leichenschau zulässig. Dieser Grundsatz entfällt, wenn es sich »um ein Totgeborenes mit einem Gewicht unter 1000 Gramm handelt«.

Niedersachsen:

Das Bestattungsgesetz von 2005 stellt unter § 2 (Begriffsbestimmungen) klar: »Eine Leiche ist auch eine Leibesfrucht mit einem Gewicht von mindestens 500 Gramm, bei der nach der Trennung vom Mutterleib kein Lebenszeichen (…) festgestellt wurde (Totgeborenes). Fehlgeborenes ist eine tote Leibesfrucht mit einem Gewicht unter 500 Gramm. Die Leibesfrucht aus einem Schwangerschaftsabbruch

(Ungeborenes) gilt unter den Voraussetzungen des Satzes 1 ebenfalls als Leiche.«
In § 8 heißt es knapp: »Leichen sind zu bestatten. Auf Verlangen eines Elternteils
ist auch ein Fehlgeborenes oder Ungeborenes (…) zur Bestattung zuzulassen.«
Aber: »Werden Fehlgeborene und Ungeborene nicht bestattet, so sind sie hygienisch einwandfrei und dem sittlichen Empfinden entsprechend zu verbrennen.«
§ 9 erläutert abschließend: »Zur Bestattung eines Fehlgeborenen oder eines Ungeborenen ist dem Träger des Friedhofs oder des Krematoriums lediglich eine ärztliche Bescheinigung vorzulegen, aus der sich das Datum der Trennung vom Mutterleib sowie der Name und die Anschrift der Mutter ergeben.«

Nordrhein-Westfalen:

Hier besagt das 2003 verabschiedete Bestattungsgesetz gleich in § 1: »Die Gemeinden gewährleisten, dass Tote (Leichen, Tot- und Fehlgeburten) auf einem
Friedhof bestattet und ihre Aschenreste beigesetzt werden können.«
Was die Bestattungspflicht angeht, heißt es in § 6 unter anderem: »Die Inhaber
des Gewahrsams haben zu veranlassen, dass Leichenteile, Tot- oder Fehlgeburten
sowie die aus Schwangerschaftsabbrüchen stammenden Leibesfrüchte, die
nicht (…) bestattet werden, ohne Gesundheitsgefährdung und ohne Verletzung
des sittlichen Empfindens der Bevölkerung verbrannt werden.«
§ 9 verlangt von den »Hinterbliebenen (…), unverzüglich die Leichenschau zu veranlassen. Dies gilt auch bei Totgeburten (…) Ärztinnen und Ärzte sind verpflichtet,
unverzüglich nach Erhalt der Todesanzeige die unbekleidete Leiche oder die Totgeburt persönlich zu besichtigen und sorgfältig zu untersuchen.« Und: »Die Todesbescheinigung enthält im nichtvertraulichen Teil die Angaben zur Identifikation der
Leiche oder Totgeburt einschließlich der bisherigen Anschrift, Zeitpunkt, Art, Ort
des Todes (…)«
Die Bestattung »der Leichen und Totgeburten«, stellt § 14 fest, »ist erst zulässig,
wenn die Todesbescheinigung ausgestellt ist und das Standesamt die Eintragung
des Sterbefalles bescheinigt hat oder eine Genehmigung nach § 39 des Personenstandsgesetzes vorliegt oder wenn sie auf Anordnung der örtlichen Ordnungsbe-
hörden (…) erfolgt«. § 14 kommt auf den Punkt: »Tot- und Fehlgeburten sowie die
aus einem Schwangerschaftsabbruch stammende Leibesfrucht sind auf einem
Friedhof zu bestatten, wenn ein Elternteil dies wünscht. Ist die Geburt oder der
Schwangerschaftsabbruch in einer Einrichtung erfolgt, hat deren Träger sicherzu-

stellen, dass jedenfalls ein Elternteil auf diese Bestattungsmöglichkeit hingewiesen wird. Liegt keine Erklärung der Eltern zur Bestattung vor, sind Tot- und Fehlgeburten von den Einrichtungen unter würdigen Umständen zu sammeln und zu bestatten. Die Kosten hierfür trägt der Träger der Einrichtung.«

»Die Feuerbestattung einer Leiche oder einer Totgeburt«, so § 15, »darf erst vorgenommen werden, wenn eine von der (…) zuständigen unteren Gesundheitsbehörde veranlasste weitere ärztliche Leichenschau vorgenommen (…) wurde.«

Rheinland-Pfalz:

Nach dem geltenden Bestattungsgesetz von 1996 muss jeder Tote beerdigt werden. Ergänzend heißt es in § 8: »Auf ein totgeborenes oder in der Geburt verstorbenes Kind finden die Bestimmungen dieses Gesetzes entsprechende Anwendung, wenn das Gewicht des Kindes mindestens 500 Gramm beträgt. Beträgt das Gewicht weniger als 500 Gramm (Fehlgeburt), so ist eine Bestattung zu genehmigen, wenn ein Elternteil dies beantragt.« § 11 besagt im Übrigen: »Für jede Leiche wird eine Todesbescheinigung mit einem vertraulichen und einem nichtvertraulichen Teil ausgestellt. Ist eine innere Leichenschau durchgeführt worden, wird auch ein Obduktionsschein ausgestellt. Bei einer Fehlgeburt werden keine Totenscheine ausgestellt.«

In der ergänzenden Landesverordnung zur Durchführung des Bestattungsgesetzes wird darauf hingewiesen, dass »die örtliche Ordnungsbehörde (…) die Bestattungsgenehmigung erst erteilen« darf, »nachdem ihr der nichtvertrauliche Teil der Todesbescheinigung vorgelegt worden ist (…)

Bei einer Fehlgeburt tritt an die Stelle der Todesbescheinigung eine schriftliche Bescheinigung des Geburtshelfers, aus der sich ergibt, 1) wo und wann die Scheidung der Leibesfrucht vom Mutterleib stattgefunden hat, 2) dass das Herz nicht geschlagen, die Nabelschnur nicht pulsiert und die natürliche Lungenatmung nicht eingesetzt hat und 3) dass das Geburtsgewicht der Leibesfrucht weniger als 500 Gramm betragen hat.«

Saarland:

Hier datiert das gültige Bestattungsgesetz von 2003. Es besagt in § 12: »Die Würde des Menschen besteht über den Tod hinaus. Wer mit Leichen oder Leichenteilen umgeht, hat dabei die gebotene Ehrfurcht vor dem toten Menschen zu wahren. Gleiches gilt für den Umgang mit Fehlgeburten.«

Und weiter: »Als menschliche Leiche gilt ferner der Körper eines Neugeborenen, bei dem nach vollständigem Verlassen des Mutterleibes (…) 1) entweder das Herz geschlagen oder die Nabelschnur pulsiert oder die natürliche Lungenatmung eingesetzt hat (Lebendgeburt) und das danach verstorben ist oder 2) keines der unter Nr. 1 genannten Lebenszeichen festzustellen war, das Geburtsgewicht jedoch mindestens 500 Gramm betrug (Totgeburt). Eine Leibesfrucht mit einem Gewicht unter 500 Gramm, bei der (…) keines der (…) genannten Lebenszeichen festzustellen war (Fehlgeburt), gilt nicht als menschliche Leiche.«

§ 14 hebt hervor, wer »bei einer Totgeburt verpflichtet ist, die Leichenschau unverzüglich zu veranlassen«, nämlich »1) der Vater, 2) die Hebamme/der Entbindungspfleger, die/der bei der Geburt zugegen war, 3) jede andere Person, die dabei zugegen war und von der Totgeburt aus eigenem Wissen unterrichtet ist«.

§ 25 definiert die Bestattungspflicht zweifelsfrei: »Eine totgeborene oder während der Geburt verstorbene Leibesfrucht mit einem Gewicht unter 500 Gramm (Fehlgeburt) kann auf ausdrücklichen Wunsch eines Elternteils bestattet werden«.

Sachsen:

Das Landesbestattungsgesetz in der vorliegenden Form stammt von 2005. Laut § 6 beträgt die Mindestruhezeit (die festlegt, wie lange Grabstätten nicht erneut belegt werden dürfen) »bei Leichen von Kindern, die tot geboren (…) wurden, zehn Jahre.« In § 9 heißt es zur Definition des Begriffs »menschliche Leiche«: »(…) gilt ferner der Körper eines Neugeborenen, bei dem nach vollständigem Verlassen des Mutterleibes, unabhängig vom Durchtrennen der Nabelschnur oder von der Ausstoßung der Plazenta, 1) entweder das Herz geschlagen oder die Nabelschnur pulsiert oder die natürliche Lungenatmung eingesetzt hat (Lebendgeborenes) und das danach verstorben ist oder 2) keines der unter Nr. 1 genannten Lebenszeichen festzustellen war, das Geburtsgewicht jedoch mindestens 500 Gramm betrug (Totgeborenes). Eine Leibesfrucht mit einem Gewicht unter 500 Gramm, bei der (…) keines der genannten Lebenszeichen festzustellen war (Fehlgeborenes), gilt nicht als menschliche Leiche.«

Für die Todesbescheinigung (§ 14) bei Totgeborenen werden unter anderem »Angaben über die Stätte der Geburt, über Körpergewicht und -länge bei der Geburt«

verlangt. »Bei Kindern, die innerhalb der ersten 24 Stunden nach der Geburt gestorben sind«, muss auch »die Anzahl der Lebensstunden« beziffert werden.

Und was die mögliche Beerdigung angeht: § 18 besagt, dass »auf Wunsch eines Elternteils auch Fehlgeborene zur Bestattung zuzulassen sind, sofern die Fehlgeburt später als zwölf Wochen nach der Empfängnis stattgefunden hat. Zum Nachweis einer solchen Fehlgeburt ist dem Friedhofsträger eine formlose ärztliche Bestätigung vorzulegen«.

Sachsen-Anhalt:

In diesem Bundesland definiert das dort geltende Bestattungsgesetz von 2002 in § 2: »Ein Totgeborenes ist eine menschliche Leibesfrucht mit einem Gewicht von mindestens 500 Gramm, bei der nach vollständigem Verlassen des Mutterleibes kein Lebenszeichen (...) feststellbar ist. (...) Ein Fehlgeborenes ist eine menschliche Leibesfrucht, welche nach vollständigem Verlassen des Mutterleibes kein Lebenszeichen (...) aufweist und weniger als 500 Gramm wiegt.«

§ 14 besagt unter anderem, dass »jede Leiche bestattet werden muss«, und zählt auch auf, wer aus dem familiären Umfeld für die Bestattung zu sorgen hat. Sind diese Personen nicht greifbar, »hat die zuständige Behörde« für die Beerdigung zu sorgen. Dann folgt: »Leichenteile unterliegen nicht der Bestattungspflicht. Sie sind in gesundheitlich unbedenklicher Weise und entsprechend den herrschenden sittlichen Vorstellungen zu beseitigen, sofern sie für wissenschaftliche oder andere Zwecke nicht oder nicht mehr benötigt werden. Die Sätze (...) gelten auch für Leibesfrüchte aus Schwangerschaftsabbrüchen und für Fehlgeborene, sofern eine Bestattung nicht stattfinden soll.«

§ 15 sagt dann aber noch einmal unmissverständlich: »Auf Wunsch eines Elternteiles darf ein Fehlgeborenes oder eine Leibesfrucht aus einem Schwangerschaftsabbruch bestattet werden.«

Schleswig-Holstein:

Das Landesbestattungsgesetz von 2005 hält sich bei der Unterscheidung von Tot- und Fehlgeburt in § 2 fast wörtlich an die Formulierungen der meisten anderen Bundesländer: »Ein Totgeborenes ist ein totgeborenes oder in der Geburt verstorbenes Kind mit einem Gewicht von mindestens 500 Gramm, bei dem sich nach vollständigem Verlassen des Mutterleibes kein Lebenszeichen (...) gezeigt hat (...) Eine Fehlgeburt ist eine menschliche Leibesfrucht, welche nach vollständigem Verlassen des Mutterleibes kein Lebenszeichen (...) aufweist und weniger als 500 Gramm wiegt.«

Auch beim Stichwort Leichenschau in § 4 entspricht die Vorschrift dem anderswo üblichen Prozedere: »Bei einem Totgeborenen haben die Leichenschau in nachstehender Reihenfolge zu veranlassen: 1) die ärztliche Person, die bei der Geburt zugegen war, 2) die Hebamme oder der Entbindungspfleger, die oder der zugegen war, und 3) jede andere Person, die zugegen war oder über das Totgeborene aus eigenem Wissen unterrichtet ist.«

Die Bestattungspflicht erläutert § 13 Absatz 1: »Jede Leiche muss bestattet werden. Fehlgeburten sind auf Wunsch eines Elternteils zur Bestattung zuzulassen. Zum Nachweis einer Fehlgeburt ist dem Friedhofsträger eine formlose ärztliche Bestätigung vorzulegen. Der Träger der Einrichtung, in der die Geburt erfolgt, die Hebamme oder der Entbindungspfleger, die bei der Geburt zugegen sind, soll sicherstellen, dass jedenfalls ein Elternteil auf die Bestattungsmöglichkeit hingewiesen wird.«

Thüringen:

Zu den vorangestellten Grundsätzen im Bestattungsgesetz von 2004 zählt: »Ziele des Gesetzes sind insbesondere die Wahrung der Ehrfurcht vor den Toten, die Achtung der Totenwürde sowie der Schutz der Totenruhe und der Totenehrung. Die würdige Bestattung von Verstorbenen und Totgeborenen ist eine öffentliche Aufgabe. Mit Leichen, Fehlgeborenen, Leibesfrüchten aus Schwangerschaftsabbrüchen (...) darf nur so verfahren werden, dass die Würde des Menschen, das religiöse Empfinden des Verstorbenen und das sittliche Empfinden der Allgemeinheit nicht verletzt werden und keine Gefahr für die öffentliche Sicherheit oder Ordnung zu befürchten sind.«

§ 3 definiert, dass »eine Leiche (...) auch der Körper eines Neugeborenen (ist), bei dem 1) entweder das Herz geschlagen, die Nabelschnur pulsiert oder die natürliche Lungenatmung eingesetzt hat (Lebendgeborenes) und das danach verstorben ist, oder 2) keines der in Nr. 1 genannten Lebenszeichen festzustellen war, dessen Geburtsgewicht jedoch mindestens 500 Gramm betragen hat (Totgeborenes). Der Körper eines Neugeborenen mit einem Gewicht unter 500 Gramm, bei dem keines der (…) genannten Lebenszeichen festzustellen ist (Fehlgeborenes), gilt nicht als Leiche im Sinne dieses Gesetzes.«

§ 13 beschäftigt sich ausdrücklich mit der anatomischen Sektion (»Zergliederung von Leichen oder Leichenteilen in anatomischen Instituten zum Zwecke der Lehre und Forschung«) und betont: »Die anatomische Sektion darf nur mit schriftlicher Zustimmung des Verstorbenen oder mit schriftlicher Zustimmung der Eltern bei Fehlgeborenen, Totgeborenen (…) durchgeführt werden.«

Absatz 1 des § 17 bekundet: »Jede Leiche muss bestattet werden. Fehlgeborene oder Leibesfrüchte aus Schwangerschaftsabbrüchen sind auf Wunsch eines Elternteils zu bestatten. Werden Fehlgeborene oder Leibesfrüchte aus Abbrüchen nicht von den Angehörigen bestattet, hat der bei der Geburt oder dem Schwangerschaftsabbruch anwesende Arzt oder die anwesende Hebamme für eine würdige Bestattung zu sorgen. Sie soll als Sammelbestattung erfolgen.«

In § 20 folgt der Hinweis: »Soll ein Fehlgeborenes oder eine Leibesfrucht aus einem Schwangerschaftsabbruch bestattet werden, so ist dem Träger des Friedhofs oder dem Betreiber einer Feuerbestattungsanlage eine ärztliche Bescheinigung vorzulegen, aus der sich das Datum und der Umstand der Fehlgeburt sowie Name und Anschrift der Mutter ergeben.«

Bestattung: Was möglich ist

Bei der Beerdigung des verstorbenen Kindes spielt es keine Rolle, ob die Eltern eine Erd- oder Feuerbestattung wünschen. Sollen die sterblichen Reste eines totgeborenen Babys ihre letzte Ruhe finden, gilt, wie mehrfach erwähnt, die sogenannte Bestattungspflicht. Dabei muss grundsätzlich ein Beerdigungsunternehmen hinzugezogen werden. Dies ist bei einer Fehlgeburt nicht zwingend vorgeschrieben, auf jeden Fall empfiehlt es sich, so schnell wie möglich Kontakt zum jeweiligen Friedhofsamt aufzunehmen, um den Grabplatz anzumieten oder zu kaufen.

Wenn die Beisetzung im Familiengrab nicht möglich ist

Der Wunsch nach einer Beerdigung in der Familiengrabstätte ist natürlich am ausgeprägtesten. Es kann allerdings passieren, dass man vom Friedhofsamt auf be-

stimmte Ruhezeiten (die in den Landesbestattungsgesetzen – siehe vorherge-
hende Seiten – vorgeschrieben sind) hingewiesen wird und zum Beispiel auf ein
separates Einzelgrab ausweichen muss.

Darüber hinaus gibt es aber auch, je nach den örtlichen Gegebenheiten, sogenannte Kinderreihengräber, Nummerngräber und anonyme Grabfelder, die gelegentlich auch Wiesengräber genannt werden, unter anderem für
Sammelbestattungen in bestimmten zeitlichen Abständen. Die Liege-
fristen sind bei Nummern- und Reihengräbern sehr unterschiedlich
und betragen normalerweise fünf bis 25 Jahre, bei Einzel- und Fami-
liengräbern kann die Zeitspanne meistens problemlos verlängert werden. Da die lokalen Vorschriften erheblich variieren, sind weiter-
gehende Angaben an dieser Stelle nur sehr eingeschränkt möglich.

Die meisten Eltern wollen ihr totes Baby im Familiengrab bestatten lassen. Aber es gibt auch Alternativen, über die das Friedhofsamt informiert.

So heißt es beispielsweise, dass bei Kinderreihen- oder Einzelgräbern der Name
des toten Babys – auch wenn es sich um eine Fehlgeburt handelte, die offiziell nicht
ins Familienbuch eingetragen wurde – auf dem Grabstein stehen kann, während bei
anonymen Grabfeldern üblicherweise kein Grabstein, nicht einmal ein Blumen-
strauß, erlaubt ist.

»Sternchenfeld« oder »Garten der Kinder«

Was ist Wunsch, was ist Wirklichkeit? Bei einer bundesweiten Umfrage der Ver-
braucherinitiative Bestattungskultur Aeternitas ging es um die realen Möglichkeiten
einer Beisetzung von Tot- oder Fehlgeborenen außerhalb des Familiengrabes: entweder in einem Einzelgrab mit eigenem Grabstein, in einem Gemeinschaftsgrab
für mehrere Kinder, zu dem ein zentraler Gedenkstein, der auch ihre Namen tragen
kann, gehört, oder in einem anonymen Grab auf einer Rasenfläche ohne besondere
Kennzeichnung der Grabstelle. Danach haben immerhin rund die Hälfte der Friedhöfe eigene Kindergrabfelder. Mehrheitlich wird dabei nicht zwischen größeren Kindern und Tot- oder Fehlgeburten unterschieden. Ein eigenes Grabfeld nur für die
nicht gelebten Kleinen können knapp ein Drittel der Städte vorweisen.

Die Bitte vieler Eltern, ihrem auf einem Grabfeld beigesetzten Baby mit einer Art
kindlichem Grabschmuck – vom Plüschtier bis zum Windspiel – gedenken zu dürfen, läuft dabei oft ins Leere: Örtliche Bestimmungen lassen das meistens nicht zu.
Nur selten tragen auch diese Grabfelder eigene Namen jenseits der funktionalen
Bezeichnungen. Doch vereinzelt gibt es sie, und das ist gut so: »Engelgrab«, »Gar-

ten der Kinder«, »Kindernest«, »Krokuswiese«, »Sternchenfeld« und sogar »Kinder, die noch zu klein waren, um zu leben«. Einige, wenn auch wahrscheinlich unvollständige Listen der Grabfelder und Gedenkstätten für Fehl- und Totgeborene in Deutschland finden sich im Internet (siehe hintere Buchklappe).

Wie sich geistlicher Beistand ausdrücken kann

Seelsorge ist für viele Menschen gerade bei einem solchen Schicksalsschlag äußerst hilfreich – umso unverständlicher, wenn man immer wieder erfahren muss, dass manche Geistliche sich im Umgang mit den sterblichen Überresten ungetaufter Kinder schwertun. Dabei bestehen zum Beispiel seitens der deutschen Bischofskonferenz schon seit mehr als 15 Jahren klare Vorgaben über die »pastorale Begegnung und Begleitung bei Tot- und Fehlgeburten«, die sich sehr einfühlsam mit der Thematik befassen. In einer darauf fußenden »Arbeitshilfe«, etwa des Bistums Fulda, ist vom Abschiednehmen in gottesdienstlicher Form sowohl im Krankenhaus als auch am Kindergrabmal die Rede. Konkret heißt es in diesem Papier zum Beispiel:

✦ »Es gibt keine Bestimmung, die eine Bestattung von Fehl- und Totgeburten im Rahmen einer liturgischen Feier ausschließt.«

✦ »Nach der kirchlichen Bestattung von Fehl- und Totgeburt ist eine Eintragung in das Totenbuch der Pfarrei vorzunehmen. Eine Eintragung in das Totenbuch soll auf Wunsch der Eltern auch dann vorgenommen werden, wenn diese einen Eintrag erbitten, obwohl nach einer Fehlgeburt kein Begräbnis möglich war oder beim Begräbnis des tot geborenen Kindes keine kirchliche Feier stattfinden konnte.« Und: »Auch Eltern, die aus der Kirche ausgetreten sind, sollte eine seelsorgliche Begleitung nicht verweigert werden.«

Wie sehr sich die großen Glaubensgemeinschaften in diesem Punkt einig sind, dokumentiert die Evangelische Kirche in Deutschland (EKD), wenn sie unmissverständlich sagt: »Die Unterscheidung zwischen getauften und ungetauften Kindern im Falle ihres Todes, insbesondere bei Gestaltung der Bestattung, ist nicht zu begründen. Der Umgang mit totgeborenen und bald nach der Geburt verstorbenen Kindern ist in jedem Fall mit dem gleichen Respekt zu verbinden, wie er allen Verstorbenen gegenüber angemessen ist.«

> Seitens der deutschen Bischofskonferenz gibt es klare Vorgaben, die sich sehr einfühlsam mit der pastoralen Begleitung von Tot- und Fehlgeburten beschäftigen.

Wenn die Hoffnung plötzlich stirbt

»Du bist Teil von uns, auch wenn du nicht bei uns bist.« Mütter von Sternenkindern erzählen hier mit eigenen Worten, wie sie die schlimmste Zeit ihres Lebens durchlitten haben. Sie schildern sehr eindrücklich, was ihnen die Kraft gab, trotzdem mit dem unerwarteten Leid fertig zu werden. Sie möchten aber auch die wertvolle Erfahrung weitergeben, dass die einfühlsame Solidarität anderer, auch völlig fremder Sternenkinder-Eltern, wirklich Trost und Hilfe sein kann.

Anikas Geschichte: *»Wir streichelten und küssten unsere Tochter zum Abschied ...«*

Zum Zeitpunkt, als ich mein Kind zu den Sternen gehen lassen musste, war ich 25 Jahre alt. Meine Schwangerschaft verlief ohne Probleme – man kann sogar sagen: Es war eine Bilderbuchschwangerschaft, bis zum 25. August 2005 – der Tag, der für immer unser Leben verändert hat. Beim Frauenarzttermin war zunächst alles wie immer: Urin abgeben, Blutdruck messen und wiegen. Aber dann kam's: Ich hatte in vier Wochen sechs Kilo zugenommen. Das sollte mit dem Arzt besprochen und anschließend CTG geschrieben werden. Die Schwester suchte und suchte die Herztöne, fand sie jedoch nicht, und ich wurde immer ängstlicher. Beruhigend sagte sie: »Das ist ganz normal, wenn die Kleinen sich so viel bewegen.« Dennoch holte sie eine weitere Schwester, die sich (ebenfalls vergeblich) auf die Suche machte. Und mich mit den gleichen Worten tröstete. In der nächsten Woche würden wir das Ganze wiederholen. Der Wehenschreiber lief – aber Wehen hatte ich nicht ...

Dann ging es zum Ultraschall, und der Arzt begrüßte mich mit den Worten: »Wollen wir doch mal sehen, wer hier so munter herumturnt, dass man keine Herztöne messen kann.« Er fuhr mit dem Ultraschallkopf über meinen Bauch, immer wieder, hin und her, schaltete eine Zusatzfunktion ein (Farbveränderung bei Bewegung). Ich konnte auf dem großen Bildschirm mein Baby sehen – es lag ganz still, mit dem Daumen im Mund ...

»Dann kamen die Worte, die ich nie vergessen werde: ›Hier stimmt etwas nicht‹«

»... Ich kann keine Herztöne sehen« – Pause – »Ihr Baby ist tot!« Von da an lief alles nur noch wie im Film an mir vorüber. Mein Arzt gab mir ein Taschentuch für meine Tränen und zeigte mir anschließend mit sehr einfühlsamen Worten noch einmal mein Kleines auf dem Bildschirm. Aber das änderte nichts an der Situation! Er erklärte mir, dass ich jetzt in die Klinik müsse, um mein Baby zur Welt zu bringen – es war die 29. Schwangerschaftswoche. Wen er anrufen solle, um mich abzuholen? Ja, diese Frage stellte ich mir auch. Mein Freund bei Gericht (Handy aus), meine Eltern und die engsten Freunde 500 Kilometer von mir entfernt (bin von Leipzig nach

Köln gezogen). Ich entschied mich für meine zukünftige Schwiegermutter, die dann auch wenig später in der Praxis eintraf. In der Zwischenzeit regelte mein Arzt alles Notwendige mit dem Krankenhaus.

Der Film ging weiter ... zu Hause packte ich ein paar Sachen zusammen und versuchte immer wieder, meinen Freund zu erreichen, leider ohne Erfolg. Dafür aber meine Mutti: »Mein Baby ist tot, kannst du zu mir kommen!!!« Sie fuhr sofort los. Zwölf Uhr mittags in der Klinik: Endlich meldete sich mein Freund. Mir fehlten einfach die Worte, ich wusste auf einmal nicht mehr, was ich sagen sollte ... und war froh, dass seine Mutter es dann für mich tat. Die nächste Station war der Kreißsaal; die Hebamme brachte uns sofort in das Vorwehenzimmer und fragte mich als Erstes, ob ich schon erfahren hätte, was ich bekommen würde – einen Jungen oder ein Mädchen. Ich wusste es noch nicht hundertprozentig, aber ich sagte: »Sicherlich ein Mädchen ...« Wie es heißen solle? Mein Baby sollte ✚EMILY✚ heißen, das stand schon sehr lange fest. Ich wurde – und empfand dies als sehr wohltuend – so behandelt, als wenn meine kleine ✚EMILY✚ noch lebte. Dann erst informierte mich die Hebamme, wie jetzt alles weitergeht.

»Ich wollte nicht noch einen Tag warten müssen. Ich wollte nur, dass mein Baby lebt«

✚EMILY✚ sollte also auf ganz normalem Weg zur Welt kommen! Während mich eine Ärztin noch einmal gründlich untersuchte, traf endlich mein Freund im Krankenhaus ein, und ich war sehr froh, dass er nun an meiner Seite war.

Gegen halb zwei leitete man die Wehen durch ein Scheidenzäpfchen ein, und die Hebamme schlug uns vor, jetzt noch etwas spazieren zu gehen. Es könne durchaus noch bis zum nächsten Tag dauern, bis es richtig anfinge. Ich wollte aber nirgendwo hingehen, und ich wollte auch nicht noch einen Tag warten müssen – ich wollte nur eins: dass ✚EMILY✚ lebt!!

Lange konnte ich allerdings nicht mehr darüber nachdenken – das Zäpfchen begann zu wirken. Erst ein leichtes Ziehen im Unterleib, was dann von Minute zu Minute immer stärker wurde, bis hin zu unerträglichen Dauerschmerzen. In diesen Momenten war ich noch der Meinung, dass ich die Schmerzen schon irgendwie ertragen würde. Ich wollte kein Schmerzmittel. Aber eine Stunde später sah das schon anders aus, und ich stimmte einer Infusion zu. Als diese allerdings nach einer Stunde überhaupt keine Wirkung zeigte und mir die Hebamme sagte, dass dieses

Schmerzmittel das stärkste in dieser Form sei, entschloss ich mich zu einer PDA (Periduralanästhesie). So etwas habe ich im Vorfeld immer abgelehnt, denn ich halte schon einiges aus und kann auch mal die Zähne zusammenbeißen. Aber das hier war die Hölle!!

Die PDA wirkte sofort, und ich konnte etwas entspannen ... in einem richtigen Krankenhausbett, damit ich besser liegen bzw. sitzen konnte. Jetzt hatte ich wieder Zeit zum Nachdenken, aber so richtig bewusst war mir das alles noch nicht. Ich telefonierte mit meinen Eltern, die schon auf dem Weg zu mir waren, und wollte wissen, ob sie heute noch kämen ...

Kurz bevor ich das zweite Scheidenzäpfchen erhalten sollte, stellten sich wieder leichte Schmerzen ein. Die Dosis, die in meinen Rücken lief, wurde erhöht, dennoch wurden sie immer stärker statt schwächer – und es sah ganz und gar nicht danach aus, als ob die Geburt endlich losginge.

Immer wieder schaute ich auf die Uhr und wartete sehnsüchtig auf meine Eltern. Mein Stefan hielt zwar die ganze Zeit meine Hand, aber ich hatte ja noch eine für Mutti frei.

Nach einigem Hin und Her legten die Ärzte eine weitere PDA, um mich von meinen Schmerzen zu befreien, denn ich sollte nicht auch noch körperlich leiden. Dies hatte zwar zur Folge, dass ich meine Beine nicht mehr spürte, aber das war mir alles egal. Endlich kamen auch meine Eltern an, und das brachte vermutlich auch meinem Körper Erleichterung ... denn kurze Zeit später platzte die Fruchtblase und die Hebamme sagte: »Ich glaube, Ihr Baby möchte jetzt kommen.«

»Es war wirklich ein Mädchen, ein richtig fertiger Mensch, nur viel zu klein«

Stefan stand links von mir und meine Mutti rechts, beide hielten meine Hände – vor mir der Arzt und die Hebamme. Nun sollte ich pressen, aber wegen der PDA merkte ich ja nicht, wann eine Wehe anfing. Dann musste es eben so gehen!! Mit vereinten Kräften brachte ich schließlich unser Baby um 23:25 Uhr auf die Welt! Die Hebamme fragte Stefan, ob er die Nabelschnur durchschneiden möchte. Ohne zu zögern tat er das auch. Und ich wollte zuallererst wissen, ob es wirklich ein Mädchen ist. Es war ein Mädchen, es war unsere Tochter ✦EMILY✦ – und als die Hebamme sie uns zeigte, fühlte ich großen Stolz. Sie war winzig, aber vollkommen. Sie war schon ein richtig fertiger Mensch, nur viel zu klein.

Weil ich anschließend noch in den OP zur Ausschabung musste, brachte die Hebamme ✚EMILY✚ weg. In diesem Moment dachte ich, dass es der Abschied für immer sei. Aber so war es nicht ...

Auf dem Weg zum OP bot mir die Hebamme an, später mit ihr zusammen ✚EMILY✚ zu wiegen und zu messen. Das habe ich dankbar angenommen. Sie fragte auch, ob ich meine Tochter beerdigen lassen möchte. Auch darüber gab es für mich keinen Zweifel – ja!

Ich kann nicht genau sagen, wie lange ich im OP war. Mir kam es vor wie maximal zehn Minuten, aber Stefan sagte, es seien 45 Minuten gewesen. Er musste ja ganz allein auf mich warten.

»Sie sah aus, als würde sie friedlich schlafen«

Als ich dann wieder in den Kreißsaal kam, hatte die Hebamme das Licht gedämpft und eine Kerze aufgestellt, bevor sie mit unserer Tochter kam. In dieser schönen Atmosphäre habe ich mit Stefan zugesehen, wie ✚EMILY✚ gemessen und gewogen wurde. Anschließend durfte ich meine Tochter in den Arm nehmen, und sie sah aus, als ob sie nur schliefe. Ich streichelte ihren winzigen Körper und wiegte sie in meinen Armen, als sei sie am Leben. Dann hielt Stefan unser Kind und setzte sich zu mir auf das Bett. Wir streichelten und küssten unsere ✚EMILY✚ zum Abschied. Sie war so schön, und wir waren richtig stolz auf sie! In diesem Moment waren wir sogar etwas glücklich!

Nach einer Viertelstunde hat die Hebamme dann unsere Tochter abgeholt und mich auf die normale Station gebracht. Vorher übergab sie uns aber noch eine Mappe. Die ✚EMILY✚-Mappe: Unser Sternenkind ✚EMILY✚ wurde am 25. August 2005 in der 29. Schwangerschaftswoche mit 960 Gramm und 35 Zentimetern geboren und am 1. September 2005 auf einem Kindergrabfeld beerdigt.

Heikes Geschichte: *»Sollte es denn nie etwas werden mit einem lebenden Baby für uns?«*

Mein Schwangerschaftstest war negativ und ich erleichtert, denn wir hatten noch so viel vor, was man mit einem Kind unmöglich realisieren konnte. Als ich dann aber meiner Ansicht nach weit über dem Zeitpunkt war, an dem meine Tage hätten kommen müssen, ging ich zu meiner Frauenärztin. Sie machte Ultraschall und sagte dann prompt: »Herzlichen Glückwunsch ...« Aber ich war nicht glücklich, ich wollte dieses Baby noch nicht. Ich wollte zwar immer Kinder haben – aber in dem Moment, in dem ich sicher wusste, es würde in mir entstehen, wollte ich nicht. Ich war einfach noch nicht so weit! Auch mein Mann Christof freute sich nicht. Kinder passten nun mal nicht in unsere Zukunftspläne.

Am nächsten Tag hatte ich einen Termin bei meinem Chef. Es ging um die Umsatzplanung für das Reisebüro, das ich leitete. Ich sagte ihm, dass ich schwanger wäre, aber er war nicht entsetzt, wie ich gefürchtet hatte. Überhaupt – alle, denen ich es erzählte, freuten sich, nur ich nicht!

Anfang Juli bekam ich Blutungen, und meine Ärztin verordnete mir eine Woche absolute Ruhe. Meine neue Auszubildende hatte am 1. Juli angefangen, und die erste stand kurz vor der mündlichen Prüfung. Es war ein denkbar ungünstiger Zeitpunkt – und vielleicht hat das Baby gefühlt, dass es nicht gewünscht wurde, und wollte sich bei mir nicht heimisch fühlen.

In den Stunden aber, in denen ich zu Hause auf dem Sofa lag, kamen mir auf einmal gemischte Gefühle. Vielleicht wäre es ja doch ganz schön mit Kind, auch wenn man erst mal nicht mehr nach Neuseeland oder in die USA reisen könnte. Aber es gibt ja auch noch andere Aspekte! Ein Kind aufwachsen sehen, das eigene Kind, ist doch sicherlich ein tolles Erlebnis, auch wenn nicht immer alles einfach sein würde.

Schon als die Ärztin noch nicht bestätigt hatte, dass dieses Kind »unterwegs« war, spürte ich Veränderungen. Ich ging zu meinem Stammdelikatessengeschäft, und es roch nach Kokos. Normalerweise liebe ich Kokos ja, aber da wurde mir schlecht. Außerdem spürte ich Spannungen in den Brüsten, und ich fragte Alexandra, die im April eine Fehlgeburt gehabt hatte, ob das bei ihr auch so gewesen sei, was sie bejahte. Ich wollte es nicht glauben, obwohl ich es irgendwie von Anfang an wusste. Ich frage mich, ob das beim nächsten Mal auch so sein wird, ob ich von Anfang an wissen werde, dass ich schwanger bin. Und beim nächsten Mal werde ich wollen ... Aber ich greife vor, denn ✦HELEN✦ ist zwar Vergangenheit für mich, aber ich sehe sie trotzdem noch vor mir; und indem ich zu ihr spreche, hoffe ich, besser damit fertig zu werden, dass sie nicht mehr lebt.

»Du warst schon bald ein perfektes kleines Menschlein«

Die weitere Schwangerschaft war nicht problemlos. Als die ersten Blutungen kamen, hatte ich eigentlich gerade vor, mit meinem Bruder nach London zu fliegen. Natürlich durfte ich nicht fliegen. Und ich ärgerte mich, dass ich deinetwegen – die du nicht erwünscht warst – daheimbleiben musste. Mein Bruder flog dann allein. Mit der Zeit aber freundete ich mich immer mehr mit dem Gedanken an, ein Kind zu haben. Mein Kind, das am 20. Februar 1996 auf die Welt kommen würde.

Auf dem Ultraschallmonitor sah ich, wie du größer wurdest, ich sah dein Gesicht, deine Arme, deine Wirbelsäule. Du warst schon bald ein perfektes kleines Menschlein. Wir wollten uns überraschen lassen. Junge oder Mädchen? Und meine Ärztin zeichnete die Ultraschallbilder auf Video auf, als bleibende Erinnerung, das fand ich toll!

Im Oktober zogen wir um. Wir hatten eine schöne, preiswerte Wohnung gefunden und einen Vermieter, der Leben im Haus wollte und deshalb uns samt Nachwuchs in spe bevorzugte. Gegen mein Klavier hatte er auch nichts. Natürlich konnte ich beim Umzug nicht so doll helfen, verlegte mich also auf »schonende« Handreichungen.

Im November bekam ich schreckliche Rückenschmerzen, und mein Orthopäde renkte mich erst mal ein. Kurzzeitig ging es mir besser, aber dann ... Am Geburtstag meiner Mutter wollten wir einen kleinen Rundflug mit Christof machen (er hat eine Privatpilotenlizenz), doch darauf musste ich leider verzichten, denn es ging mit den wieder sehr schlimmen Schmerzen nur einigermaßen im Liegen. Als ich meiner Frauenärztin den genauen Ort des Schmerzes zeigte, tippte sie keinesfalls auf Rückenschmerzen, sondern auf einen Nierenstau, was die Ultraschalluntersuchung bestätigte. Ich sollte jetzt versuchen, nur auf der rechten Seite zu liegen – damit du den linken Harnleiter (auf dem du lagst) samt Niere wieder »freigabst«.

Es wurde nicht besser, und Christof fuhr mich ins Krankenhaus. Mir war vor Schmerzen so schlecht, dass ich kaum etwas essen konnte.

Ich bekam »sanfte« Schmerzmittel und wurde regelmäßig an den Herzton- und Wehenschreiber angeschlossen, um sicherzugehen, dass mit dir alles in Ordnung ist. Das war mir inzwischen sehr wichtig, ich freute mich sehr auf dich! Nach einer Woche durfte ich nach Hause – krankgeschrieben, denn mit etwas Pech konnte nach ärztlicher Meinung die ganze Sache jederzeit wieder losgehen.

Mitte Dezember, ich war immer noch krankgeschrieben, fing meine Nachfolgerin schon in »meinem« Büro an, weil absehbar war, dass ich vor der Geburt nicht mehr kommen würde. Ich verbrachte Weihnachten und Silvester also in Ruhe und Schonung. Aber du warst lieb, du legtest dich nicht mehr auf den Harnleiter, so dass ich eigentlich auch wieder hätte arbeiten können. Aber im Januar fing dann ja auch, sechs Wochen vor dem errechneten Termin, mein Mutterschutz an. Wir liehen einige Babysachen, und ich strickte Mütze, Hose und Pullover, mintfarben, weil wir ja nicht wussten, ob du ein Junge oder ein Mädchen bist. Dann kauften wir einen gebrauchten, schönen Kinderwagen. Christof streichelte mir oft über den Bauch, um dich zu fühlen, er wollte auch Kontakt mit dir aufnehmen.

»Ich dachte: Beim letzten Mal habe ich mir auch umsonst Sorgen gemacht ...«

Am 2. Februar, ein Freitag, hatte ich abends ein ganz schlechtes Gefühl. Ich hatte dich lange nicht gespürt, du bewegtest dich nicht. Als ich es Christof sagte, meinte er, wir sollten zur Sicherheit in das Krankenhaus fahren, das wir uns ausgesucht hatten, in Hagen-Elsey. Dort tat eine sehr nette Hebamme Dienst, die mich ans CTG anschloss und mich beruhigte: Dir ginge es gut, es wäre alles in Ordnung ... Ein wenig Sorgen machte ich mir trotzdem noch, aber du warst eben ein ruhiges Kind. Am Wochenende glaubte ich auch wieder, dich häufiger mal gespürt zu haben.

Doch am Dienstagabend war es erneut da, mein Problem: Du bewegtest dich wieder nicht. Ich dachte: »Gerate nicht in Panik!« Am nächsten Morgen um 10.30 Uhr hatte ich ja auch erneut einen Termin bei meiner Ärztin. Sie würde bestimmt feststellen, dass alles gut ist. Ich dachte: »Beim letzten Mal habe ich mir auch umsonst Sorgen gemacht ...!«

In der Nacht meinte ich, eine Bewegung von dir gefühlt zu haben. Am Mittwoch, 7. Februar, fuhr ich also zu meiner Ärztin nach Balve. Das Übliche wurde gemacht, Urinprobe, Blutuntersuchung etc., und anschließend das CTG. Die Arzthelferin fand deine Herztöne nicht. Mir wurde ganz anders. Sie sagte, wir sollten in den anderen Raum gehen, dieses CTG sei nicht so empfindlich, und man habe manchmal

Schwierigkeiten, die Herztöne zu finden. Aber auch beim zweiten CTG war Stille. Die Ärztin kam, probierte es, auch ohne Erfolg. Sie behandelte noch kurz eine Patientin, dann konnte ich zu ihr ans Ultraschallgerät. In diesen Warteminuten ahnte ich schon, dass du, dieses Kind in mir, das ich so gerne wollte, nicht mehr lebtest. Dein Herz schlug nicht mehr! Die Ärztin konnte es nicht fassen, die Arzthelferin nicht – ich auch nicht. Was nun? Ich weinte, ich konnte es nicht glauben. Ich rief Christof an und sagte ihm, dass unser Kind gestorben sei. Er kam sofort.

»Ich sollte dich normal zur Welt bringen – undenkbar«

Dann das Schlimmste! Ich fragte meine Ärztin: »Ist es denn ein Junge oder ein Mädchen?« Wir hatten uns beide ein Mädchen gewünscht. Als sie uns daraufhin mitteilte, du seist ein Mädchen, brach ich völlig zusammen. Ich sah alles durch einen Nebel. Christof und ich haben uns nur weinend umarmt. Ich sollte dich »normal« zur Welt bringen. Das erschien mir undenkbar. Was hatte die Geburt noch für einen Sinn? Ich hatte ein totes Baby im Bauch.
In der Klinik wurden wir ganz lieb empfangen, ich bekam ein Zimmer für mich allein. Aber der Gang durch den Flur war furchtbar: überall Babybilder an den Wänden!! Um 17.00 Uhr wurde die Entbindung durch Wehenmittel eingeleitet. Sofort spürte ich, dass das, was ich in der Nacht zuvor für deine Bewegungen gehalten hatte, Wehen gewesen waren. Es ging alles sehr schnell, die Wehen wurden immer heftiger und schmerzhafter, und ich bekam Schmerzmittel, nun mussten sie ja nicht mehr »sanft« sein. Um 22.59 Uhr bist du geboren – ohne deine Hilfe, denn du lebtest wirklich nicht mehr. Bis zum Schluss hatte ich gehofft, du würdest doch noch die Augen aufschlagen, aber nein ... – Du warst so hübsch! Man fragte mich schon vorher, ob ich dich sehen wollte. Das war mir klar: Ja, ich wollte dich sehen. Auch Christof hat sich ganz lange von dir verabschiedet, im Nebenzimmer, während bei mir der Dammschnitt genäht wurde. Es tat sehr weh – ich konnte nicht weinen – in der Nacht habe ich sogar geschlafen.
Ich weiß nicht mehr, wann wir meine Eltern, meinen Bruder, unsere Freunde anriefen. Aber die Reaktion war bei allen gleich: großer Schock und Mitgefühl. Ich wollte niemanden sehen. Ich sagte mir: »Ich möchte nie wieder ein Kind.« Christof musste sich um den Eintrag ins Stammbuch kümmern und um die Beerdigung. Wir wollten ein anonymes Grab. Wir brauchten keinen Ort, an den wir gehen konnten, um zu trauern. Das konnten wir überall, dachten wir, und es war auch so.

»Ich konnte nicht einmal deinen Namen aussprechen, ohne furchtbar zu weinen, und weinen wollte ich nicht«

Wir ließen untersuchen, warum du gestorben bist. Es war nicht zu erkennen, weshalb du sterben musstest. Die Plazenta sah normal aus – und auch du. Du hattest nur leichte Hautablösungen, weil du dich wahrscheinlich in der Nacht davor, vom 6. auf den 7. Februar, auf den Weg zu den Sternen gemacht hast.

Man sagte uns später, es wäre eine Plazentainsuffizienz, also eine Unterversorgung durch den »Mutterkuchen« gewesen; aber sowohl der Arzt im Krankenhaus als auch meine Ärztin glaubten das nicht, denn dann hätte die Plazenta anders ausgesehen.

Im Nachhinein sagte mir eine ebenfalls betroffene Mutter (die Krankenschwester ist), dass es so etwas wie einen Infarkt geben kann, eine plötzliche Unterversorgung. Und das wird es wohl gewesen sein bei mir und dir. Ich hoffe nur, du hattest einen friedlichen Tod und musstest nicht auch noch in mir leiden.

Das Leben ging weiter, ich konnte nicht reden, keiner kam an mich heran. Liebe Freunde und Verwandte von mir, die Schwester meines Vaters und ihr Mann, boten mir an, zu ihnen zu kommen. Das nahm ich gerne an, aber leider war es mir auch dort nicht möglich zu reden. Ich konnte noch nicht einmal deinen Namen aussprechen, ohne furchtbar zu weinen, und weinen wollte ich nicht ...

Anfang März fuhren Christof und ich mit meinem Bruder für eine Woche nach Bayern. Da hatten wir auch schon wieder ganz lustige Augenblicke, aber ich hatte das Gefühl, ich würde dich verraten, wenn ich lachte.

Ende März stürzte ich mich in die Arbeit und versuchte zu verdrängen. Am 29. März, meinem Geburtstag, heirateten Freunde von uns. Die Schwester unserer Freundin war so »taktvoll«, Christof ihr Baby in den Arm zu geben. Sie hat noch nicht einmal gemerkt, was sie ihm damit antat. Ich habe es bereut, zu dieser Feier gefahren zu sein ... Ich zog mich immer mehr zurück!

Ich vertrat eine Kollegin, die als Distriktleiterin 19 Büros unserer Reisebürokette betreute. Sie war schwanger, und ich konnte während ihres Mutterschutzes (sechs Wochen vor und acht Wochen nach der Geburt) ihren Platz einnehmen. Ich fuhr also von Büro zu Büro und weinte im Auto auf den Wegen. Ich weinte bei bestimmter Musik, die ich gehört hatte, als ich mit dir schwanger war, oder auch einfach nur so. Keiner, der mich vorher nicht kannte, hat etwas gemerkt, und ich war stolz darauf. Aber es war nicht der richtige Weg, das sollte mir später klar werden.

Zum ersten Mal habe ich das erkannt, als wir im September in Dänemark Urlaub machten, mit einem befreundeten Paar. Wir hatten das Ferienhaus schon im Januar gebucht, weil wir dachten: Mit einem Baby ist das das richtige Ziel. Schön in Ruhe Ferien genießen mit netten Freunden, die sich auch ein Baby wünschten. Nun war es anders gekommen, und alles war schlecht!

Christof hatte erst im August als Projektleiter in Süddeutschland angefangen und konnte nicht schon wieder zwei Urlaubswochen antreten, allenfalls eine ... Also war ich mit unseren Freunden die erste Woche allein. Du fehltest mir an allen Ecken und Enden. Ich saß auf der Terrasse des Hauses und fühlte mich einsam. Kein Kinderwagen mit einem Baby darin stand neben mir, wie es hätte sein sollen.

Und jetzt plötzlich kam wieder alles richtig hoch, meine ganze Trauer um dich. Ich dachte immer, ich hätte mich gut im Griff, und hatte immer noch nicht verstanden, dass ich meinen Schmerz nur verdrängte. Nun, als ich ungestört nachdenken konnte, dachte ich nur an dich.

Als Christof nachkam, erzählte ich ihm, wie schlecht es mir ging. Trotzdem beschlossen wir, ab jetzt wieder zu versuchen, ein weiteres Kind zu bekommen – und wir fühlten uns gut dabei. Sowohl unsere Freunde als auch wir wollten einen kleinen »Dänen« mit nach Hause bringen.

»Tatsächlich: Ich war schwanger und überglücklich!«

Christof musste wieder nach Wörth. Ich hatte noch den ganzen September frei und flog mit einer Freundin eine Woche nach Korfu. Wir hatten viel Spaß miteinander, gingen aus und machten gemeinsame Ausflüge.

Als ich wieder zurück war, ließ meine Regel tatsächlich auf sich warten. Ich hielt es nicht aus und ging zu meiner Ärztin. Tatsächlich: Ich war schwanger und überglücklich! Am 30. September dann aber der Schock: Ich bekam Blutungen, und sie wurden immer heftiger. Ich rief meine Ärztin an, und sie sagte, wenn es wirklich so viel wäre, könnte man nichts mehr machen, das sei eine Fehlgeburt. Ich konnte es nicht glauben – sollte es denn nie etwas werden mit einem lebenden Baby für uns?

Eigentlich sollte ich in der Woche schon in einem anderen Reisebüro in Lippstadt arbeiten, aber das musste ich natürlich verschieben. Ich hätte nicht so tun können, als wäre nichts passiert. Es ging mir zu schlecht.

Meine Ärztin erklärte mir, nach einer so frühen Fehlgeburt sei man besonders fruchtbar ...

Sabines Geschichte: *»Ich darf nicht vergessen, glücklich zu sein über das, was ich habe!«*

Schon als kleines Mädchen war es mein größter Wunsch, irgendwann eine Familie mit mindestens drei Kindern zu haben! Und als ich meinen (inzwischen Ex-) Mann kennen lernte und heiratete, freute ich mich über alle Maßen auf eine hoffentlich baldige Schwangerschaft und ein gesundes Baby.

Das vergebliche Warten dauerte an, und nach fast zwei Jahren wollte ich mich auch von meinem Frauenarzt nicht mehr vertrösten und beruhigen lassen. Es musste endlich gehandelt werden: Laut Urologen war bei meinem Mann alles okay – bei mir fehlte schlicht und einfach der Eisprung. Und eine Odyssee begann: Tabletten, die das Wachstum des Follikels fördern sollten und es nicht taten, ein Frauenarzt, der mir nicht weiterhelfen konnte und mich an einen Spezialisten überwies, Spritzen, die ich mir nun jeden Monat geben musste. Eisprünge hatte ich dann zwar, aber schwanger wurde ich trotzdem nicht.

Letzten Endes fand eine so genannte Insemination (Sperma wird künstlich eingeführt) statt, und dabei kam heraus – man stelle sich dies vor!! –, dass die Spermien meines Mannes viel zu langsam waren und ich auf normalem Wege nicht schwanger werden konnte. Ich war seelisch am Ende.

Da ich aber unbedingt ein Kind wollte, entschieden wir uns für eine künstliche Befruchtung. Nach Gesprächen mit Spezialisten und einem Haufen Papierkrieg fehlte jetzt nur noch die Genehmigung der Krankenkasse. Ich konnte mit der Situation nur schlecht umgehen und fühlte mich sehr allein, denn mein Mann kämpfte so gut wie gar nicht um ein Baby, und unsere Umwelt (die ja von nichts wusste) erging sich in Sprüchen wie »ihr seid wohl zu doof zum Kindermachen«.

Es folgte der Krankenkassenbescheid: Wir sollten einen Versuch bezahlt bekommen. Aber irgendwie kam es nie dazu – und ich war mir auch nicht mehr sicher, ob ich mit meinem Mann überhaupt Kinder haben wollte, ob er der Richtige für mich war. Alles hatte sich geändert! Wir hatten uns verändert! Wir trennten uns!

Zeit verging, eine frische Liebe kam und mit ihr frohstimmende Perspektiven. Irgendwann erzählte ich meinem neuen Partner alles und stieß auf so viel Mitgefühl! Es tat so gut zu reden! Wir verhüteten auch nicht, denn ohne Medikamente hatte ich ja keinen Eisprung. Und was soll ich sagen?! Im August 2002 bekam ich meine Regel nicht. »Mach einen Test«, schlug mein jetziger Mann vor, aber das wollte ich nicht – lieber den Gedanken noch eine Weile genießen, vielleicht durch irgendein Wunder doch schwanger geworden zu sein. Auch wenn ich nicht daran glaubte. Mein Mann ließ nicht locker, also machte ich diesen Test, den ich für total überflüssig hielt. Und ich weiß es noch wie heute: Da war dieser rote Punkt, und der rote Punkt ging auch nicht wieder weg!!! Ich war schwanger! Juhuuu!!! Wir haben uns so sehr gefreut, es aber niemandem gesagt (hab mich gar nicht getraut). An diesem Sonntag saßen wir mit meinen Eltern beim Essen, und ich erinnere mich noch genau daran, wie mein Mann und ich uns immer wieder verschwörerisch grinsend in die Augen geschaut haben. Mei, waren wir glücklich!

Am Montag bestätigte der Frauenarzt die Schwangerschaft, und ich weiß nicht, ob jemand nachvollziehen kann, wie ich mit meinem Ultraschallbild durch die Straßen geschwebt bin! Meine Eltern haben sich riesig gefreut. Die hatten Tränen in den Augen, so gefreut haben sie sich. Ich glaub, ich hab auch geweint. Mein Bruder hat nur gesagt: »Was das wieder kostet…«. Na ja, kleine Brüder eben.

»Einen klitzekleinen Hoffnungsschimmer hatte ich noch und wollte ihn nicht aufgeben«

Am Samstag darauf war der Traum vorbei. Ich bemerkte abends eine kleine Blutung, die bis zum nächsten Tag immer heftiger wurde. Sonntagmorgen gingen wir in die Kirche und zündeten eine Kerze für das Baby an. Es sollte doch bitte, bitte bleiben. Ich schonte mich (nach telefonischer Anweisung meines Arztes) und lag den ganzen restlichen Tag auf der Couch – aber es wurde schlimmer und schlimmer! Ich könnte immer noch weinen, wenn ich an die endlose Traurigkeit denke, die ich fühlte. Aber einen klitzekleinen Hoffnungsschimmer hatte ich noch und wollte ihn auch nicht aufgeben. Wir fuhren dann am Montag früh in die Klinik, und da wurde mir auch der letzte Funken Zuversicht genommen. Ich hatte das Baby verloren – in der 7. Schwangerschaftswoche.

Ich fiel in ein riesiges Loch. Ich weinte schon im Krankenhaus und konnte es nicht fassen, dass unser Glück uns schon wieder verlassen hatte. Mein Arzt, der an diesem Tag Dienst hatte, sagte aufmunternd: »Aber es ist doch schon mal ein gutes Zeichen, dass Sie überhaupt schwanger wurden.« Das konnte mich nur ein ganz klein wenig trösten. Mein Mann nahm eine Woche Urlaub, damit er mich nicht allein lassen musste. Es war schrecklich! Aber wie ich halt so bin, hab ich ganz schnell nach vorne geschaut und mir gedacht: Wenn es einmal geklappt hat, dann klappt's bestimmt noch mal! Und hatte nicht mein Frauenarzt gemeint, dass man nach einer Fehlgeburt besonders leicht wieder schwanger werden kann? Also probierten wir es, Monat für Monat. Es funktionierte nicht!

Im Frühling 2003 bekam ich wieder Tabletten, die den Eisprung fördern sollen – wie damals. Trotzdem klappte es nicht! Ich bin jeden Monat schier zusammengebrochen, wenn die Regel kam. Immer diese Hoffnung, und dann die Enttäuschung! Mein Arzt hatte mir gesagt, dass im Urlaub oft Kinder gezeugt werden, weil man so schön entspannt ist. Und wir verbrachten im Juni eine herrliche Woche auf Mallorca, nicht unbedingt zum »Kindermachen«, aber wenn es klappen sollte, wäre das ja ein toller Nebeneffekt! Der Juli kam, und mit ihm meine Regel. Ich war traurig und enttäuscht – und weinte so sehr, dass ich beim Bügeln meinen Lieblingsrock verbrannt habe!! Komisch, an was man sich so erinnert ... Ich nahm also im nächsten Zyklus wieder meine Tabletten – der Eisprung blieb weiter aus, und mein Gynäkologe war der Ansicht, dass es wohl keinen Sinn mehr mache, mit dieser Therapie fortzufahren. Ich könne auch ein paar Monate aussetzen, wenn mir die seelische Belastung zu viel würde. Ich wollte aber nicht aussetzen, ich wollte schwanger werden! Ich war inzwischen 30 Jahre alt und dachte, das wird vielleicht gar nichts mehr. Eine schlimme Zeit! Ich habe es mir so sehr gewünscht und so sehr herbeigesehnt, aber es schien so, als würde mein Traum niemals in Erfüllung gehen.

»Der Komet Hale-Bopp stand am nächtlichen Himmel. Und dann geschah das wirkliche Wunder!«

Wieder war meine Regel überfällig, wieder wollte ich so gerne hoffen. Aber wozu – ohne Eisprung? Und wieder ließ mein Mann nicht locker. Also gut. Voller Angst und Herzklopfen machte ich den Test. Zu dieser Zeit war der Komet Hale-Bopp am nächtlichen Himmel zu sehen, und während wir auf das Ergebnis warteten, schaute ich zu ihm hinauf ... wieder etwas, an das ich mich genau erinnere. Gespannt fixierten wir das Testergebnisfenster und ... und ... und ... Ich war schwanger!!!! Jaaaa! Juchuuuu! Yippiehhhh! Oh Gott, hab ich mich gefreut. Das gibt's doch gar nicht, ich hatte doch keinen Eisprung. Mein Mann und meine Eltern freuten sich auch. Aber diesmal verhaltener. Keiner traute sich so richtig.

Kommentar meines Arztes, als ich ihm den Stand der Dinge mitteilte: »Eieiei!« Meine Blutwerte waren im grünen Bereich. Super! Mein nächster Termin in der Praxis (wegen Urlaub des Arztes) erst zwei Wochen später. Falls es in der Zwischenzeit zu Blutungen käme, solle ich zur Vertretung oder in die Klinik kommen. Der Doc hat gut reden, dachte ich, wenn Blutungen auftreten, bricht für mich die Welt zusammen, so sieht's aus!

Die zwei Wochen gingen – ohne Blutungen! – vorbei, es kam die Ultraschalluntersuchung, und da sah ich sie zum ersten Mal, meine Lara-Sophie, beziehungsweise eigentlich »nur« das Herzchen, das so fest schlug! Mir liefen die Tränen über die Wangen – es war unbeschreiblich, und ich hoffte so sehr, dass alles gut ginge. Woche um Woche verstrich, meine Kleine wuchs und wuchs – und es war die wunderschönste Zeit meines Lebens. Je weiter ich war, desto geringer wurde die Angst, desto größer die Freude. Es ging alles gut! Es war eine total komplikationslose, wunderbare Schwangerschaft mit einer schnellen, anstrengenden und überwältigenden Geburt, an deren Ende wir unsere lang ersehnte Tochter in den Armen halten durften.

So viel Glück habe ich noch nie – in meinem ganzen Leben – verspürt; und auch heute durchströmt mich noch oft eine große Welle der Freude, nur beim Anblick meiner süßen Maus. Sie ist mein Wunder!

»Das Familienleben beginnt: mega-schön, mega-stressig, mega-aufregend. Wir haben's ganz gut hingekriegt«

Im Februar 2005 erwartete ich – ungeplant – wieder ein Kind. Wie fix das gehen kann! Ich war echt erstaunt. Erst hatte ich Zweifel, wie ich alles schaffen soll (Lara-Sophie war ja erst eindreiviertel Jahre alt), aber dann haben wir uns sehr rasch an den Gedanken gewöhnt und uns wirklich gefreut. Bin wieder »geschwebt«. Aber leider nur kurz: In der 7. Schwangerschaftswoche verlor ich, trotz Schonung, mein Kleines. Ich war zwar sehr traurig, aber lange nicht so sehr wie bei der ersten Fehlgeburt. Ich hatte ja meine Lara-Sophie. Und war es für ein neues Baby nicht auch noch ein bisschen früh?

Aber mein Kinderwunsch war erneut geweckt. Und tatsächlich hielt ich im Mai 2005 wieder einen positiven Test in den Händen. Ich war so happy, dass es so schnell wieder geklappt hat! Alles war okay und man sah sogar schon das Herzchen klopfen. Welche Erleichterung! Außerdem befand ich mich inzwischen schon in der 8. Woche und hatte somit die 7. (in der meine zwei anderen Babys gehen mussten) hinter mir. Ich fühlte mich total sicher und war voller Optimismus. Dann begannen die Blutungen, erst leicht, dann stärker! Aber auf dem Ultraschallmonitor konnte ich – yippieh! – das Herzchen noch schlagen sehen. »Blutungen müssen nicht unbedingt bedeuten, dass Sie Ihr Kind verlieren...«, tröstete der Arzt und empfahl wieder mal Schonung. Aber sie hörten nicht auf, und ich wusste: Mein Baby verlässt uns! Ich spürte es! Und so war es auch!

Inzwischen blutete ich so heftig, dass mein Mann mich schnellstens in die Klinik brachte. Da waren plötzlich alle ganz hektisch und schoben mich umgehend in den OP zur Ausschabung. Meine erste Vollnarkose, oh Gott, war schlimm, echt! Ich habe die ganze Zeit an meine kleine Tochter gedacht und so gehofft, dass ich sie wiedersehe! Dass ich wieder aufwache!

Ich bin aufgewacht, dem Himmel sei Dank, bin bis zum Abend im Krankenhaus geblieben und war gar nicht so down. Der Operateur meinte, das liege am Adrenalin. Erst am nächsten Tag fiel ich wieder in ein Loch, und es war bedeutend schlimmer als beim letzten Mal! Vor allem, weil ich doch das kleine Herz meines Kindes noch vor kurzem so kräftig schlagen gesehen hatte. Nun hatten mich schon drei Babys nach kurzer Zeit wieder verlassen...

»Trotz großer Trauer war mein Optimismus nicht versiegt. Beim nächsten Mal musste es einfach klappen«

Also, weiter probieren! Und siehe da, im August 2005, war es wieder so weit. Wahnsinn!! Früher wurde ich überhaupt nicht schwanger und jetzt immer so schnell. Ich kann gar nicht beschreiben, wie schön es jedes Mal war, wenn ich einen positiven Test in der Hand hielt. Ein tolles Gefühl!

Natürlich fragte ich meinen Arzt, was ich tun könnte, damit das kleine Wesen bei mir bleibt. Antwort: »Da kann man nix machen. Das ist wie beim Würfeln. Entweder Sie würfeln eine Sechs, das ist gut – oder Sie würfeln eine Eins, das ist schlecht!« Aha, alles klar!

Er hat dann noch gesagt, manche Frauenärzte verordneten Gelbkörperhormone, er aber nicht, denn dann würden auch behinderte Babys bleiben, die der Körper normalerweise abstößt, und das wolle ich ja sicher nicht. Natürlich wollte ich das nicht! Im Nachhinein habe ich erfahren, dass das der totale Blödsinn ist: Gelbkörperhormone wirken nur unterstützend und können den Abgang einer kranken Frucht nicht aufhalten. Aber was sollte ich machen? Ich habe meinem Arzt vertraut und ihm geglaubt. Also hoffte ich einfach auf ein gutes Ende, war allerdings nicht mehr so optimistisch wie beim letzten Mal.

In der verflixten 7. Woche blutete ich wieder und suchte umgehend Hilfe bei dem mir sehr sympathischen Arzt, der im Mai die Ausschabung durchgeführt hatte. Alles war noch im grünen Bereich, das Herzchen schlug fleißig, und er machte mir Hoffnung (wenn auch nicht zu große). Ich verlor auch dieses Kind in der 7. Schwangerschaftswoche.

»Ich dachte, wenn ich das nächste Mal gleich Gelbkörperhormone nehme, wird alles gut ausgehen«

Bei diesem Arzt bin ich geblieben, enttäuscht von meinem früheren Gynäkologen und voller Wut, dass der mir nicht schon bei den vorherigen Schwangerschaften Gelbkörperhormone verschrieben hatte.

Es folgte eine genetische Untersuchung, die wohl immer empfohlen wird, wenn mehrere Fehlgeburten nacheinander vorliegen. Alles in Ordnung! Man stellte bei mir lediglich einen Folsäuremangel fest. Seither nehme ich täglich Folsäure, fünf Milligramm, das ist eine stärkere Dosis als üblich. Auch schlug man mir vor, bei Folgeschwangerschaften Aspirin einzunehmen, zur Blutverdünnung. – Okay, das hörte sich ja alles nicht schlecht an. Also los, dachte ich, versuchen wir weiter unser Glück!

Im Mai 2006 hatte ich eine bestimmte Vermutung, und die wurde nach einer Blutuntersuchung aufs Schönste bestätigt: Schwanger! Konnte ich mich jetzt überhaupt noch freuen? Aber ich hatte ja Hoffnung, fing nämlich sofort mit dem Gelbkörperhormon an und war überaus optimistisch, dass mit dieser Hilfe dieses Mal alles gut geht.

Endlose Enttäuschung – schon ein paar Tage später, Ende der 5. Woche, nahm mein fünftes Baby Abschied. Also hatte das Hormon meinem Kind und mir nicht helfen können. Nein! Bitte, wieso denn nicht??? Was hab ich denn verbrochen? Wieso denn immer ich? Fragen wirbelten in meinem Kopf. Ich fühlte mich so allein. Keiner konnte mir raten, auch mein Arzt nicht. Letztlich meinte er, vielleicht sei diesmal wirklich etwas nicht in Ordnung gewesen mit dem Winzling. Reiner Zufall! Beim nächsten sieht's bestimmt anders aus ...

Ich rappelte mich also wieder hoch! Von Mal zu Mal fiel es mir schwerer!! Aber es hilft ja nichts – da muss ich durch! Man bekommt ja auch vom Umfeld kaum Verständnis, wenn man »um so was« trauert. Kommentare wie »das war ja noch gar nix ...« waren sicher gut gemeint, aber sie taten so weh – und ich konnte das nicht mehr hören! – Wir haben weiter probiert, Monat für Monat, und lebten irgendwie immer nur von Regel zu Regel.

Ein paar Tage vor Weihnachten 2006: der nächste positive Schwangerschaftstest! Ich machte gleich noch einen zweiten (zur Sicherheit) und einen Tag später den dritten. Alle positiv. Vorsichtshalber griff ich zum Gelbkörperhormon ...

»Wir sangen ›Stille Nacht‹, und zwischen der zweiten und dritten Strophe verkündete ich unsere frohe Botschaft«

Es war der erste Weihnachtsfeiertag, und er war so schön. Ich spielte auf der Heimorgel, und wir sangen mit unseren Familien »Stille Nacht«. Zwischen der zweiten und dritten Strophe stand ich auf und verkündete unsere frohe Botschaft. Dieses Mal wird sicherlich alles gut gehen, dachte ich.

Auf dem Ultraschallmonitor sah es auch ganz danach aus. Man konnte sogar schon die Fruchthöhle erkennen. Ich war mehr als optimistisch! Eine Woche danach hatte ich jedoch ein ganz komisches Gefühl, auch das Spannen der Brust war weg. Vom Arzt wollte ich jetzt eigentlich nur hören: »Alles okay, Sie haben sich ganz umsonst Sorgen gemacht, schaut super aus!« Aber das sagte er nicht und wurde ganz still. Irgendwas war nicht in Ordnung!

Mein Baby (beziehungsweise die Fruchthöhle) hätte zu diesem Zeitpunkt schon um einiges größer sein müssen. Wachstumsstillstand? Jetzt könne man nur abwarten, meinte der Gynäkologe, es sei noch nichts verloren, aber ich solle mir besser nicht zu große Hoffnungen machen.

Ich konnte nur noch heulen, denn ich fühlte es, ich ahnte es: Auch dieses Kind wird nicht lebend zur Welt kommen. Als auch noch Schmierblutungen einsetzten, wusste ich: Es war vorbei.

Mein Frauenarzt machte umgehend einen Ultraschall – und was sehe ich? Ein Herzchen, das schlägt!!! Die Fruchthöhle war zwar nicht gewachsen, aber das Baby! Es war noch da, und wie es da war! Mein Arzt staunte. Ich sei ein Phänomen, und sowas wie mich habe er noch nie gehabt! Jaja, danke fürs Kompliment – ich wäre aber lieber ganz normal und möchte das Kleine auch ganz normal austragen können. Will kein Phänomen sein! Mein unerschütterlicher Optimismus siegte über alle Zweifel; ich wollte wieder hoffen, und ich hoffte wieder – auf ein gesundes Weiterleben meines so starken Kindes im Bauch. Es hatte so viel Lebenskraft, und die wollte ich auf jeden Fall mit aller Macht unterstützen.

Aber die Blutungen wurden schlimmer. Man kann sie einfach nicht aufhalten, auch wenn man das noch so sehr möchte. Der Wille allein zählt halt nicht! Es war grauenvoll – auch mein sechstes Baby ging zu den Sternen. Ich konnte ihm nicht helfen und hatte ein schlechtes Gewissen. Vielleicht spürte es, dass ich es schon abgeschrieben hatte? Vielleicht war ich doch mit daran schuld? Nein, es hat bestimmt gefühlt, wie sehr ich es geliebt habe, die kurze Zeit, in der ich es in mir haben durfte.

»Ohne die Gründe für all meine Fehlgeburten zu kennen, wollte ich auf keinen Fall wieder schwanger werden«

Ich brauchte jetzt endlich Gewissheit, und mein Arzt versprach mir, sich kundig zu machen und mir dann Bescheid zu geben, an wen ich mich wenden könnte. Nach vielen langen Wochen war er »immer noch nicht dazu gekommen«! Spinnt der? Was meint er denn, um was es hier geht? Ich konnte es nicht fassen. Aber dann dachte ich mir: Wenn er mir nicht helfen kann oder will, dann such ich eben selber. So kam ich an eine Praxis, die auf »schwierige Fälle« spezialisiert ist. Dort arbeiten mehrere Ärzte, einer sogar mit »Professortitel«. Der muss sich jetzt doch auskennen, sagte ich mir und machte hoffnungsvoll einen Termin.
Mein Frauenarzt war begeistert: »Ja, den Professor W., den kenne ich ganz gut!« Ist denn das zu fassen!? Da kennt er den und sagt mir nix davon, lässt mich stattdessen in den »Gelben Seiten« blättern und das Internet durchforsten. Na ja, Schwamm drüber!
Im April nahm man meinem Mann und mir jede Menge Blut ab für diverse Tests, aber erst nach langer Zeit, im Mai, kam das Ergebnis: Es ist irgendeine Immunsache – mein Körper erkennt einfach nicht, dass er schwanger ist, tut also nichts, um diese Schwangerschaft zu schützen. Der Professor gab mir ein sehr einleuchtendes Beispiel. Er sagte: »Stellen Sie sich vor, Sie sind taub und Ihr Baby, das im Nebenraum liegt, hat Hunger. Sie können das nicht wissen, da Sie es nicht sehen und auch nicht schreien hören können. Es müsste also verhungern!«
So oder so ungefähr war es auch mit meinen Kleinen im Bauch. Schrecklich, oder? Sie sind gestorben, weil mein Körper nicht erkannt hat, dass sie da sind. Sie wären wahrscheinlich alle gesund gewesen, aber ich habe ihnen nicht geben können, was sie brauchten. Ich weiß, dass ich nichts dafür kann, aber ich frage mich doch manchmal, warum ich das nicht schon viel früher habe untersuchen lassen.

Warum meine Tochter ohne Komplikationen auf die Welt kam? Sie hat sich vermutlich als Embryo jene väterlichen Zellen »geholt«, die mein Körper »erkannte« und durch die er sich somit auf die Schwangerschaft einstellen konnte.

Für mich ist meine Tochter Lara-Sophie schon immer ein Wunder gewesen. Trotzdem: Die Hoffnung, ihr irgendwann ein Geschwisterchen zu schenken, blieb bei mir unerschütterlich bestehen. Aber nach der sechsten Fehlgeburt wollte ich nicht mehr einfach nur abwarten, sondern etwas Konkretes tun. Deshalb suchten mein Mann und ich eine Kinderwunschpraxis auf, in der man uns sprichwörtlich von Kopf bis Fuß durchcheckte. Im Endeffekt kam jedoch nichts Besonderes dabei heraus. Wir sollten aber bei einer eventuellen nächsten Schwangerschaft sofort kommen, damit in kurzen Abständen mein Hormonstatus überprüft und mir gegebenenfalls Medikamente verabreicht werden konnten.

Im Oktober 2007 verlor ich schließlich in der 5. Schwangerschaftswoche mein siebtes Baby – noch bevor ich überhaupt in die Kinderwunschklinik fahren konnte. Im April 2008 war ich erneut schwanger und wurde sowohl von der Kinderwunschpraxis als auch von meiner Frauenärztin engmaschig kontrolliert. Es war soweit alles in Ordnung. Die Angst war zwar sehr groß, aber ich hatte wegen verschiedener Medikamente, wie etwa Folsäure, Progesteron oder Schilddrüsentabletten, sehr große Hoffnung auf ein gutes Ende. Ich kam sogar bis über die 12. Schwangerschaftswoche hinaus, wollte gerade anfangen, uneingeschränkt optimistisch in die Zukunft zu blicken, als der Termin zur frühen Feindiagnostik anstand. Und da wurde leider festgestellt, dass unser Baby »große Anomalitäten« aufweist. Kann irgendjemand auch nur ansatzweise nachempfinden, wie mein Mann und ich uns fühlten, nachdem die Ärztin diese Worte ausgesprochen hatte? Der Boden unter meinen Füßen schien sich zu öffnen, ich schrie und schlug mir ins Gesicht, um aus diesem furchtbaren Albtraum aufzuwachen. Aber es war kein Traum, es war das wirkliche Leben!

Die nachfolgende Chorionzottenbiopsie ergab, dass das Baby – es sollte ✦LUKAS✦ heißen – unter Triploidie litt. Das bedeutet, jedes Chromosom ist drei- statt zweimal angelegt, und somit ist das Kind nicht lebensfähig. Das war eine furchtbare Situation. Wir hatten die Wahl, entweder zu warten, bis es von allein stirbt, oder die Geburt einleiten zu lassen, um so die Schwangerschaft abzubrechen. Ich erfuhr, dass die allermeisten Babys noch im Mutterleib sterben, einige bei der Geburt. Nur ganz wenige Babys überleben ein paar Stunden. Außerdem konnte mir kein Arzt versichern, dass mein Kind keine Schmerzen hat.

Wir entschieden uns für die Geburtseinleitung. Ich konnte und wollte nicht weiter schwanger sein mit der Gewissheit, das kleine Wesen in meinem immer größer werdenden Bauch nie gesund und munter in den Armen halten zu dürfen. Der Gedanke an eine normale Geburt war für mich schier unerträglich, noch dazu schon einige Tage nach der Diagnose. Wie sollte ich diese Zeit überstehen?

Zum Glück war ich damals schon in einem Forum für Sternenkinder angemeldet und meine Mädels haben mir wirklich sehr geholfen. Das gilt natürlich auch für meine Familie! Ich habe mich bewusst von ✚LUKAS✚ verabschiedet und die uns verbleibende Zeit intensiv genutzt. Der Name ✚LUKAS✚ bedeutet »der Leuchtende«, denn er ist von meinen Sternchen der größte! Und so fuhr ich gefasst in die Klinik, in der ✚LUKAS'✚ Geburt eingeleitet werden sollte. Und doch war ich furchtbar traurig und voller Angst, was auf mich zukommen wird.

»Das Bussi, das ich ihm auf sein Köpfchen gab – noch heute fühle ich es auf meinen Lippen!«

Am 1. Juli 2008 um 9.45 Uhr ist ✚LUKAS✚ zur Welt gekommen und gleichzeitig in den Himmel gegangen. Er wurde in ein Tuch gewickelt, das meine Tochter Lara-Sophie und ich vorher bemalt hatten. Ich tupfte ihm ein Kreuzzeichen mit Weihwasser auf die Stirn, wir haben eine Kerze angezündet, ganz viele Fotos gemacht und versucht, diese kurze Zeit mit ✚LUKAS✚ so bewusst zu erleben, dass wir die Erinnerungen und Eindrücke unser Leben lang nicht mehr vergessen können und werden. Das Bussi, das ich ihm auf sein Köpfchen gab – noch heute fühle ich es auf meinen Lippen! Und in meinem Herzen! Auch die Menschen in der Klinik trugen auf ihre mitfühlende Art dazu bei, einen wirklich würdevollen Abschied von Lukas möglich zu machen.

Wie ging es weiter? Im April 2009 hatte ich abermals eine Fehlgeburt und im Juli 2009 verließ mich unser zehntes Baby. Im November 2009 war ich wieder schwanger und diesmal spritzte ich mir noch zusätzlich Granozyte, um den Wachstumsprozess zu unterstützen. Beim Ultraschall in der 10. Schwangerschaftswoche im Januar 2010 stellte sich dann heraus, dass das Herzchen unseres Babys nicht mehr schlägt. Keiner konnte es sich erklären, aber die Untersuchung ergab: Auch dieses Kind litt an Triploidie.

Danach verdrängte ich jeden weiteren Kinderwunsch, genoss meine kleine Familie und dachte immer an die Worte, die mir mein Mann geschenkt hatte: »Manchmal

verpasst man das kleine Glück, während man vergeblich auf das große wartet.«
Für meine elf Sternchen wünsche ich mir, dass es ihnen im Himmel gut geht, ja,
ich bin sogar überzeugt davon! Und sie können dort ganz stolz erzählen, wie sehr
sie auf Erden geliebt werden.

Anetts Geschichte: »*Da lag ich —* *und meine Welt brach zusammen*«

Ich bin 25 Jahre jung und eine Sternenmutter. Alles begann im Januar 2006. Mein
Freund und ich wollten Eltern werden und fingen an zu üben. Allerdings wussten wir
auch, dass unsere Familie und einige Freunde dies nicht verstehen und, sobald sie
davon erfuhren, uns mit Fragen löchern würden. Also sagten wir nichts und übten
heimlich weiter.

Nie im Leben hätten wir damit gerechnet, nur ein paar Monate dafür zu brauchen:
Obwohl ich pünktlich am 1. April meine Periode hatte, war ich bereits schwanger,
nur wusste ich es nicht; wir wunderten uns nur darüber, dass ich auf einmal mein
Lieblingsessen verschmähte und mir schnell übel wurde. So machte ich heimlich einen Test – zehn Tage nach meiner Periode – und konnte es gar nicht glauben, so
schnell hatte er sich positiv verfärbt!

Ich war schwanger – es kommt mir wie gestern vor –, und mein Körper prickelte
vor Glücksgefühlen. Aber auch etwas Unsicherheit und Angst waren in mir. Würde
alles gut gehen? Würde mein Baby gesund auf die Welt kommen? Bin ich wirklich
schwanger? All diese Fragen wirbelten in meinem Kopf herum. Vor allem die eine:
Wie sagst du es deinem Freund und der Familie?

Nach dem Test wollte ich 100-prozentige Gewissheit, denn ihm mochte ich nicht so
ganz trauen, und rief bei meinem Frauenarzt an. Er war im Urlaub. So meldete ich
mich bei der Vertretung an und bekam gleich für den nächsten Tag einen Termin.
Die Zeit bis dahin schien mir so lang ...

Ich brauchte frische Luft und bin in die Stadt gefahren. Dort kam mir die Idee, wie
ich es meinem Freund sagen könnte: In einem Bekleidungsgeschäft entdeckte ich
niedliche hellblaue Winnie-Puuh-Babysöckchen im »Sonderangebot«, kaufte ein
Paar samt kleiner Geschenktüte, düste los, meinen Schatz abzuholen, und war
ganz gespannt auf seine Reaktion!

Er ahnte schon etwas, schließlich lebten wir bereits ein paar Jahre zusammen, und wusste gleich, was los war, als er die Söckchen sah. Er freute sich ebenfalls, und dann sind wir zur Feier des Tages ins Kino gefahren. Es sollte mich ein bisschen ablenken und die Zeit vertreiben.

Endlich war der nächste Morgen da, und ich bekam von der Vertretungsärztin bestätigt, dass ich schwanger bin. Sie freute sich mit mir und fragte mich, ob wir denn mal nachschauen wollen ... Wer kann da nein sagen? So erhielt ich das erste Ultraschallbild von meinem »Bauchbewohner«: Alles war in Ordnung, und die Ärztin gratulierte mir. Damit war es amtlich: Wir bekommen ein Baby! Ich konnte mein Glück kaum fassen, wir überlegten, wann wir es unserer Familie sagen wollten und entschieden uns dafür, die ersten zwölf Wochen zu warten.

Doch einen Tag später änderte sich meine Meinung. Meine Freundin rief mich an. Sie wollte unsere Verabredung für den nächsten Tag absagen, weil sie einen wichtigen Arzttermin hatte – und plötzlich erzählte sie mir, dass sie schwanger sei, in der 5+6 Schwangerschaftswoche, Entbindungstermin 7. Dezember, und ich antwortete nur: »Und ich 5+4 Schwangerschaftswoche, Entbindungstermin ist der 9. Dezember.« Darauf kam von ihr die erstaunte Frage, wer denn schwanger sei, und ich wiederholte, dass ich es sei.

Noch heute erinnern wir uns beide gern an dieses Telefonat, mit dem unsere Freundschaft noch stärker geworden ist. Sie redete mir auch zu, es ruhig schon der Familie zu erzählen, sie würden sich bestimmt alle freuen.

Nur zu gern ließ ich mich überreden, und so beschlossen mein Freund und ich, am Ostersonntag – der ja vier Tage später war – die Familie einzuweihen. Wir kauften als Osterüberraschung hübsche kleine Eier aus Metall und legten jeweils ein kleines Babysöckchen hinein.

Doch es kam anders. Am Samstag ging es mir auf einmal blendend, keine Übelkeit, keine schmerzenden Brüste und kein Ziehen im Unterleib. Das kam mir komisch vor. Und dann der Schock auf der Toilette: viel helles, frisches Blut. Ich habe nur noch meinen Schatz geschnappt, und wir beide sind ins Krankenhaus gefahren. Voller Panik, dass jetzt alles vorbei sei, kamen wir dort an. Eine sehr liebe und verständnisvolle Ärztin hatte Dienst und kümmerte sich um mich. Als Erstes wurde ein Ultraschall gemacht – und mein Kind war noch da. So konnte der werdende Papa sein Baby das erste Mal sehen. Aber die Blutungen machten auch der Ärztin Sorgen, und sie nahm mich stationär auf.

»Ich blieb im Ungewissen und hoffte darauf, dass mein kleiner Kämpfer nicht aufgibt«

In unserer Eile hatten wir nichts für mich mitgenommen, und so mussten wir die Eltern von meinem Schatz anrufen. Sie wussten nicht, was los war, nur, dass sie ins Krankenhaus kommen sollen. Kaum da, fragte meine zukünftige Schwiegermutter, ob wir sie zur Oma machen. Wir sagten »vielleicht« und dass wir die nächsten Tage abwarten müssten.

Doch es war Ostern, und so passierte nichts weiter, außer, dass sich meine Blutungen verstärkten und ich Magnesium und Bettruhe verordnet bekam. Ostermontag war es mir zu doof, im Krankenhaus zu liegen; das konnte ich auch zu Hause. Die diensthabende Ärztin entließ mich ohne Probleme, aber auch ohne eine Diagnose und meinte, ich solle mich morgen bei meinem Frauenarzt vorstellen. Mit dem Gefühl, mein Baby verloren zu haben, fuhr ich heim und am nächsten Tag zum Arzt. Er war sehr nett zu mir und meinte: »Wir machen jetzt erst mal einen Ultraschall.« Und mein Kleines war noch da, es war für die Zeit groß genug, und alles sah okay aus. Nur das Herzchen schlug nicht ... Ich wusste nicht, was das bedeutet, und fragte nach. Er erklärte, dass das Herzchen ab der 7. Woche schlagen sollte, aber manche Babys etwas länger brauchten. Ich solle am Freitag wiederkommen. So blieb ich bis dahin im Ungewissen und hoffte darauf, dass mein kleiner Kämpfer nicht aufgibt.

Und er gab nicht auf! Dieses Gefühl, auf dem Ultraschallmonitor ein pochendes Herzchen zu sehen, ist unbeschreiblich. Ich hätte es mir stundenlang ansehen können, und auch bei den nächsten Ultraschalluntersuchungen habe ich es mir immer am liebsten angeschaut. Nach diesem heftigen Schock war ich natürlich sehr ängstlich besorgt um mein Baby und kritisch mit meinem Arzt ...

So kam es dann in der 10. Woche zu einem Frauenarztwechsel. In dieser Woche war auch »Tag der offenen Tür« in einer Hebammenpraxis, und ich lernte die zwei wichtigsten Hebammen meiner Schwangerschaft kennen: einmal die Hebamme, bei der ich meinen Geburtsvorbereitungskurs und die Nachsorge hatte, und die zweite Hebamme, die mich bei der Geburt begleitet hat. Zeitgleich bekam unser »Bauchbewohner« auch den Namen ✦FRUCHTZWERG✦, und ich begann, meine Schwangerschaft zu genießen.

Alle Erfahrungen tauschte ich mit meiner Freundin aus, wir meldeten uns zusammen beim Geburtsvorbereitungskurs für Paare an, obwohl unsere Männer überhaupt nicht begeistert waren. Wir schrieben uns E-Mails und telefonierten stundenlang, dabei wohnen wir keine vier Kilometer auseinander. Aber so individuell, wie eine Schwangerschaft ist, so individuell wächst auch der Babybauch, der Stolz einer Schwangeren – und ich sah neidisch, wie ihr Bauch immer riesiger wurde, während mein Bäuchlein noch gut zu verstecken war.

Doch mit jeder Woche, in der mein Bauch wuchs, störte es mich weniger. Und der Neid nahm auch ab, denn ich merkte, dass diese riesige »Kugel« auch eine Last ist. Und so war das kein Problem für unsere Freundschaft.

»Mir war es egal, ob es ein Junge oder ein Mädchen wird«

Wir genossen es, die Schwangerschaften zu vergleichen und unsere Sorgen zu zerstreuen. Unsere Babys waren sich sehr ähnlich, und so spürten wir beide relativ zeitgleich die ersten zaghaften Bewegungen unserer »Bauchbewohner«. Es tat so gut, diese Erfahrungen zu teilen und jemanden zu haben, dem es ähnlich ging. Wir hatten auch viele Gespräche über die Zukunft mit unseren Kindern. Mir war es egal, ob es ein Junge oder ein Mädchen wird, obwohl unser ✦FRUCHTZWERG✦ es uns immer wieder zeigen wollte. Aber mein Frauenarzt hat den Bereich auf unseren Wunsch immer ausgeblendet – ich wollte sowieso nur das pochende Herzchen sehen. Während meine Freundin es gerne wissen wollte und einige Ultraschalluntersuchungen brauchte, bis klar war, dass es ein Junge wird. Das war so ein Moment, bei dem ich überlegte, ob ich es auch wissen möchte. Ich entschied mich aber dagegen. Auch heute würde ich mich jederzeit wieder so entscheiden. Langsam wurde es immer realer, dass wir ein Baby bekommen, und so fingen wir an, nach und nach die nötigen Dinge zu kaufen und uns einzurichten. Dies passierte natürlich als Paar – gemeinsam mit meiner Freundin und ihrem Partner. Zu viert stöberten wir in Babyfachmärkten herum und zeigten uns gegenseitig unsere Schätze. Das machte es immer begreifbarer für uns, und ich genoss es, die Bordüre im zukünftigen Kinderzimmer anzubringen.

Dass alles ganz anders werden sollte und ich fünf Monate später dieses Zimmer sternengelb streichen würde, war für mich nicht möglich.

Am Anfang der 25. Schwangerschaftswoche bekam ich mein erstes CTG (Herzton- und Wehenschreiber), um die Wartezeit vom Schwangerschaftsdiabetestest zu verkürzen. Leider war mein ✦FRUCHTZWERG✦ davon gar nicht begeistert und verkrümelte sich so, dass man die Herztöne noch nicht aufzeichnen konnte. Aber der Test fiel negativ aus, und so wurde wieder einmal bestätigt, dass alles im grünen Bereich und mein Baby gesund und munter sei. Die Untersuchung war, wie immer, hervorragend und kein Grund zur Sorge. Ich konnte es ohne Probleme akzeptieren, nur zu den allgemeinen Vorsorgeuntersuchungen zu gehen, und hielt nichts von den Ratschlägen meiner Umwelt, mir fiktive Beschwerden auszudenken, damit eine zusätzliche Ultraschalluntersuchung stattfindet. Keine drei Wochen nach meinem ersten CTG bekam ich mein zweites, außerplanmäßiges und hörte zum ersten Mal die Herztöne. Ein schönes Gefühl, und ich hätte es mir zu gerne aufgezeichnet. Das CTG wurde übrigens gemacht, nachdem ich nach einem Spaziergang mit meiner Freundin unter starken Schmerzen litt. Ich kann es gar nicht mehr beschreiben – man lief wie auf Eiern, jeder Schritt tat weh.

Allerdings wusste ich auch, dass es meinem Baby gut ging, denn die »Boxer« bekam ich weiterhin, und ich spürte, wie mein Zwerg turnte. Er war ein quicklebendiges Kerlchen und wollte bestimmt später mal im Zirkus arbeiten. An diesem Tag bekam ich die Diagnose »Symphysenlockerung«: Durch die Schwangerschaft hatte sich mein Becken zu weit gedehnt und das Schambein gelockert ... die Ursache der Schmerzen. Nicht schön, aber ungefährlich für das Baby.

Mittlerweile besuchte ich schon den Geburtsvorbereitungskurs, und die Hebamme meinte zu mir, das wäre nicht schlimm; wahrscheinlich würde ich aber einen frühzeitigen Kaiserschnitt bekommen. Das war so gar nicht in meinem Sinn, aber beim Blick auf den Kalender stellte ich fest, dass es noch zwölf Wochen bis zum Entbindungstermin waren, und dachte: Abwarten, wer weiß, wie schlimm es noch wird – und es wurde noch unangenehmer. Je größer mein kleiner Untermieter wurde, desto stärker war natürlich auch die Belastung auf dem Schambein. So kam es, dass ich mich an den Gedanken eines frühzeitigen Kaiserschnitts gewöhnte und im Stillen schon den passenden Termin aussuchte.

»Meine Freundin und ich waren uns sicher, dass wir unsere Kinder gleichzeitig bekommen werden«

Langsam stand auch die Frage an, wo wir entbinden wollten. Denn meine Freundin und ich waren uns sicher, dass wir unsere Kinder gleichzeitig bekommen würden, und lachten immer über die Vorstellung, wie wir beide in zwei Kreißsälen liegen und uns gegenseitig zurufen würden, wie weit es ist.

So besuchten wir zu viert mit unseren Männern ein Krankenhaus in der Umgebung, das mit Wannengeburten wirbt. Es wurde ein Filmchen von der Geburt gezeigt, und unsere Männer wurden immer bleicher im Gesicht. Anschließend Krankenhausbesichtigung. Am Anfang waren wir von der Klinik begeistert, aber nachdem man dann noch andere Häuser gesehen hatte, wurde man kritischer – und ich entschied mich gegen sie.

Der dort gezeigte Film über die Geburt brachte meinem Freund die Frage ein, ob er wirklich dabei sein möchte. Er war sich nicht ganz sicher, und ich wollte ihn auch zu nichts zwingen; daher verabredeten wir, einfach abzuwarten und zu schauen, wie es sich ergibt. Denn beim Kaiserschnitt wollte ich ihn nicht unbedingt an meiner Seite haben.

In der 30. Schwangerschaftswoche bekam meine Freundin plötzlich frühzeitige Wehen, und ich besuchte sie im Krankenhaus. Wir wussten genau, wie gut die Überlebenschancen zu dem Zeitpunkt waren und dass sie in guten Händen war. An dem Abend fand dort auch eine Informationsveranstaltung für werdende Eltern statt, die wir mal wieder zu viert besuchten. Dort traf ich auch die Oberärztin, die mir vorschlug, in der 34. Schwangerschaftswoche vorstellig zu werden. Dann würde ein Ultraschall gemacht und entschieden, wie es weitergeht.

Am Ende der 33. Schwangerschaftswoche ging ich zur Vorsorgeuntersuchung, und alles war (wie immer) in Ordnung. Das CTG war unauffällig, und es gab auch keine Wehen zu verzeichnen. Ich freute mich schon darauf, dass es nun nicht mehr lange dauern würde, bis ich wüsste, wann mein Baby auf die Welt kommt.

Doch zwei Tage später hatte ich morgens beim Aufwachen ein komisches Bauchgefühl. Es war ein Samstag, und mein Freund war wach und machte Frühstück. Ich spürte einen Bauchtritt, der sich anders als sonst anfühlte. Denn mit Tritten und Drehungen war ich verwöhnt. Wenn ich morgens bei meinem Frauenarzt die Lage vom ✦FRUCHTZWERG✦ bestimmt bekommen habe, hieß es »Schädellage«, am gleichen Abend bei der Hebamme im Geburtsvorbereitungskurs »Beckenendlage«. Und dieses Spiel spielte mein kleines Baby jeden Tag mit mir, manchmal sogar den ganzen Tag durch – und ich dachte immer, wann es denn endlich mal etwas ruhiger wird.

Aber zurück zum Samstag: Der Tritt war komisch, und danach war dann auch erst mal Ruhe. Wir waren gut beschäftigt, und ich achtete nicht auf weitere Bewegungen. Dazu kam, dass ich Medikamente gegen eine eitrige Mandelentzündung nehmen musste und mich nicht wohl fühlte.

Abends rührte sich wieder dieses ungute Bauchgefühl, ich fragte mich, wann unser ✦FRUCHTZWERG✦ sich das letzte Mal gemeldet hatte, und konnte es gar nicht klar sagen. Doch mein Schatz beruhigte mich, nachdem er das Gefühl hatte, mein »Bauchbewohner« bewegte sich. Nur zu gern ließ ich mich beruhigen und dachte mir: »Morgen wird der ✦FRUCHTZWERG✦ wieder aktiver sein ...«

Es gab ja während der Schwangerschaft immer wieder mal Tage, an denen unser Baby recht still war. Doch am Sonntag änderte sich nichts, aber ich wollte es nicht wahrhaben und noch bis zum nächsten Tag abwarten. – Und mein ungutes Gefühl sollte sich bestätigen ...

»Der Satz, vor dem ich mich immer gefürchtet habe!«

Alles beginnt am Montagmorgen, dem 23. Oktober 2006. Mein ungutes Bauchgefühl ist immer noch da, und ich habe das Baby immer noch nicht treten oder sich bewegen gespürt. Nach einem Anruf bei meiner Hebamme vom Geburtsvorbereitungskurs bin ich gleich in die Arztpraxis gefahren.

Dort versuchte erst die Praktikantin und dann die Arzthelferin Babys Herztöne per CTG zu erfassen. Das klappte nicht, doch die Arzthelferin meinte, sie hätte einen schwachen Tritt gespürt. So war ich dann nicht mehr so beunruhigt, auch wenn ich selber nichts gemerkt hatte. Aber schließlich war sie ja Profi.

Danach kam ich zum Vertretungsarzt, denn mein eigentlicher Frauenarzt war an dem Tag nicht anwesend. Dieser Vertretungsarzt wirkte recht entspannt und leicht übertrieben lustig ...

Doch dann passierte einer der schlimmsten Momente in meinem Leben: Er begann mit dem Ultraschall, und eine Arzthelferin betrat den Raum – der Arzt wurde immer ruhiger, und auch auf dem Ultraschallmonitor blieb es ganz still. »Wir haben keine Herzaktivität!« Das war der Satz, vor dem ich mich immer gefürchtet habe, ich wollte es nicht wahrhaben ... Da lag ich auf der Untersuchungsliege, und meine Welt brach zusammen!

Der Arzt fragte mich, wo ich denn ursprünglich entbinden wollte, und ich nannte ihm das Krankenhaus. Die Papiere wurden fertig gemacht, und ich konnte mich im CTG-Raum etwas sammeln und meinen Schatz anrufen, damit er mich aus diesem Albtraum rausholt. Aber es war leider kein Albtraum, sondern das wahre Leben ...

Der Anruf erreichte meinen Freund um Viertel nach zwölf. Meine zukünftige Schwiegermutter hat ihn zu mir in die Praxis gefahren und dann uns beide in die Klinik. Zum

Glück hatte ich die Tasche schon fast fertig gepackt, und so ging es zumindest zügig. Noch immer keimte Hoffnung in mir, dass das Gerät nicht so gut war und das kleine Herz doch noch schlug. Vor allem quälte mich die Frage: »Ist es ein Junge oder ein Mädchen?« Es braucht doch noch einen Namen.

Im Krankenhaus wurden wir gleich in die Anmeldung gebracht, und dorthin kamen dann auch die Chefhebamme und eine Ärztin. Beide kannte ich glücklicherweise schon, die Ärztin hatte Ostern die Aufnahme gemacht, und die Hebamme war am »Tag der offenen Tür« in der Hebammenpraxis gewesen. Ich mochte beide.

Aber auch die Ärztin stellte die gleiche Diagnose, und meine Hoffnung zerbrach. Ich erfuhr, dass ich mein Baby trotz »Beckenendlage« auf natürlichem Weg gebären muss. Im ersten Moment dachte ich »Das schaffe ich niemals«, doch Patrick stützte mich und tröstete: »Gemeinsam schaffen wir es.« Im Nachhinein bin ich auch froh darüber.

»Die Vorstellung, mein totes Baby im Bauch zu haben, war einfach zu grausam«

Während mir Blut für die Laborwerte abgenommen und ich für die Aufnahme vorbereitet wurde, versuchte mich die Hebamme zu trösten. Sie meinte, sie habe schon ein paar Geburten gehabt, bei denen das Baby tot war, und meist wusste man den Grund nicht. Aber eins hat sie dabei auch gesehen: dass diese Frauen diesem Schicksal nur einmal begegneten und sie später ein gesundes, lebendes Kind im Arm hatten. Doch das tröstete mich in dem Moment nicht, allein ihre ruhige Art, das liebevolle und geduldige Reden tat mir gut. Und ich vertraute ihr.

Dies alles passierte in der Mittagszeit, und ich wurde erst mal von der Geburtshilfe auf die gynäkologische Station gebracht. Leider gab es kein Einzelzimmer, und so bekam ich eine sehr schweigsame Zimmergenossin; aber ich wusste auch, sobald Wehen da waren, komme ich hier weg.

Gegen halb drei kam die Hebamme zu mir, untersuchte mich und gab mir das erste wehenauslösende Mittel. Es schlug schnell an, und ich hatte die Hoffnung, dass es wenigstens genauso schnell vorbeiginge. Denn die Vorstellung, mein totes Baby im Bauch zu haben, war einfach zu grausam.

Es sollte lange dauern!

Um die Wehen zu unterstützen und die Zeit totzuschlagen, begann ich mit Patrick den Flur auf und ab zu laufen. Ich glaube, ich bin damals dort mehr gelaufen als in den letzten Wochen zusammen. Während wir so liefen, schossen mir so viele Gedanken durch den Kopf, und ich konnte es noch immer nicht fassen, dass jetzt bald die Geburt stattfinden, aber mein Baby nicht leben sollte.

Es kam eine Frau vorbei, die mir auf den Rücken klopfte und meinte: »Kopf hoch, alles wird gut...« Noch heute spüre ich die Wut gegenüber dieser unwissenden Frau – was wusste sie davon, dass ich in diesem Moment mit einem toten Baby im Bauch auf die Geburt wartete? Was wusste sie davon, wie es ist, sämtliche Träume und Hoffnungen aufgeben zu müssen? Was wusste sie davon, das eigene Kind hergeben zu müssen, bevor man weiß, ob es ein Junge oder Mädchen ist? Nie in seine Augen geschaut zu haben oder ein Lachen zu hören? Nichts wusste sie davon, aber behaupten »alles wird gut«! Ich habe sie gehasst in diesem Augenblick, obwohl sie mich eigentlich nur trösten wollte. Doch sie verschwand auch wieder ganz schnell, und so blieben all diese Gedanken ungesagt.

Gegen fünf Uhr wurden die Schmerzen derart unerträglich, dass ich etwas dagegen haben wollte. Hätte ich gewusst, gleich ein gesundes Kind auf die Welt zu bringen, hätte ich es länger ausgehalten. Aber so... Warum sollte ich mich quälen? Die gleiche Meinung vertrat auch das Klinikteam. So wurde ich gegen halb sechs ins Wehenzimmer verlegt. Der Muttermund war schon leicht geöffnet, aber noch längst nicht so weit, dass man schätzen konnte, wann es vorbei ist.

Die Untersuchung war sehr, sehr schmerzhaft, denn meine Gebärmutter hatte sich noch nicht mal gesenkt – und mein Körper, mein Geist wollten noch nicht gebären. Deshalb wurde die Anästhesieärztin gerufen, damit ich meine PDA (Periduralanästhesie) bekomme und nicht mehr so leiden muss. Vor der Spritze in den Rücken hatte ich große Angst und zitterte vor Aufregung am ganzen Körper. Auch brauchte die Ärztin drei Versuche, bis die PDA richtig »saß«. Und mein armer Schatz musste vor der Tür warten und wusste nicht, was mit mir passiert. Aber wenigstens erhielt er etwas zum Abendessen, und die Ärztin sprach eine Weile mit ihm...

Die furchtbarste Nacht meines/unseres Lebens begann. Wir versuchten zu schlafen, bei gedämpftem Licht und leiser Musik – Stille hätte ich nicht ertragen, ebenso wenig wie absolute Dunkelheit. Auch spielte mein Körper verrückt, und ich schwankte ständig zwischen Frieren und Schwitzen. Patrick war damit beschäftigt, mich zuzudecken oder die andere Decke zu reichen. Auch musste er jedes Mal aufstehen, wenn ich mich drehen wollte, damit ich mich nicht mit den Kabeln (PDA und Tropf) verheddere. Dennoch schaffte ich es in den frühen Morgenstunden, den Schlauch der PDA aus dem Adapter zu ziehen. Das Schlimmste an dieser Nacht –

die unterbrochen war von Zäpfchen, einer weiteren PDA-Spritze, schmerzhaften (trotz Betäubung) Untersuchungen und dem Legen eines Blasenkatheters – war die Tatsache, dass sich die Quälerei so gut wie gar nicht gelohnt hatte. Der Muttermund war kaum weiter geöffnet.

Abgesehen vom quälenden Schmerz, dass mein Baby tot ist, waren die nächsten Stunden für mich die Hölle. Bis zu sieben Leute drängten sich im Untersuchungszimmer: der Arzt, ein absolut überforderter Student, eine Hebamme samt Schwester (die den Tropf hielten und mir Beistand leisteten), eine Schwester, die das »Besteck« reichte, eine Schwester, die den Papierkram erledigte ...

Allein diese Menschenmasse hat die Situation verschlimmert, aber ich hatte auch keine Kraft, mich dagegen zu wehren. Auch nicht gegen die mechanische Weitung des Muttermundes (um die Geburt voranzutreiben), bis der Arzt endlich einsah, dass es keinen Sinn hat. Ich war einfach hilflos ...

Die nächste PDA samt Wehentropf, ein weiterer Schritt der Geburt: Meine Fruchtblase zersprang. Ich fand es einfach nur grausam, denn es wurde immer wirklicher, dass gleich mein Kind ohne Lebenszeichen auf die Welt kommen sollte.

Die Zeit verstrich, ohne dass sich offensichtlich was tat. Wenigstens hörten sie auf, mich ständig zu untersuchen, ich konnte sogar frühstücken und bekam später auch Mittagessen. Aber meine Hoffnung, am gleichen Tag nach Hause zu dürfen, schwand dahin. Zwar bekam ich Wehen, aber man sagte mir, ich solle nicht dem Gefühl nachgeben zu pressen; man sagte mir auch, dass das Kind auf jeden Fall noch an diesem Tag auf die Welt komme.

»Noch zwei Presswehen, und das Baby war auf der Welt. Aber es kam kein Schrei, nur diese Stille ...«

Einerseits war ich froh, das zu hören, bedeutete es doch, dass dieser Albtraum bald vorbei war, aber andererseits wurde mir wieder schmerzlich bewusst, dass ich ein totes Baby gebären musste. Das Baby, auf das ich mich zusammen mit meinem Freund so gefreut und für das ich schon alles vorbereitet hatte.

Es muss gegen zwei Uhr gewesen sein, und tatsächlich sollte es keine zwei Stunden mehr dauern. Die Abstände zwischen den Wehen waren jetzt sehr kurz. Und dann begannen die »richtigen« Schmerzen, und die Geburt ging los. Patrick stützte mich dabei, und ohne ihn hätte ich es nicht so schnell geschafft. Alle feuerten mich an, und ich hatte das Gefühl, als wenn tausend Hände an und in meinem Körper waren. Mein Freund hatte mich im Arm und seinen Kopf an meinem – so konnte ich mich auf ihn konzentrieren. Dann brauchten wir nur noch zwei Presswehen, und das Baby war auf der Welt. In dem Moment war es für mich still, ganz, ganz still, und ich wartete darauf, mein Baby doch schreien zu hören. Dass alles nur ein Irrtum war und mein Kind doch lebt! Aber es kam kein Schrei, nur diese Stille – und mein Zimmer war ganz schnell (bis auf eine Ärztin und die Hebamme) leer.

Ich konnte gar nicht realisieren, dass ich in diesem Moment Mutter eines kleinen Jungen geworden bin – eines hübschen kleinen Jungen, der es »geschafft« hatte, sich die Nabelschnur zweimal um den Hals und einmal um den Körper zu wickeln. Er war 49 Zentimeter groß und 1995 Gramm schwer, ein schlanker Riese. Und als ich wenig später meinen Sohn ✝JANNIS✝ im Arm halten durfte, war das ein wunderbarer und schmerzlicher Augenblick zugleich. Er hatte einen ganz friedlichen Gesichtsausdruck, und man sah, dass er wenigstens keine Schmerzen gehabt hatte. ✝JANNIS✝ war einfach wunderschön, und als sich sein Mund öffnete, hoffte ich darauf, dass er Luft holt und gleich schreit – aber es passierte nichts …

So konnte ich nur sein Gesichtchen streicheln, seine langen, schlanken Finger bewundern und seine kleinen Händchen halten. Er war wirklich hübsch. Die Ohren waren perfekt, die Nase süß, und er hatte die Stirn von seinem Papa. So kann ich sein Gesichtchen sehen, wenn ich Patrick anschaue. Ich wollte ihn gar nicht mehr hergeben, aber es war ja sinnlos. Ich musste miterleben, wie sehr es meinen Schatz quälte, seinen toten Sohn anzusehen, ich konnte ihm diesen Schmerz nicht nehmen.

»Wir würden nie sein Lachen hören, seine Augen sehen oder erleben, wie er laufen lernt«

So grausam die Geburt auch war, so wichtig war sie für mich. Denn nur so wurde dieser Schicksalsschlag wirklich, und ich bekam die Möglichkeit, mich von meinem Kind zu verabschieden, das für immer einen Platz in meinem Herzen hat.

Irgendwann nahm meine Hebamme mir ✝JANNIS✝ ab, brachte ihn in eine kleine Wiege und bat die Schwester, eine Digitalkamera zu besorgen für das erste und letzte Erinnerungsfoto. Ich sah zu, wie sie Blümchen um meinen Schatz dekorierte, und versuchte, mir das kleine Gesichtchen einzuprägen. Da lag mein kleiner Sohn, der wochenlang in meinem Bauch getobt und von seinem Papa jeden Abend eine Geschichte vorgelesen bekommen hatte. Und jetzt würden wir nie sein Lachen hören, seine Augen sehen oder erleben, wie er laufen lernt.

Geschafft von dem Tag versuchte ich, früh einzuschlummern, doch vorher erlebte nicht nur mein Geist die Geburt noch einmal – und ich weinte mich in den Schlaf. Wie sollte es weitergehen?

Mittlerweile sind fast acht Monate nach der stillen Geburt vergangen, und eine schwierige Zeit liegt hinter uns. Einen Tag nach der Geburt durfte ich das Krankenhaus verlassen, und wir haben uns in der Kapelle von unserem Sohn verabschiedet. Eine Schwester hatte vorher noch mit uns gesprochen und auch gefragt, ob wir unseren Sohn beerdigen möchten. Damit waren wir überfordert und verneinten. So entließ sie uns und meinte, die Klinik würde sich um die Beisetzung kümmern. Zu Hause angekommen beschäftigte mich vor allem ein Gedanke: Was ist mit meiner Freundin, wie geht unsere Freundschaft weiter? Und eine meiner ersten Handlungen war, dass ich sie angerufen habe und sie daraufhin mit etwas zum Essen vor der Tür stand. Wir haben uns einfach umarmt, und in dem Moment wusste ich, unsere Freundschaft hält es aus. Sie hat mir zugehört und mit mir getrauert. Sie war einer der wenigen Menschen, die ich in der ersten Zeit in meiner Nähe ertragen konnte. Wobei ich eigentlich unheimlich Angst hatte, allein zu sein. Meine Hausärztin hatte deshalb auch meinen Freund krankgeschrieben. So war sicher, dass in den ersten Tagen jemand bei mir ist. Es war eine schlimme Zeit, ich hatte keine Ahnung, wie ich meinen Eltern mitteilen sollte, dass mein Sohn gestorben ist. Telefonisch konnte ich es einfach nicht. Also habe ich einen Brief geschrieben – aus der Sicht meines Sohnes – in dem er erzählt, was ihm passiert ist, und dass er sich dennoch auf uns gefreut hat. Diesen Brief zu schreiben tat mir gut…

Wenigstens körperlich erholte ich mich langsam von diesem Schock und genoss auch die Besuche meiner Hebamme. Indessen stellte die Klinik fest, dass es eine Änderung im Bestattungsgesetz gab, und teilte mir eine Woche nach der Geburt mit, dass wir unseren Sohn nun doch selbst bestatten müssten. Es war wie ein Schlag ins Gesicht.

»War ich vielleicht doch verrückt bzw. schwer depressiv und nicht nur in einer Trauerphase?«

Wir wollten keine Beerdigung und keinen Stein, aber unser Sonnenschein bekam ein kleines Kindergrab, und einen Tag nach der stillen Beisetzung haben wir es zum ersten Mal besucht. Und viele Tränen sind geflossen.

In dieser ersten Trauerphase kam mir dann ein Buch in die Hände, in dem »die Rechte des Kindes« standen, und ich bereute, es erst so spät gelesen zu haben. Einiges davon hätte ich im Nachhinein gerne gemacht. Zum Beispiel +JANNIS+ einen Strampler angezogen, den ich für ihn gekauft hatte; ihn viel länger bei mir behalten, ich hätte ihn sogar für eine kurze Zeit mit nach Hause nehmen können. Aber in der Situation damals war es für mich nicht möglich, weil ich unwissend und verschüchtert war.

Doch der Anruf aus dem Krankenhaus hatte auch etwas Gutes: Durch den Schock, unser Kind selbst bestatten zu müssen, kam ich aus meiner Starre heraus. Ich fing an, Klarheiten in unserer neuen Situation zu suchen, informierte mich über meinen Mutterschutz, Bestimmungen und Selbsthilfemöglichkeiten. So fand ich recht früh ein Forum, das sehr familiär ist und in dem ich mich gut aufgehoben fühlte. Dieses Forum ist noch heute sehr wichtig für mich – war es aber besonders am Anfang, denn ich geriet an einen Neurologen/Psychiater (meine Hausärztin hatte mir eine Gesprächstherapie empfohlen), der sich mit Trauerbewältigung anscheinend nicht auskannte, in seine Unterlagen schaute und fröhlich fragte, warum ich denn da wäre. Unter Tränen wollte ich ihm erläutern, dass mein Sohn gestorben ist, bevor ich auch nur einmal seine Stimme hören konnte, da klingelte sein Telefon, und er führte erst mal ein Privatgespräch! Nach drei weiteren Minuten stellte er dann die Diagnose, ich sei schwer depressiv und er habe nur zwei Möglichkeiten, mir zu helfen: Entweder nehme ich Antidepressiva oder lasse mich in ein Landeskrankenhaus einweisen.

Wir – Patrick hatte mich begleitet – verließen diesen Arzt sehr schnell, aber ich kam ins Grübeln. War ich vielleicht doch verrückt bzw. schwer depressiv und nicht nur in einer Trauerphase?? Durch das Forum und meine Freundin wurde ich aber beruhigt, und mir wurde empfohlen, eine Psychotherapeutin zu suchen. Aber nach der Erfahrung wollte ich so schnell keinen Mediziner mehr sehen!

Allerdings wurde ich durch das Forum und Flyer aus der Klinik auf einen Verein aufmerksam, den ich nach dem Motto »schlimmer kann es nicht mehr werden« anrief. Am Telefon bekam ich gleich einen Termin beim dortigen Seelsorger, und wir sind wenige Tage später hingefahren. Aus dem Gespräch mit ihm habe ich sehr viel Kraft gezogen und fühlte mich verstanden.

Es machte mir auch Mut, weitere Hilfe zu suchen. Und ich begann, eine Homepage für +JANNIS+ zu gestalten. Denn ich möchte nicht nur, dass mein Sohn nie vergessen oder totgeschwiegen wird, sondern ebenfalls, dass vielleicht auch andere Frauen aus meinen Erfahrungen lernen können. Aber ich will auch, dass man meine Trauer akzeptiert und mir mein Schmerz zugestanden wird. Gerade Aussagen mit dem Inhalt, dass wir ja noch jung sind und noch Kinder bekommen können, sind in dieser Situation nicht hilfreich. Denn auch zwanzig Folgekinder machen das tote Baby nicht lebendig und löschen den Schmerz nicht aus.

Aber man ist auch sehr empfindlich geworden. Ich bin in der Anfangszeit sehr am Wasser gebaut gewesen und habe diese Tränen auch zugelassen. Denn ich spürte: Was ich jetzt nicht weine, muss später geweint werden. Und noch heute ist es so – wenn ich mir Tränen lange verkneife, weil es einfach nicht geht, holt es mich allerspätestens in einer ruhigen Minute ein, und ich muss weinen und die Trauer fließen lassen.

»Immer wieder taucht die Frage auf: Wie wäre es jetzt wohl, wenn Jannis bei uns lebte?«

Die Geburt von ✦JANNIS✦ hat mich sehr verändert. Wollte ich davor noch Lehramt studieren, so ist dieser Wunsch weg. Ich habe mir eine neue Arbeitsstelle gesucht. Nichts Tolles oder Besonderes, aber es ist erst mal was ganz anderes. Und ich bin mir sicher, dass Patrick der richtige Mann an meiner Seite ist. So kam es, dass wir uns drei Monate nach der Geburt verlobt haben und im Sommer heiraten wollen. Es gibt keine Zweifel mehr »Ist er wirklich der Mensch, mit dem ich alt werden möchte?«. Ich weiß es, er ist so wichtig für mich, und wir sind für immer durch unseren Sohn miteinander verbunden.

Inzwischen mache ich eine Kurzzeittherapie. Es hat zwar drei Monate gebraucht, bis ich meine Therapeutin gefunden habe, aber es war nicht zu spät. Sie konnte mir wirklich helfen, und die Sitzungen tun mir gut, denn sie ist eine Außenstehende, die den objektiven Blick wahren kann und mir hilft, eigene Lösungen zu finden, über die ich vorher stundenlang gebrütet habe.

Doch es gibt noch eine ganz klassische Frage, die ich oft – direkt oder indirekt – gestellt bekomme: Was ist mit deinem Kinderwunsch? Gerade in der Familie hat man manchmal das Gefühl, es wird nur darauf gelauert, dass ich endlich wieder schwanger werde. Vielleicht auch mit der Hoffnung, dass ich dann nicht mehr so traurig bin. Aber kurz nach der Geburt wollte ich gar keine Kinder mehr haben. Nie wieder wollte ich diesen Schmerz noch einmal ertragen müssen. Gerade durch den Austausch mit anderen Sternenmüttern weiß man, was alles passieren kann.

Dann gab es eine kurze Phase, in der ich dachte: Jetzt erst recht!! Und dann gleich einen ganzen Stall voller Kinder. Aber noch nicht gleich. Das war auch gut so, denn diese Phase ist vorbei, und ich kann mir nicht vorstellen, mehr als zwei lebende Kinder zu haben.

Eine Schwangerschaft ist kein Kinderspiel, das weiß ich, und der vernünftige Part in mir möchte noch warten. Doch da ist auch der andere Part, der gerne ein Baby im Arm halten möchte und nicht gegen den keimenden Kinderwunsch ankämpfen mag. Da ist auch der Neid, wenn man glückliche Schwangere sieht oder stolze Mamis mit ihren Babys. Gerade in der ersten Zeit konnte ich das kaum ertragen. Es tut einfach weh! Mittlerweile ist das ein bisschen besser geworden, aber dass man sich für eine andere freut, ist noch ganz selten. Wobei ich keiner Frau wünsche, dass sie diese Erfahrung machen muss.

Immer wieder taucht auch die Frage auf: Wie wäre es jetzt wohl, wenn ✝JANNIS✝ bei uns lebte? Gerade zu Stichtagen oder wenn man ein Baby sieht, das ungefähr genauso alt ist. Es tut weh, wenn man wieder spürt, dass man diese Frage – genauso wie das Warum – nie beantwortet bekommt. An diesen Tagen haben die Gefühle Oberwasser und in mir ist eine Mischung aus Wut, Schmerz und Trauer. Dann bin ich besonders empfindlich und reagiere sehr gereizt auf meine Umwelt.

Leider sind viele Menschen sehr unsicher im Umgang mit trauernden Eltern und vermeiden das Thema, um uns nicht zu verletzen. Dabei will ich über meinen Sohn reden, denn nur so kann er nicht vergessen werden. Er hat auf seine Art und Weise unser Leben tief berührt. Während wir im »normalen« Leben langsam unseren Weg finden und ich meine Trauer bewusst verarbeite, gibt es auch immer noch die »besonderen« Tage.

»Statt eines Grabsteins haben wir ihm einen Holzstern gebaut und mit einer Kerze aufgestellt«

Zum Beispiel der errechnete Entbindungstermin von ✝JANNIS✝. Seine Geburt geschah ja sechs Wochen zu früh, und so war ich an diesem Tag nicht mehr schwanger. Doch bis dahin dachte ich immer wieder: »Eigentlich sollte er noch in meinem Bauch sein...« Und manchmal bildete ich mir sogar ein, noch sein Strampeln zu spüren. Doch mit diesem statistischen Datum wusste ich, dass meine Schwangerschaft jetzt auch zu Ende wäre. Ich hatte große Angst davor, was mir dieser Tag bringen könnte, doch er wurde recht schön.

Wir haben ihn bewusst unserem Sohn gewidmet. Statt eines Grabsteins haben wir ihm einen Holzstern gebaut und an dem Tag mit einer Kerze aufgestellt. Am Nachmittag fuhren uns die Großeltern zum Gedenkgottesdienst für Sternenkinder. Während die Oma mich dorthin begleitete und wir ohne Hemmungen unseren Tränen freien Lauf ließen, sind die Männer über den Weihnachtsmarkt gegangen. So hatte mein Schatz auch mal die Möglichkeit, etwas ohne mich zu unternehmen. Denn bis dahin konnte ich es kaum ertragen, allein zu sein. Auch nicht für fünf Minuten. Es war unerträglich für mich, und er wusste es nur zu gut.

Es war ein Gottesdienst voller Tränen, aber er hat mir auch Mut gemacht, tat mir gut und gab mir unheimlich viel Kraft. Als die Namen der Kinder verlesen wurden, wurde noch einmal deutlich, was passiert ist. Aber auch, dass wir nicht allein sind. Noch ein weiteres Ereignis hat diesen Tag geprägt, ein ganz besonderer Mensch wurde an diesem Tag geboren: der Sohn meiner Freundin. Der Spielkamerad unseres kleinen Sohnes hat gesund das Licht der Welt erblickt. Auch wenn der Start etwas schwierig war, geht es ihm jetzt prima, und er bringt viele Sonnenstrahlen ins Leben. ✦JANNIS✦ hat seinen Job richtig gut gemacht und auf den Kleinen aufgepasst. Auch wenn wir durch ihn immer wieder sehen, was wir nicht haben, so ist es doch schön, ihn zu besuchen. Meine Freundin erwartet nichts von uns und hat uns viel Zeit gelassen, ihn zu beschnuppern. Sie versteht, dass es Tage gibt, an denen es mir nicht so gut geht und ich den Kleinen nicht auf den Arm nehmen möchte.

»Sterne haben für mich heute eine ganz besondere Bedeutung«

Wenn es nach mir gegangen wäre, hätte Weihnachten ausfallen können. Aber die Welt geht nicht nach meinen Wünschen, und so haben wir versucht, etwas Weihnachtsstimmung in unsere Wohnung zu zaubern. Mein Schatz hat Kekse gebacken, die Wohnung war geschmückt und wir schauten viele Weihnachtsfilme. Sogar einen Baum hatten wir.

Und ich entdeckte einen großen Vorteil dieser Zeit: Sterne und Kerzen! Überall sah man Sterne und konnte Dinge mit Sternen kaufen. Seitdem haben wir einen kleinen Sternenvorhang und noch viel mehr Kerzen.

Sterne haben für mich seit ✦JANNIS✦ eine ganz besondere Bedeutung – schließlich spricht man auch von »Sterneneltern«, und für uns ist unser Sohn jetzt auf einem Stern. Aber nicht auf irgendeinem Stern, sondern auf SEINEM Stern, den sein Papa hat taufen lassen. Mein schönstes Weihnachtsgeschenk! Weihnachten und Silvester haben wir mit unseren Familien verbracht. Es waren schöne Tage, an denen alle auch an ✝JANNIS✝ dachten. So brannte Weihnachten eine große Sternenkerze, und Silvester gab es riesige Wunderkerzen nur für unseren Sohn, damit er sie auch gut sehen kann.

Diese Gesten, die uns auch zeigten, wir sind nicht alleine mit unserem Schmerz, auch andere vermissen unseren kleinen Stinker, taten uns richtig gut und gaben Kraft. Und das ist auch heute noch so ...

»Wir wollen unseren Sohn nicht vergessen. Aber langsam glauben wir wieder an die Zukunft«

Wir wollen unseren erstgeborenen Sohn nicht vergessen und auch nicht, dass er vergessen wird. Denn er hat uns viel Freude bereitet in der kurzen Zeit, in der er uns begleitete. Und wir sind froh, dass wir ihn kennen lernen durften.

Und doch müssen wir ohne ihn weiterleben, aber nicht »überleben«, sondern leben. Das versuchen wir so gut es geht, auch wenn es immer wieder Tage gibt, an denen die Sonne hinter riesigen schwarzen Wolken verschwindet und man das Gefühl hat, der Schmerz hört nie auf. Aber die Welt dreht sich immer weiter, und wir drehen uns mit. Und Schritt für Schritt geht es immer vorwärts. ... Langsam glauben wir wieder an die Zukunft – obwohl mein Trauerjahr noch nicht vorbei ist, spüre ich immer öfter, dass es noch viele schöne Momente in meinem Leben geben wird. Auch wenn mein Sohn gestorben ist, hat er doch viel bewirkt: Allein die Hochzeit wäre vor einem Jahr noch undenkbar gewesen. Und heute habe ich sogar schon das Kleid.

Unser Sohn ist einzigartig, und ich bin stolz auf ihn. Selbst wenn es mir manchmal noch schwerfällt, von ihm zu erzählen, hat er mein Leben tief berührt. Und ich weiß, dass ich ihn irgendwann wiedersehe – wenn meine Lebenszeit hier auf der Erde abgelaufen ist. Nicht früher, aber auch nicht später. Ich weiß auch, dass ich bis dahin für uns beide leben muss, damit ich ihm, wenn es so weit ist, alles erzählen kann. Er wird immer in meinem Herzen sein – und es vergeht nicht ein Tag, an dem ich nicht an meinen erstgeborenen Sohn ✝JANNIS✝ denke.

Hilkkas Geschichte: »Auf die Idee, dass etwas schiefgehen könnte, kam ich nicht«

Am Ende goss es in Strömen. An diesem Tag sollte unser Kind zur Welt kommen. Doch statt in den Wehen zu liegen, stand ich am Ufer des Bredenbeker Teichs bei Hamburg, schickte zwei Teelichter aufs Wasser und verabschiedete mich von dem oder der Namenlosen, die nicht leben wollte oder konnte. Ich sprach zu meinem ungeborenen Baby und scherzte und verabschiedete mich mit guten Wünschen und heulte dabei wie ein Schlosshund.

Zurück zum Anfang: Unser Kind war ein Geschenk. Es war zu diesem Zeitpunkt nicht geplant oder erhofft – mein Mann und ich waren erst vier Monate zusammen. Nach dem ersten Schrecken ... große Freude! Vor allem seine Kinder aus erster Ehe waren beinahe aufgeregter als wir, suchten schon Namen aus, und Präsent Nummer eins, kleine Babysocken, bekamen wir von seiner Exfrau. Nach dem zweiten Ultraschalltermin gaben wir dem Baby seinen Spitznamen: ✦ERDNUSS✦ – weil er oder sie so aussah (später sollte es entweder Finn oder Mia heißen). In den nächsten Wochen ging es mir blendend. Drei Monate lang verschlang ich tausend Bücher, sah toll aus, streckte meinen Bauch raus und kaufte ein Shirt in der Schwangerenabteilung. Meine Familie war happy, bei Ikea guckte ich nebenbei schon mal nach Kinderbetten, und die Entbindungsklinik stand auch schon fest. Ich fuhr extra zum Grab meiner Großeltern nach Rendsburg, um den Segen der Vorfahren zu erbitten, und schrieb in das Besucherbuch einer Kirche »Danke für unser Kind«. Auf die Idee, dass etwas schiefgehen könnte, kam ich nicht.

Stattdessen fuhren wir in Urlaub mit den Teeniekindern meines Mannes. Eine Woche Türkei – die anderen hatten jede Menge Action, ich aber lag faul im Schatten mit der besten Ausrede der Welt: Ich bin schwanger.

»Tut mir leid, da ist nichts in Ordnung – Ihr Kind lebt nicht mehr.«

Nach der Rückkehr war gleich der nächste Ultraschalltermin. Nur kurz hin, dann wieder los zur Arbeit und zum Einkaufen – mein Mann hatte am selben Tag Geburtstag. Danke, mir geht's prima, der Urlaub war schön, alles in Ordnung. Die Ärztin schwieg am Bildschirm, stocherte in mir herum und sagte nach zwei endlosen

Minuten: »Tut mir leid, da ist nichts in Ordnung. Ihr Kind lebt nicht mehr.« Angeblich schon seit etwa fünf Tagen nicht mehr – dem Tag unseres Rückflugs. Fallen. Rauschen in den Ohren. Sie musste den Satz dreimal wiederholen, bis er in mein Hirn einsickerte. Ich zog mich an, konnte nichts sagen. Meine Ärztin reagierte wie eine Autistin: Guckte die Wand an, während sie mir regungslos einen Flyer in die Hand drückte und zwei Kliniken für die Ausschabung empfahl. Ob sie mir gleich einen Termin für morgen machen solle? Ich verneinte, wollte Zeit. Und nahm den ersten Termin in einer Tagesklinik vier Tage später.

In mir war nichts mehr. Kein Weinen, kein Zusammenbruch, nichts. Fünf Tage sei die +ERDNUSS+ schon tot. Ich erinnerte mich an einen Moment am Sonntagabend, als es im Unterleib drei Sekunden lang höllisch zog. Fühlt sich so der Tod an? Ich habe es nicht so gesehen und fühlte mich furchtbar – was für eine Mutter wäre ich geworden, wenn ich nicht mal mitbekam, wie mein Kind starb? Die Ärztin war hilflos und herzlos – außer einem betretenen »tja« brachte sie nichts mehr heraus. Ich habe sie nie wieder gesehen.

Erleichterung in der Nacht vor der Ausschabung: Ich hatte Blutungen. Für mich waren sie ein Zeichen, dass unser Kind losgelassen hatte. Und ich es durch die OP nicht »tötete«.

Der Tag darauf verlief wie mit Autopilot: knapp zwei Stunden schweigendes Händekneten mit meinem Mann im Wartezimmer, ein kurzes Gespräch mit dem Anästhesisten:

»Haben Sie ein gesundes Kind?« – »Nein, nur ein totes – wäre ich sonst hier?« – »Ich meine, haben Sie schon ein anderes Kind?« – »Nein, das war meine erste Schwangerschaft«. – Darauf sagte er tatsächlich: »Na, das ist ja Scheiße.« – Ich hätte ihm beinahe eine runtergehauen!

»Kaum ein Kind kann jemals so bedacht und betrauert worden sein ...«

Dann eine letzte Untersuchung. Der Arzt war sehr nüchtern, aber ich hatte mir fest vorgenommen, nicht zu weinen oder zusammenzubrechen. Per Ultraschall wurde eine Fehldiagnose ausgeschlossen. Ich traute mich nicht, auf den Bildschirm zu sehen, schließlich trug ich mein totes Kind nun schon eine Woche mit mir herum. Er nannte das, was er sah »Nicht-mehr-zusammenhängende-Gewebestrukturen«. Mir war das fast die zweite Ohrfeige an diesem Tag wert ...

Dann ausziehen und einchecken im Saal der Tränen: In acht Betten lagen Frauen mit allen möglichen »Unterleibsgeschichten«. Unwillkürlich beäugte ich die anderen: Welche von denen ihr Kind wohl nicht will und es hier abtreiben lässt? Im OP-Saal, die Kanüle schon im Handrücken, bat ich die Ärztin, das kleine Fenster zu öffnen. Mir war es wichtig, dass mein Kind nun gehen kann, wohin es will. Ich wollte mich entschuldigen, doch die Ärztin kannte solche Sonderwünsche schon – sie sagte: »Darum bitten viele Frauen.«

Die Wochen und Monate danach waren für unsere Beziehung nicht immer leicht: Wir trauerten verschieden und vor allem zu unterschiedlichen Zeiten. Ich redete viel darüber und kam einer Freundin und einer meiner Schwestern damit zu nah. Und noch heute rutscht mir manchmal beinahe etwas über die ✦ERDNUSS✦ raus. Aber ich schlucke es herunter, weil ich spüre, dass meine Umwelt denkt: »Na, nun muss es aber auch mal gut sein.« Mein Mann schwieg, ihn überkam es eher per Zufall tränenreich, beispielsweise bei der Besichtigung einer Kirche mit Freunden. Ich habe von Paaren gehört, die so was nicht überstanden. Uns hat es nur noch mehr aneinandergeschweißt.

Drei Monate später erlitt ich einen Bandscheibenvorfall, musste operiert werden und lag sechs Wochen im Bett. Eine solche Zeit – wenn alle Bücher gelesen sind, der Fernseher langweilig wird und man komplett auf sich selbst zurückgeworfen ist – ersetzt beinahe eine ganze Therapie. Kaum ein Kind kann jemals so bedacht und betrauert worden sein wie unsere ✦ERDNUSS✦.

Horror auf der Straße: Tausend dicke, hässliche, dumme, herzlose Frauen gehen an mir vorbei, mit Kindern an der Hand oder vor sich im Wagen. Wut – die kriegen das hin, aber ich nicht???

Horror im Kopf: Unsere erste Reaktion auf den positiven Pipitest damals war … Verwunderung und Schiss. Keine sofortige Freude. Ob Gott oder das Baby oder das Schicksal dies für die wahre innere Einstellung genommen und es sich anders überlegt hatte?

»Eine Tante sagt, ich hätte nicht fliegen sollen. Und hatte sie nicht früher schon immer gemeint, ich brächte nie was zu Ende?«

Der unbeschwerte Urlaub mit meinem Mann und seinen beiden Kindern – war das der Preis für die ✦ERDNUSS✦? Eine Tante sagt, ich hätte nicht fliegen sollen. Und hatte sie nicht früher schon immer gemeint, ich brächte nie was zu Ende?

Die Gefühle, versagt zu haben, bleiben für mich ein Leben lang. Aber andere Mütter von Sternenkindern haben gesagt, sie werden weniger.

Irgendwann.

Die Sachen und Bücher und das Schwangeren-T-Shirt habe ich in einer Kiste auf dem Dachboden verstaut. Mein Abschiedsritual am Seeufer beging ich allein. Mein Mann hatte seine eigene Trauer. Ich erzählte ihm von meinem Vorhaben, aber da er nicht weiter nachfragte, hab ich nie wieder ein Wort darüber verloren. Es ist ein schöner Ort, an den ich sicher ab und zu zurückkehre. Aber nicht, um zu trauern.

Ob wir einen neuen Anlauf zum Nachwuchs nehmen? Keine Ahnung. Ich habe auch fast elf Monate nach der Ausschabung meine Periode nicht zurück. Aber angeblich bin ich gesund. Drei Ärzte waren bisher ratlos. Sie schieben es gern auf die Seele. Vor kurzem las ich, dass eine Frau erst nach vier Jahren wieder blutete. Erlösend war vor ein paar Tagen die Frage einer mütterlichen Freundin, ob ich denn auch den Muttertag gefeiert hätte – schließlich sei ich ja auch eine. Ich finde, sie hat Recht ... Unsere ✦ERDNUSS✦, unser Sternenkind wird immer bei uns sein. Im Herzen.

Uwes und Madlens Geschichte: *»Wir möchten, dass er selbst entscheidet, wann er gehen will«*

Ein Kind kündigt sich an. Übelkeit am Morgen, spannende Brüste. Madlen ist sich schon sicher, bevor der Arzt eine Schwangerschaft feststellen wird. Und ihr Gefühl trügt sie nicht. Turbulente Monate beginnen. Es wird eine Risikoschwangerschaft, voller Sorgen und Ängste, Tränen und Schmerzen. Voll widersprüchlicher Gefühle, allen voran tiefste Liebe und Hoffnung, verfolgt von Zweifel und Selbstleugnung, vollendet mit Stolz und Abschied.

Schnell wächst der Bauch heran. Ebenso schnell ist da das tiefe Wissen einer Mutter, dass »etwas nicht stimmt«. Madlen ist sich sehr sicher, dass unser Sohn (auch dieses Wissen wird sich Monate später bestätigen) nicht gesund ist. Ihr Körper gibt ihr nicht zu leugnende Zeichen. Blutungen und phasenweise Wehen begleiten uns die ersten Wochen. Unser Frauenarzt wird ihre Bedenken ignorieren, in den Wind schlagen – als Überreaktion einer Schwangeren auslegen. Ein Arztwechsel kündigt sich an ... Eine Hebamme wird uns ab jetzt begleiten. Sehr viel später wird auch sie sich als »Sternenmutter« outen. Bei einem Ultraschall im Krankenhaus wird festgestellt, was wir tief im Innern schon wissen: Unser Kind ist nicht gesund. Ein neun Wochen alter Fötus ist zu sehen. Seine Bauchdecke ist nicht geschlossen. Organe münden in die Nabelschnur. Schnell werden wir weitergeschickt. An diesem Tag schon hören wir die Worte »nicht lebensfähig«. Geschockt fahren wir in die Uniklinik, dort wird uns ein stundenlanger Arztmarathon bevorstehen. Es wird ein Für und Wider werden. Und es wiederholt sich beinahe Woche für Woche – all die Monate bis zur »stillen« Geburt.

Die Frage nach einem Abbruch der Schwangerschaft stellt sich. Für uns zu spät! Nachdem wir Bilder und Berichte über Schwangerschaftsabbrüche im Internet gesucht und gefunden haben, ist das für uns kein Thema. Wir möchten, dass ✚TIM LUCA✚ selber entscheidet, wann er gehen will. Madlens Bauchgefühl sagt: »Er wird zu seiner Zeit gehen.« Dass er noch viele Wochen durchhält, ist ein Wunder! Wir sind dafür unendlich dankbar, denn so ist ✚TIM LUCA✚ für alle durch einen kugelrunden, prallen Babybauch sichtbar gewesen. Unser Kind ist nicht leugbar, irgendwo wird immer mal an ihn gedacht. Und wir durften ihn viele Male spüren.

»Wir wussten ja nicht, dass uns nur noch wenig Zeit blieb«

Mit dem jetzigen Abstand von einem guten halben Jahr frage ich mich, wie wir das durchgestanden haben. Nie haben wir sicher gewusst, was nun wird. Ist unser Kind wirklich schwer krank? Wird es schon im Mutterleib sterben? Oder sollte es vielleicht doch lebend geboren werden? Was dann – ein qualvoller Tod an Maschinen? Unser größter Horror in dieser Zeit ist der Gedanke, dass unser Sohn todkrank geboren wird und Schmerzen erleiden muss. Dennoch trug uns die Hoffnung, dass es so nicht kommen wird.

Die Monate zogen dahin. Übelkeit und Blutungen vergingen nach der 20. Woche. Ab da konnten wir ein wenig genießen. Zwar waren die Ängste kaum zu verdrängen, dennoch waren es schöne Wochen, diese letzten Wochen. Wir wussten ja nicht, dass uns nur noch wenig Zeit blieb. Weihnachten kam. Wir genossen in inniger Zweisamkeit unsere Liebe, unser Baby. Badestunden, Massagen, Fühl- und Gesangsmomente für ✚TIM LUCA✚ versüßten uns das Weihnachtsfest. Seine Spieluhr sprang schon länger auf Madlens Bauch auf und ab, so sehr reagierte er auf die sanften Klänge. Es war unübersehbar, dass er sehr kräftig treten konnte. Würde vielleicht alles gut werden? Soll ein todgeweihtes Kind so strampeln können? Nein – in diesen Tagen ergriff uns solch ein Wohlgefühl, eine Zuversicht…

Es war paradox: In dieser Zeit, in der wir unser Kind annahmen, es für gesund und munter hielten, da verließ uns unser Sohn. Am Silvestertag endete sein kurzes Leben im Bauch seiner Mutter. Mit Tränen begrüßten wir das neue Jahr. Ein Jahr, das für uns noch nichts Gutes übrig hatte. Ja, ein Jahr, das mit unbeschreiblicher Härte begann.

Zwei Tage noch wollten wir unseren Sohn in Ruhe bei uns haben ... Am Dienstag verabredeten wir uns mit unserer Hebamme. Der Herzton war nicht mehr zu finden, und das Krankenhaus wartete wieder einmal auf uns. Der Arzt, der vor Monaten unser Kind als »nicht lebensfähig« eingestuft hatte, empfing uns und drückte mit warmen Worten sein Mitgefühl aus. Oft hatte er an uns gedacht. Nun stellte er im Ultraschall fest, was er damals ahnte: Unser Baby, das bisher beim Schallen immer quicklebendig war, lag nun dort kraftlos, mit hängendem Köpfchen im Fruchtwasser – das kleine Herzchen still. Jetzt traf es uns mit voller Wucht. Madlen konnte nur noch weinen, und mein Herz tat so weh – die Geburt stand bevor.

»Morgens um acht Uhr beginnt ein Weg ohne Wiederkehr«

Ein Kaiserschnitt ist unumgänglich, da die Plazenta unten liegt. Einige Untersuchungen und Tests noch, und wir werden für heute entlassen. Der letzte Abend mit unserem Baby im Bauch beginnt. Diese Nacht werden wir kaum schlafen. Madlen wird Bekannte per E-Mail informieren. Die Tasche wird gepackt, der Bauch ein letztes Mal zärtlich eingeölt.

Morgens um acht Uhr beginnt ein Weg ohne Wiederkehr. Das Krankenhaus werden wir ohne unser Baby wieder verlassen. Der vermeintlich kurze Weg der Geburt beginnt am späten Vormittag und endet Stunden später auf der Intensivstation. Die Mutter meines Sohnes liegt dort zwischen piependen Automaten, wird beatmet. Blut wird übertragen. Sie ist um Haaresbreite dem Tode entronnen. Später wird sie sich oft wünschen, nicht gerettet worden zu sein. Ich nehme ihre Hand und spreche sie an. Dieser Moment wird ihre einzige Erinnerung an die Intensivstation sein. Meine Gedanken wandern wieder zurück. Ich sitze, stehe, laufe im Stationsflur. Stunden vergehen, Worte erreichen mich. ✦TIM LUCA✦ ist da, es gibt Probleme, die Blutungen können nicht gestoppt werden. Die Plazenta löst sich nicht richtig. Die Gebärmutter muss entfernt werden. Es ist sehr ernst!

Einerseits habe ich große Angst, andererseits kenne ich die Ärzte und vertraue. Ich denke, man steht unter Schock und funktioniert doch in solchen Momenten. Bilder werden uns auf die Intensivstation gebracht. Ich möchte sie mit Madlen gemeinsam anschauen. Das tun wir, auch wenn sie es später nicht mehr weiß.

»Der Augenblick, vor dem wir solche Angst hatten, ist da – unaufhaltsam, unumkehrbar, nicht mehr abwendbar«

Da ist er nun, der Moment, in dem wir unseren Sohn empfangen und wieder gehen lassen werden. In einem klassischen Säuglingsbettchen wird ✚TIM LUCA✚ in Madlens Krankenzimmer geschoben. Ein Tuch verhüllt vorerst den Anblick unseres Kindes. Angst und Aufregung ergreifen mich jetzt völlig. 28 Wochen hat uns ✚TIM LUCA✚ begleitet. Wie würde er aussehen, würde man ihm Behinderungen ansehen? Schaut er aus, als hätte er Qualen erlitten? Was hat man für Phantasien über sein Kind, solange es im Bauch heranwächst...

Die Angst ist wie weggewischt – er ist augenscheinlich völlig normal entwickelt, winzig klein und zart. Seine Haut, weich und scheinbar noch warm. Seine Äuglein geschlossen, die perfekten Händchen leicht zu Fäustchen geballt.

Eine leichte Bewegung des Brustkorbes, das Öffnen der himbeerroten Lippen, und der Tod wäre ausgelöscht. Nein, wir müssen ab jetzt mit ihm leben lernen, dem Tod unseres einzigen gemeinsamen Kindes.

Die Windel, in die er gewickelt ist, wirkt riesig und unser kleiner Engel dadurch noch winziger und zarter. Sie verbirgt den offenen Bauch unseres Sohnes, wir werden ihn nicht ansehen...

Es ist still um uns, die Ärzte lassen uns allein. Der Augenblick, vor dem wir solche Angst hatten, ist da – unaufhaltsam, unumkehrbar, nicht mehr abwendbar. Nun sollen wir alle Bilder und Erinnerungen in uns einbrennen lassen – für alle Zeiten? Niemals wieder nach diesen Stunden sollen wir unser Kind sehen dürfen? Es nie mehr fühlen, riechen, spüren dürfen? Dieser Moment birgt eine solche Palette an Emotionen!

Weinen kann ich nicht. Fühle ich da auch Glück? Darf ich denn glücklich sein? Mein Kind lebt nicht, doch es ist mein Sohn, der uns in diesen wenigen Wochen gelehrt hat, was Liebe und Wert sind. Jetzt, da ich hier diese Zeilen niederschreibe, kann ich doch weinen. Selten gestatte ich mir Tränen. Ich möchte, dass Madlen eine starke Schulter zum Anlehnen hat. Ich habe große Angst um ihre körperliche und seelische Gesundheit. Der Tag, an dem sie ✚TIM LUCA✚ zur Welt brachte, hat mir bewusst gemacht, wie schnell sie mir genommen werden kann.

Wir machen einige Fotos, und später wird ✝TIM LUCA✝ von unserer Hebamme angekleidet. Noch einmal ist er in unseren Armen. Madlen ist sehr schwach und müde. Schmerzmittel und Nachwirkungen der Narkose lassen ihre Erinnerung an diese Stunden verschwinden. Ich bin nun ihre Verbindung zu diesen Momenten. Manchmal möchte sie, dass ich ihr erzähle, was sie nicht mehr weiß. Sie schläft wieder ein ...

✝TIM LUCA✝ wird geholt. Ist einem in diesen Minuten wirklich klar, dass er nie wieder hereingebracht wird? Nein, sage ich heute. Dieses Begreifen ist auch heute noch nicht vollendet. Einmal noch werden wir ihn sehen ...

»Seine Spieluhr mit Abschiedsbriefen von uns — und unsere ganze Hoffnung, Liebe und Zuversicht haben wir ihm mitgegeben«

Unfassbar, wie schnell ein halbes Jahr vergeht. Unfassbar, wie tief der Schmerz sitzt. Wir klammern uns aneinander, stützen uns gegenseitig. Unser Kind fehlt in jedem Augenblick. Wir möchten gerne mit Rändern unter den Augen ein Baby im Arm halten, es durch die Nacht tragen, die Shirts von Muttermilch getränkt, die Wäschekörbe voll mit Stramplern, Bodys und Windeln. Ein Kinderwagen sollte unseren Hauseingang blockieren, die Hunde sollten sich an einen neuen Hausgenossen gewöhnen. Nichts davon ...

Wir haben eine Grabstelle, ✝TIM LUCA✝ wird in unserem Familiengrab beigesetzt. Ein grotesker kleiner Sarg, eine Situation, die so »falsch« ist. Zu zweit mit dem Bestattungsunternehmer verabschieden wir unser Kind.

Zwei Tage vorher sahen wir es ein letztes Mal im Aufbahrungsraum. Seine Spieluhr liegt bei ihm mit Abschiedsbriefen von uns – und unsere ganze Hoffnung, Liebe und Zuversicht haben wir ihm mitgegeben. Irgendwann werden wir sie wiederbekommen. Ich denke, wir haben nie wirklich gewusst, was es heißt, wenn das eigene Kind stirbt.

Heute leben wir dahin, haben uns zurückgezogen. Suchten und fanden »Sterneneltern« im Netz. Der Schmerz, die Sehnsucht nach ✝TIM LUCA✝ sitzt sehr tief. Aber wir sind glücklich, dass wir unser Baby eine Zeit lang begleiten durften. Immer wieder würden wir diese Entscheidung treffen, da sind wir uns sicher.

Unsere Liebe zueinander lässt uns das Schicksal tragen und wächst jeden Tag. Wollte unser Kind uns das geben? Wir haben sein zartes, kleines Wesen in Erinnerung, das uns Tage, Wochen, Monate beschert hat, die wir nie vergessen werden ...

Dies schrieben wir für unseren Sohn ✝TIM LUCA✝ – 620 g, 29 cm –, der am 3. Januar 2007 in der 28. Schwangerschaftswoche still geboren wurde.

Wir möchten besonders unserer Hebamme Reinhild Gering danken, die uns liebevoll, und jederzeit für uns da, den Rücken stärkte. Ein Dank von Herzen gilt auch den Ärzten, die Madlen zum Weiterleben verholfen haben und unser Kind als das ansahen, was es ist: ein Teil von uns, ein Wesen, entstanden aus tiefer Liebe und Glauben an das Höhere um uns ...

Ralfs Geschichte: *»Ich fühle mich als Vater – und bin stolz auf meine Kinder«*

Ich glaube, es ist einer der bewegendsten Momente im Leben eines Mannes, wenn er erfährt, dass er Vater wird. Ich kann kaum meine Gefühle beschreiben, als meine Frau Ende Oktober 2005, mitten aus einem normalen Gespräch heraus, zu mir sagte: »Das war ein großes Problem ... und ab Juni kümmerst du dich dann um die kleinen Probleme.«

Leider wurde die Freude bald getrübt, denn das ärztliche Urteil bei einer Untersuchung wenige Tage später lautete: »Nicht lebensfähig!« Für uns beide ein Riesenschock ... Eine Woche danach sollte bei einer Nachuntersuchung das endgültige Urteil gefällt werden. Dann die Überraschung: Nun stellte der Arzt eine vollkommen intakte Schwangerschaft fest. Was er vorher nicht richtig sehen konnte: Im Bauch meiner Frau schlug ein kleines Herzchen!

Jetzt war es also perfekt – ich werde wirklich Vater! Mir gingen natürlich alle möglichen Fragen durch den Kopf. Die meisten davon praktischer Natur: Stellen wir das Bettchen in unser Schlafzimmer? Und wohin mit dem Wickeltisch? Kann ich das Arbeitszimmer zum Kinderzimmer umbauen? Natürlich sah ich mich in Gedanken auch mit unserem Kind spielen, allerdings war dies alles auch etwas »fern«, denn ich bin nur am Wochenende zu Hause. Der Weg zu meiner Arbeitsstelle lässt eine tägliche Heimfahrt leider nicht zu.

So verging eine kurze, aber schöne Zeit, bis meine Frau in der 17. Schwangerschaftswoche eine Fruchtwasseruntersuchung machen ließ. Dazu wurde uns wegen unseres Alters (wir sind beide über 40) geraten. Natürlich hatten wir uns informiert und von den Risiken gelesen: Bei etwa 1 % kommt es zu Problemen ...

Doch zunächst lief alles glatt. Zwei Tage nach dem Eingriff sollte die Nachuntersuchung sein. An diesem Abend bummelte ich noch nach Dienstschluss durch ein großes Elektronikgeschäft meiner »Arbeitsstadt«, als ein Anruf kam, der mich traf wie ein Schlag. Der Muttermund hatte sich geöffnet, und die Fruchtblase war schon etwas herausgerutscht. Meine Knie wurden weich, und wie fremdgesteuert verließ ich den Laden.

Meine Frau kam sofort in das städtische Krankenhaus, aber es stand sehr schlecht! Zu diesem Zeitpunkt sprachen die Ärzte noch von etwa 5% Überlebenschancen – an die ich mich aber klammerte wie ein Ertrinkender an einen Strohhalm. Im Laufe des nächsten Tages wurde es dann traurige Gewissheit, dass die Schwangerschaft nicht zu halten war. Die Entzündungswerte waren zu hoch gestiegen. Am folgenden Tag sollte das Kind geholt werden ...

Ich weiß nicht mehr, wie ich an diesem Abend die Autofahrt in meinen Wohnort geschafft habe, und es war ein seltsam bedrückendes Gefühl, in das leere Haus zu kommen. Schlafen konnte ich kaum, denn der Gedanke an den nächsten Tag machte mir schwer zu schaffen.

»Die schönsten, ergreifendsten und zugleich traurigsten Augenblicke meines Lebens«

Es kam der 25. November 2005, ein Samstag. Ich fuhr zu meiner Frau ins Krankenhaus und betrat mit Herzklopfen das kleine Zimmer. Da lag sie, angeschlossen an einen Tropf, an andere Apparate. Ich erinnere mich an den mitfühlenden Blick der Hebamme, der Ärzte und an die wenigen Worte, die gesprochen wurden. Wir warteten auf die Geburt unseres Kindes.

Als unser Glück noch greifbar war, hatte ich mir schon einmal vorgestellt, wie das wohl sein würde, wenn unser Baby zur Welt kommt. Doch die Wirklichkeit war das ganze Gegenteil davon. Dort zu sitzen, zu warten, zu wissen, dass unser Kind seine Geburt nicht überleben wird, war überaus bedrückend. Aus dem Nebenraum hörten wir die Schreie einer anderen Schwangeren, die in den Wehen lag – und mir war klar, diese werdende Mutter tut das Gleiche wie meine Frau, doch ihr Baby wird leben. Der Gedanke war kaum zu ertragen.

Kurz vor Mittag kam ein Arzt und schickte mich hinaus. Ich nahm Platz in einem Raum mit einer roten Couch, einem Fernseher, Lesematerial. Wartezimmer für werdende Väter. Bis ich wieder geholt wurde, dauerte es nur wenige Minuten. Die

Hebamme kam mir entgegen, mit einem Tuch in der Hand. Ich sah Blut auf dem Bett meiner Frau und wusste, es ist vorbei!

Vorher hatte man uns gefragt, ob wir unser Kind sehen wollen. Das wollten wir natürlich, und so brachte uns die Hebamme wenig später in einem weißen Tuch unser Baby. Diesen Anblick werde ich mein Leben lang nie mehr vergessen! Ein kleines Menschlein, kaum größer als ein Handteller, aber so schön und perfekt. Ein richtiges Baby, nur viel kleiner, als man es sonst sieht. Winzige Hände mit noch winzigeren Fingerchen, winzige Füßchen mit ganz kleinen Zehen, ein süßes Gesicht mit einer kleinen Stupsnase und einem friedlichen Ausdruck – unser Baby, unser Sohn...

Als meine Frau anschließend in den OP musste, war ich über eine halbe Stunde allein mit meinem Söhnchen. Das waren wahrscheinlich die schönsten, ergreifendsten und zugleich traurigsten Augenblicke meines Lebens. Ich habe geweint, ihn gestreichelt und immer wieder angeschaut, und es hat mir das Herz zerrissen, als ich ihn dann hergeben musste. Im Nachhinein bin ich froh, dass wir vom medizinischen Personal solche Unterstützung bekamen. Es wurden Fotos gemacht und Abdrücke genommen – wir konnten unseren Kleinen später sogar noch einmal zusammen sehen, als meine Frau aus der Narkose erwacht war. Da lag er in einem weiß ausgekleideten Körbchen, mit einer brennenden Kerze daneben. Ich hätte ihn so gerne mitgenommen...

Als ich die Klinik verließ, hatte ich das Gefühl, die Welt steht still und alle müssten mir ansehen, was gerade passiert ist. Doch die Welt drehte sich weiter – ironischerweise fand an diesem Tag in eben diesem Krankenhaus sogar ein »Tag der offenen Tür« zur Einweihung der neuen Babystation statt, mit Geschenken für alle Schwangeren, die sich dort einstellten.

»Er war, ist und bleibt ein kleiner Mensch, auch wenn er ›offiziell‹ nicht existiert hat«

Unser kleiner ✦ALEXANDER✦ wurde einige Zeit später bei einem Sternenkinder-Sammelbegräbnis beigesetzt. Ich bin froh, dass es diese Möglichkeit gab. Denn der Gedanke, mein Sohn wäre sonst vielleicht wie »Klinikmüll« behandelt worden, ist unerträglich. Er war, ist und bleibt ein kleiner Mensch, auch wenn er damals »offiziell« nicht existiert hat, weil er zu leicht (unter 500 Gramm) war; auch, wenn ihn kaum jemand gesehen und gekannt hat.

Leider hat ✦ALEXANDER✦ inzwischen noch zwei kleinere Sternengeschwister bekommen: ✦AIKO✦ und ✦AKEMI✦. Sie haben zwar noch winzigere Spuren in unserem Leben hinterlassen als ihr großer Bruder – aber sie sind ebenfalls unsere Kinder! Alle drei sind im Herzen für immer bei uns.

Bei der Bewältigung meiner Trauer hat mir sehr geholfen, mich mit anderen Betroffenen im Internetforum auszutauschen. Ich empfand und empfinde es als sehr heilsam zu merken, dass man nicht allein ist – und dass es normal ist, sein Kind zu lieben, egal wie »klein« es war.

Von Anfang an habe ich mich sehr intensiv mit meinen Gefühlen auseinandergesetzt. Wenn mir die Tränen kamen, habe ich geweint. Ob im stillen Kämmerlein oder im Mitarbeiterkreis, das war (und ist) mir egal. So, wie andere Kollegen die Desktops ihrer PCs mit Fotos ihrer Kinder verzieren, so stehen bei mir die Namen und Daten meines Sternenkindertrios. Ich fühle mich als Vater – und ich bin stolz auf meine Kinder.

Anjas Geschichte: *»Der Tag verging, an dem das kleine Herz hätte anfangen müssen zu schlagen«*

Als mein Mann und ich uns im Januar 2000 kennen lernten, waren wir uns schon nach ziemlich kurzer Zeit sicher, dass wir ein Kind haben möchten. Am liebsten so schnell wie möglich!

Monate verstrichen – und nach einem Jahr vergeblicher »Liebesmüh« ging ich zu meiner Frauenärztin, um mich gründlich durchchecken zu lassen. Alles okay! Also war jetzt mein Mann dran: Es wurde festgestellt, dass seine Spermien nicht die schnellsten waren und es kaum eine Chance für mich gab, auf natürlichem Wege schwanger zu werden.

Wie konnten wir nun zu unserem Wunschkind kommen? »Nicht aufgeben!«, hieß unser Motto: Im Dezember 2001 haben wir geheiratet und uns kurz darauf in einer »Kinderwunschfabrik« informiert, ob wir überhaupt eine Möglichkeit hatten, Eltern zu werden.

Dort empfahl man uns die so genannte ICSI-Methode, eine hormonelle Behandlung mit Entnahme von Eizellen und deren Befruchtung mit aufbereiteten Spermien außerhalb des Körpers. So stellte man mich förmlich auf den Kopf und pumpte

mich mit Hormonen voll. Ich kam mir vor wie in den Wechseljahren. Zum Termin des Eisprungs wurden mir unter Vollnarkose Eizellen entnommen und nach Befruchtung wieder eingesetzt. Dann hieß es zwei endlos scheinende Wochen zu warten…
Da in dieser Zeit keine Regelblutung kam, wurde mir Blut abgenommen, um einen Schwangerschaftstest zu machen – er war positiv!
Von Anfang an fühlte ich mich so richtig schwanger, sogar mit komischen Essensgelüsten, und natürlich haben wir der ganzen Welt von der guten Nachricht, unserem +WUNSCH-STERNCHEN+, erzählt.
Die Ergebnisse der ersten Untersuchungen hielten sich im üblichen Rahmen, was die Entwicklung des Kindes betraf. Wir waren glücklich und freuten uns auf die Zukunft zu dritt. Dann kam der Tag, an dem das kleine Herz hätte anfangen müssen zu schlagen – aber der Tag verging, es rührte sich nichts.
Man empfahl mir, sofort in der Tagesklinik eine Ausschabung machen zu lassen. Sobald ich meine nächste Regelblutung hätte, sollte ich mich wieder einstellen, dann würde man »weitermachen«. Darauf habe ich nur gesagt, dass sie mich nicht wiedersehen werden; körperlich und seelisch war ich völlig fertig.

»Um mich herum wurden sie alle lustig schwanger«

Nach Rücksprache mit meiner Frauenärztin und Bestätigung der Diagnose rief ich in der Klinik wegen eines schnellen Termins an. Antwort: Ich könnte gleich am nächsten Tag (es war ein Mittwoch und auch noch mein Geburtstag) kommen oder nach dem Wochenende.
Ich habe also an meinem Geburtstag die Ausschabung machen lassen, um alles schnell hinter mich zu bringen. Danach stand ich in der Toilette, das Blut lief mir die Beine herunter, und ich wusste, dass mein Baby nun nicht mehr da war. Ich fühlte mich innerlich wie gestorben, es war ein einziger Alptraum! Dazu kam, dass ich hormonell völlig überstimuliert war und dementsprechend körperlich wie psychisch reagierte. Noch Wochen danach hatte ich Blutungen, und man stellte anhand eines Schwangerschaftstests fest, dass ich demnach immer noch schwanger war.
Es hat lange gedauert, bis sich Körper und Seele wieder etwas erholten.
Und um mich herum wurden sie alle lustig schwanger. Es war eine schwere Zeit, für meinen Mann und mich.
Schwer wurde es dann noch einmal am errechneten voraussichtlichen Geburtstermin. Da fing ich an, mir Gedanken zu machen, ob ich es später nicht bereuen

würde, es nicht noch einmal probiert zu haben. Und meine Freundinnen redeten mir gut zu.

Wir sind zu einer anderen Kinderwunschpraxis gegangen, wo ich mich vom ersten Augenblick an sehr gut aufgehoben fühlte. Was natürlich auch an der Ärztin lag, die sehr einfühlsam war. Sie hatte die gute Idee einer Bauchspiegelung – da ich immer schon unter extremen Regelbeschwerden litt –, um eine Endometriose (gutartige, aber schmerzhafte und chronische Schleimhautwucherung außerhalb der Gebärmutter) auszuschließen. Man fand prompt heraus, dass ich sie hatte und mein linker Eileiter nicht durchlässig war. Während der OP wurden schon größte Teile der Endometriose entfernt, die Reste mit leichten Hormonen bekämpft.

»Unser gesundes Kind heißt Angelet — Engelchen — und ist unser Himmelsgeschenk«

Danach regte man meine Eizellbildung hormonell an, um eine Insemination (aufbereitetes Sperma wird direkt am Eisprungtag in die Gebärmutter injiziert) durchzuführen. Das war am Ostersamstag – und wieder zwei Wochen warten. Es kam keine Regelblutung, ich fühlte mich aber auch nicht schwanger. Nach der nächsten Blutabnahme würde ich es wissen. Das (erhoffte) Ergebnis: POSITIV!

Ich war sehr gefasst, mein Mann auch. Ich habe es erfolgreich verdrängt, und wir haben es auch niemandem erzählt. Wir wollten erst den Tag abwarten, an dem das kleine Herz wirklich schlagen würde. Der Tag kam – es schlug!!

Bis zur Fruchtwasseruntersuchung haben wir uns aber weiter bedeckt gehalten. Dann konnten wir uns endlich sicher sein, ein gesundes Baby zu erwarten, und die Schwangerschaft war jetzt auch nicht mehr zu leugnen. Ich fand sie superschön und habe sie sehr genossen. Die letzten vier Wochen waren etwas kritisch, weil ich kurz vor einer Schwangerschaftsvergiftung stand. Doch es ging alles gut!

Am 30. Dezember 2003 hielten wir, nach einem geplanten Kaiserschnitt, unsere gesunde und muntere Tochter in den Armen. Wir haben sie auf den Namen Kira Sophie Angelet taufen lassen. Angelet bedeutet »Engelchen«. Sie ist unser Himmelsgeschenk.

Reginas Geschichte: *»Heute kann ich ohne Groll auf mein Leben schauen – und dankbar sein!«*

Für meinen Mann Stefan und mich stand schon früh fest (wir sind zusammen, seit wir 16 Jahre alt waren, und sind mit 19 zusammengezogen), dass zu unserem Leben viele Kinder gehören sollten. Knapp zwei Jahre nach unserer Hochzeit 1990 hielt ich zum ersten Mal einen positiven Schwangerschaftstest in den Händen. Nach anfänglichen Ängsten (Blutungen in der 6. Woche) kam nach einer ansonsten problemlosen Schwangerschaft unsere Tochter Lara zur Welt. Als Lara sieben Monate alt war, konnten wir uns ein Geschwisterchen für sie vorstellen ... und im Juni hielt ich erneut einen positiven Test in der Hand.

Die gefürchtete 6. Schwangerschaftswoche (SSW) ging ohne Blutungen vorbei – aber bei einer Routineuntersuchung in der 8. SSW stellte der Arzt fest, dass kein Herzschlag zu erkennen war. Unser ✦MINIMUM✦ hatte sich still und leise zu den Sternen verabschiedet. Beim Abschied von ✦MINIMUM✦ 1993 hatte ich keinerlei Beistand, sondern nur verständnislose Reaktionen aus dem Freundes- und Bekanntenkreis. Wie wir denn um ein Kind trauern könnten, das noch gar nicht existiert habe!

Die Nachricht damals traf mich wie ein Schlag. Nie werde ich vergessen, wie ich suchend und freudig erwartend nach dem kleinen pochenden Herzchen auf dem Ultraschallmonitor Ausschau gehalten habe (erst eine Woche zuvor hatte ich es noch schlagen sehen) und der Arzt mich noch mal zur Toilette schickte und erneut zu suchen begann ...

Endlos lange Minuten – mein Mann saß im Flugzeug nach München, und mein Arzt erzählte mir, dass unser Baby wahrscheinlich verstorben sei und ich am besten heute oder morgen in die Klinik gehen sollte, um es bestätigen zu lassen und einen Termin für die Ausschabung zu machen. Noch heute kann ich mich an die Fragmente erinnern: das stille Überreichen des Mutterpasses mit der Einweisung ins Krankenhaus, der nachfolgende Termin beim Kinderarzt, zu dem ich mit Lara musste, weil sie Durchfall hatte – der Blick auf die Uhr beim Kinderarzt, die Bitte, von dort meinen Mann anrufen zu dürfen, der gerade in München im Büro angekommen war ...

Die gestammelten Worte: »Kannst du kommen? – Mit unserem ✦MINIMUM✦ stimmt etwas nicht, es ist wahrscheinlich tot ...« Dann der Termin in der Klinik, meine Schwiegermutter an meiner Seite, die auf Lara aufpasste (sie wurde noch gestillt). Routine pur. Rein in den Untersuchungsraum, der Arzt nannte kurz seinen Namen, las den Einweisungsschein: »Verdacht auf missed abortion« – guckte in den Mutterpass, schaute mich kurz an und meinte gut gelaunt: »Na, dann woll'n wir mal ...« Und erneut mein Blick auf den Ultraschallbildschirm – mit einem Funken Hoffnung: Vielleicht schlägt das kleine Herz ja jetzt ...? – Nach kurzem Gesuche die knappe Ansage: »Da ist nix mehr!« Noch einmal ein Blick in den Mutterpass und dann diese Worte, die mir bis heute nachlaufen: »Sei'n Sie doch froh – das kann doch nicht gewollt gewesen sein, Ihre Tochter ist ja noch so jung.« Und das, obwohl mir während der gesamten Untersuchung die Tränen die Wangen hinuntergelaufen waren. Ich fühlte mich völlig überfordert und habe nur irgendwie gestammelt: »Doch, es war sehr gewollt!«

Ich wollte nur noch raus aus diesem Krankenhaus. Aber die »Routine« holte mich ein. Der Arzt schob mich mehr oder weniger einer Schwester zu, die mich direkt dabehalten und mir ein Zimmer geben wollte. Dagegen schaffte ich es noch, mich zu wehren, und sagte, dass ich am Nachmittag wiederkäme, wenn mein Mann da sei und auf unsere Tochter aufpassen könne. Meine Frage nach einer ambulanten Ausschabung wurde sofort vehement abgelehnt. Meine Nachfrage, ob meine Tochter über Nacht bei mir bleiben könne (weil ich noch stillte), beantwortete man ebenfalls mit einem klaren »Nein«.

Am Nachmittag bin ich dann mit meinem Mann zusammen in die Klinik, und wir konnten durchsetzen, dass ich meine Tochter bei mir behalten konnte und ein Einzelzimmer bekam (nicht das beabsichtigte Bett im Zimmer einer frisch entbundenen Mutter mit ihrem Baby ...). Mein Mann hat dies alles für mich erkämpft, ich weiß noch, dass ich mich, obwohl sonst nicht auf den Mund gefallen, entsetzlich »leer« fühlte und sehr, sehr kraftlos.

»Ich fühlte mich schrecklich, weil keiner wahrnahm, warum ich traurig war«

Die Schwester der Privatstation, auf der ich dann ein Zimmer bekam (eine der wenigen Ordensschwestern noch in dem ehemals katholischen Krankenhaus) nahm sich Zeit – und mich in den Arm ... Ich erklärte ihr, dass ich mich schrecklich fühle, weil ich plötzlich nur »OP Nr. 4« am nächsten Tag war, keiner wahrnahm, warum ich traurig war, alle nur meinten, ich hätte Angst vor der OP – und niemand mir zugestehen würde, dass ich um unser Baby trauere. Ich erklärte ihr, ich sollte in dieser Situation nicht hier im Krankenhaus sein, sondern wenigstens bei meinem Mann zu Hause, damit wir gemeinsam Zeit hätten, uns von unserem Kind zu verabschieden, das aus mir herausgeholt werden musste, aber dass man mir diesen Wunsch verwehrte, mit dem fadenscheinigen Argument, ich müsse am nächsten Tag ja schließlich nüchtern sein, und das könne man nicht kontrollieren, wenn ich daheim übernachten würde.

Die Ordensschwester hatte offenbar eine gesunde Menschenkenntnis und setzte nach dem Gespräch mit mir beim Oberarzt der Station durch, dass ich abends um 20.00 Uhr – nachdem die ganzen Voruntersuchungen abgeschlossen waren – doch noch nach Hause durfte.

Sie überbrachte mir die Nachricht und sagte mir direkt: »Und wenn Sie morgen dann aus dem OP kommen, habe ich dieses Zimmer für Sie reserviert; da können Sie sich dann in Ruhe ausschlafen.« Eine Milchpumpe hatte sie auch schon besorgt, damit ich nach der OP Milch abpumpen konnte (die dann weggeschüttet wurde).

So hatten mein Mann und ich noch Zeit miteinander – wobei ich weiß, dass es mir mehr um das letzte Zusammensein mit unserem Kind ging als meinem Mann. Der war in erster Linie froh, mir in der Nacht zur Seite stehen zu können, und konnte sich sehr viel »nüchterner« der Tatsache stellen, dass unser Kind nicht mehr bei uns war. Natürlich war er auch sehr traurig, aber ich glaube, es gibt bei den meisten Männern eine andere Akzeptanz von »nicht zu ändernden Gegebenheiten«. Am nächsten Tag fuhren wir gemeinsam zur Klinik, mein Mann war mit unserer Tochter an meiner Seite, bis ich zur OP abgeholt wurde. Die Narkoseärztin meinte dann: »Nun schlafen Sie mal schön. Wenn Sie wieder wach werden, haben Sie das alles überstanden!« Sie hat mich nur verständnislos angeschaut, als ich leise antwortete: »Das glaube ich kaum ...«

Ich konnte in dem Zimmer, welches die Schwester für mich reserviert hatte, bleiben. Ich hätte auch noch über Nacht bleiben können, aber ich bestand darauf, nach Hause zu dürfen ... was mir am Spätnachmittag dann genehmigt wurde. Zu Hause habe ich zum Hörer gegriffen und alle Freunde angerufen, denen wir kurz zuvor freudestrahlend berichtet hatten, dass Lara ein Geschwisterchen bekommen würde.

Damals habe ich gemerkt, wie schwer sich viele Menschen tun, mit dem Tod als solchem und mit frühen Verlusten in der Schwangerschaft im Besonderen umzugehen. Die Palette der Reaktionen reichte von »achje, du Ärmste« über »das war bestimmt nicht gesund« bis hin zu »sei froh, dass es abgegangen ist und du kein behindertes Kind bekommen hast« und »ihr seid doch noch jung, das nächste Mal klappt's bestimmt!«

Doch wirklich den wenigsten ist in den Sinn gekommen, mich einfach mal nur erzählen zu lassen, mich zu drücken oder zu fragen, ob sie vielleicht vorbeikommen sollen oder mir irgendwie helfen können.

»Der Wunsch nach einem weiteren (lebenden) Baby war noch unvermindert da — vielleicht sogar heftiger als zuvor«

Besonders auffällig wurde dies einige Tage später. Wir hatten Richtfest bei unserem Haus, in das wir ja zu viert einziehen wollten – und mir war in keinster Weise zum Feiern zumute. Es gab nur drei oder vier Freunde/Freundinnen, die mich einen Moment länger in den Arm genommen haben oder mir ein paar Worte sagten. Was mir zum damaligen Zeitpunkt ebenfalls aufgefallen ist: Der Reihe nach erzählten mir Frauen: »Das ist mir auch schon passiert.« ... Am einprägsamsten war für mich der Bericht einer Mutter aus dem Sportverein, die mich umarmte und sagte: »Ich weiß, wie Sie sich jetzt fühlen – ich habe drei Kinder bei mir und war insgesamt sieben Mal schwanger ...« – Für alle anderen war das Thema durch!

Da ich ein Mensch bin, der gerne allem auf den Grund geht, fragte ich meinem Frauenarzt bei der Nachuntersuchung Löcher in den Bauch. Aber mehr als ein »das passiert halt vielen Frauen, das hat die Natur ganz praktisch eingerichtet ... dass ein Kind, welches zum Beispiel nicht gesund ist, sich schon sehr früh nicht mehr weiterentwickelt – und es gibt keinen Grund, warum Sie nicht noch ein gesundes Kind bekommen sollten« bekam ich leider nicht zu hören.

Er riet mir, drei Monate zu warten, um dann die nächste Schwangerschaft zu versuchen. Als ich ihn daraufhin fragte, ob diese Wartezeit einen »medizinischen« oder einen »psychologischen« Grund hätte, antwortete er mir, dass es aus medizinischer Sicht keinen Anlass für eine Wartezeit gäbe.

Es wäre für mich in dieser Situation unmöglich gewesen zu verhüten. Das Kind, welches ich verloren hatte, war erwünscht und gewollt; und der Wunsch nach einem weiteren (lebenden) Baby war ja noch unvermindert da – vielleicht sogar heftiger als zuvor ... Deshalb sagte ich mir: »Wenn es so ist, dass die ›Natur‹ schon weiß, was sie tut, dann wird sie dich auch erst wieder schwanger werden lassen, wenn dein Körper dazu bereit ist.« Mein Körper war sehr schnell für eine neue Schwangerschaft bereit – Jonas ist mittlerweile 13 Jahre alt; für alle anderen unser zweites, für uns unser drittes Kind ...

Alina wurde 22 Monate nach Jonas geboren und ist jetzt 11 Jahre alt. Da ich nach ihrer Geburt ziemliche gesundheitliche Probleme hatte, war für mich zum damaligen Zeitpunkt weiterer Nachwuchs ausgeschlossen. In einer Phase, als es mir gesundheitlich wieder besser ging, merkte ich jedoch, wie stark ich mir noch ein Kind wünschte.

»Ich war überhaupt nicht darauf vorbereitet, dass es mir erneut passierte«

Ich wurde 2002 erneut schwanger, alles lief bestens bis zum Ende der 11. Woche – als wieder bei einer Routineuntersuchung kein Herzschlag mehr zu sehen war. Damals fiel ich wirklich in ein Loch – das Foto, welches mein Arzt mir mitgab, zeigte doch schon zu deutlich ein »richtiges Kind« mit Köpfchen, Armen und Beinen. Aber der Herzschlag fehlte. Und ich war überhaupt nicht darauf vorbereitet, dass es mir erneut passierte. Ich kam mir vor wie in der Wiederholung eines schlechten Films. Wie in Trance fuhr ich heim – Stefan arbeitete an dem Tag zu Hause –, ging zu ihm und legte ihm weinend dieses letzte Ultraschallbild auf den Schreibtisch ... Er, der eigentlich immer gefasst ist, schaute mich an und rief, schrie: »Oh nein!« Das war die einzige, aber tief von innen kommende Trauerreaktion von ihm. Dann nahm er mich in die Arme und hielt mich ...

Dieses Mal wussten wir, worauf wir achten mussten, und ließen uns ein paar Tage Zeit. Während ich bei meinem ersten Verlust sofort in die Klinik gefahren bin und den Gedanken »schrecklich« fand, mein totes Baby in mir zu haben, habe ich beim Abschied von meinem zweiten Sternenkind noch ganz viel mit ihm gesprochen, ihm die Spieluhr vorgespielt und meinen Bauch gestreichelt.

Zudem wollte ich einen »fassbaren Grund« für den Verlust herausfinden. Ich suchte das Gespräch mit meinem Frauenarzt und informierte mich im Internet über die möglichen Ursachen. Dabei fand ich damals die »Schmetterlingskinder«-Seiten. Dort las ich einige Tage und Nächte, und all die angestauten Tränen flossen beim Lesen der vielen traurigen Geschichten. Aber ich fühlte mich nicht mehr so »unnormal« – um ein Baby zu trauern, das noch nicht geboren war ...

»Ich sprach nicht mehr von meinen ›Fehlgeburten‹, sondern von meinen ›Kindern‹«

Ich konnte beginnen, meine Trauer anzunehmen, und wurde in ihr zunehmend »offensiver«. Ich sprach anderen gegenüber nicht mehr von meinen »Fehlgeburten«, sondern von meinen »Kindern«. Anfangs verhalten, später immer häufiger – trotz der erstaunten Blicke und des Unverständnisses mancher Menschen.

Auf den Seiten von Conni (www.muschel.net) fand ich unter der Rubrik »Ursachen« verschiedene Untersuchungsmöglichkeiten und sprach meinen Arzt darauf an. Ich hatte den Hintergrund, dass ich das einzige lebende Kind meiner Eltern bin; meine Mutter hatte vor mir einige Kinder verloren. Sie selbst wusste nicht mehr, wie viele »frühe Fehlgeburten« es waren, und hat zudem ein Baby verloren, als ich sechs Jahre alt war und sie im 6. Schwangerschaftsmonat. Das Kleine wurde damals unter Narkose aus ihr herausgeholt, und ich mag mir gar nicht vorstellen, was dabei mit ihm geschehen ist. Ihr wurde auch nie gesagt, welches Geschlecht das Baby hatte. Es wurde einfach »entsorgt«! So lag der Gedanke nicht fern, dass es genetische Gründe geben könnte.

Die nachfolgende Untersuchung ergab, dass ich eine Gerinnungsstörung habe, die Ärzte sind unterschiedlicher Ansicht bezüglich der Auswirkungen. Unsere »Großen« haben erst von ihrem Geschwisterchen erfahren, als es bereits verstorben war. Wir hatten damals zwei Tage später den Ferienbeginn nutzen wollen, um mit ihnen essen zu gehen und ihnen davon zu erzählen.

Lara, Jonas und Alina haben »aktiv« getrauert. Sie haben Bilder gemalt – Alina hat für einige Zeit das Schnuffeltuch, das ich fürs neue Baby gekauft hatte, mit ins Bett genommen, und der »Sockenstrampler« – ein Brauch, den wir seit der ersten Schwangerschaft haben – hing noch fast einen Monat im Flur. Das ist ein Strampler, den ich (fast) jedes Mal besorgt habe, sobald ich einen positiven Schwangerschaftstest in der Hand hatte. Daran habe ich dann noch ca. 35 Babysöckchen gehängt, damit mein Mann jede Woche einen »Sockenpostbrief aus dem Bauch« bekam. So konnte auch er »aktiv« an der Schwangerschaft teilhaben. Zudem war der »Sockenstrampler« jedes Mal »Überbringer der frohen Nachricht«; sobald also plötzlich ein Strampler mit Söckchen in der Wohnung hing, wusste er Bescheid. Die Kinder haben mir damals eine schöne »Erinnerungskiste« ausgesucht, in die das Schnuffeltuch, die Ultraschallbilder und der »Sockenstrampler« wanderten. Als wir ein Jahr später erneut ein Kind zu den Sternen gehen lassen mussten, bestanden mein Mann und ich auf einer Untersuchung des Kleinen. Wir wollten wissen, ob festgestellt werden konnte, dass der Tod unseres Sternchens auf die Gerinnungsstörung (die mein Mann, wie wir dann erfahren haben, übrigens auch hat!) zurückzuführen war.

Genau konnte man uns das zwar nicht sagen, aber zumindest gab es keine Chromosomenanomalien, die Ursache waren – was natürlich in unserer unmittelbaren Umwelt sofort als der Grund parat lag: »Na, schließlich bist du ja auch nicht mehr die Jüngste, da wird das Kind wahrscheinlich krank gewesen sein!«

Als für mich »schönes« Ergebnis kam bei dieser Untersuchung das Geschlecht unserer Tochter ans Licht. Darüber bin ich heute noch »dankbar«. Es hat mir gezeigt: Ja, es ist wirklich wahr – du hast eine kleine Tochter in dir gehabt. Es war nicht nur ein »Zellklumpen«, sondern wirklich und wahrhaftig deine Tochter!

Eine sentimentale Regung vielleicht, aber für mich von immenser Bedeutung. Mit diesem Untersuchungsergebnis habe ich es geschafft, mit meinen großen Kindern für unsere Tochter einen Namen auszusuchen: ✦RONJA✦.

Und dadurch hatte ich auch den Mut, unserem Sternenkind aus dem Jahr zuvor (das ja sogar noch später in der Schwangerschaft starb) einen Namen zu geben. Gemeinsam mit den Kindern einigten wir uns auf ✦NOEMI✦, weil mein Bauchgefühl auch hier auf eine Tochter tippte.

Einzig ✦MINIMUM✦ hat seinen »Bauchnamen« von damals behalten. Ich fand es richtiger so. Denn wenn auch ✦MINIMUM✦ damals ein »gefühlter« Junge war – es lag so lange zurück, dass es mir richtiger erschien, nicht mehr an diesem Namen zu rütteln. Auch ✦RONJA✦ bekam ihre Erinnerungskiste. Wobei ich heute noch traurig bin, dass sie das erste meiner Kinder ist, welches keinen »Sockenstrampler« hatte, die Angst war zu groß. Aber ein Kuscheltierchen und ein gemaltes Bild von Alina sowie einen Brief meiner Tochter an ✦RONJA✦ – in dem sie ihr schreibt, dass sie sie gern kennen gelernt hätte – sind dort verwahrt.

»Mein Mann und ich haben beschlossen, eine weitere Kinderseele zu uns einzuladen«

Danach wollte ich zunächst mit dem Kinderwunsch abschließen, weil ich Angst vor einem erneuten Verlust hatte. Aber nach Gesprächen in der Familie, mit meinem Frauenarzt und in einer Praxis für Gerinnungsstörungen haben mein Mann und ich beschlossen, eine weitere Kinderseele zu uns einzuladen.

Unsere beiden Folgekinder – Julian, geboren im November 2004, und Enya, geboren im August 2006 – sind nach zwei aufregenden (weil von anfänglichen Blutungen und zum Teil schlechten Durchblutungswerten begleiteten) Schwangerschaften unter der Dauermedikation von ASS 100 und B-Vitaminen sowie hochdosierter Folsäure und Utrogest gesund und munter bei uns gelandet.

Wenn unsere Kinder gefragt werden, wie viele Geschwister sie in der Familie sind, kommt häufig die Antwort: »Wir sind fünf Kinder – aber eigentlich sind wir zu acht. Leider durften drei Babys nicht geboren werden.«

Heute kann ich gut mit meinen Verlusten leben, haben doch auch meine Sternenkinder mich zu dem Menschen gemacht, der ich jetzt bin. Während ich früher Tod aus meinem Leben ausgegrenzt habe, wie andere Menschen auch mich zurückgezogen habe, wenn in meinem Umfeld ein Verlust zu beklagen war (sei es das eigene Kind, die Eltern oder sonst jemand), so versuche ich heute, »aus dem Bauch« heraus zu handeln. Ich merke deutlich, wie meine Sternenkinder mir meine »Instinktsicherheit« zurückgegeben haben.

Meinen Kindern, die wir immer miteinbezogen haben, ist klar geworden, dass Leben nichts Selbstverständliches ist. Und dass der Tod zum Leben dazugehört. Die Trauerfeier für den Großvater im vergangenen Jahr haben sie mitgestaltet und aktiv Abschied genommen, indem sie Briefe an den Opa mit Luftballons »in den Himmel« schickten, Kerzen gebastelt haben und es ihnen ein Bedürfnis war, sich zuvor noch im familiären Rahmen von ihm zu verabschieden.

»Die Kostbarkeiten Leben und Liebe wurden ganz massiv durch unsere Sternenkinder geprägt«

Unsere Kinder, mein Mann und ich haben sehr viel von unseren Sternenkindern »bekommen« – deswegen bin ich mir sicher, ihr kurzes Leben in mir war nicht »umsonst« oder »wertlos« – und deshalb denke ich, sie sollen immer ihren Stellenwert in unserer Familie haben.

Ich liebe jeden Tag mit meinen lebenden Kindern – und kann Streit sehr schlecht vertragen (der natürlich auch bei uns vorkommt), aber es gibt eigentlich so gut wie keinen Tag, an dem wir zerstritten ins Bett gehen …

Die Kostbarkeiten Leben und Liebe wurden ganz massiv durch unsere Sternenkinder geprägt, und heute kann ich ohne Groll auf mein Leben schauen – und dankbar sein.

Diese Akzeptanz zu erlangen, dazu hat mir zu einem großen Teil der Austausch mit betroffenen Müttern aus dem »Muschel-Forum« und den »Schmetterlingskinder«-Seiten verholfen.

Auch die Folgeschwangerschaften mit ihren Ängsten und Sorgen wurden dort mitgetragen. Und ich bin sehr dankbar, dort Frauen kennen gelernt zu haben (zum Teil mittlerweile persönlich), die mich auffingen, wenn ich wieder mal »down« war, weil ich schlechte Untersuchungsergebnisse hatte oder Blutungen.

Mein Anliegen ist, mehr Öffentlichkeit zu schaffen, damit Frauen, die ihr Kind in der Schwangerschaft verloren haben, nicht mehr um ihr Recht auf Trauer kämpfen müssen. Es sollte so sein, dass ein Netz diese Mütter und Familien auffängt, statt sie fallen zu lassen.

Katharinas Geschichte: *»Beide sind in der Klinik bei mir — noch muss ich Hans nicht hergeben«*

3. Februar: Meine Ärztin, die mir heute sagte, dass ich nicht nur schwanger bin, sondern sogar Zwillinge erwarte, war sich keineswegs sicher, ob sie mir damit eine gute oder schlechte Nachricht präsentiert.

Ich aber bin mir vom ersten Moment an sicher gewesen: Es ist die beste Nachricht, die ich je in meinem Leben erhalten habe. Ich freue mich auf Euch. All die gestressten und überforderten Mütter, die Zwillinge großziehen, tangieren mich überhaupt nicht. Irgendwie kriegen wir das schon hin miteinander.

25. März: Die Ärztin, die mir einreden will, ich sei eine Risikoschwangere und Ihr wäret meine Risikoschwangerschaft, stört mich. Trotzdem gehe ich brav zu ihr hin. Wir haben uns allerdings darauf geeinigt, nur alle vier Wochen eine Ultraschalluntersuchung vorzunehmen. Ihr wäre es lieber gewesen, sie hätte Euch alle vierzehn Tage auf dem Bildschirm sehen können.

20. April: Nun hat sie mich doch rumgekriegt: Ich werde mich in der Klinik zu einer so genannten Doppleruntersuchung anmelden. Letztlich will ich mir ja nicht vorwerfen lassen, ich hätte Euer Leben aufs Spiel gesetzt!

20. Mai: Lieber Carl und lieber ✚HANS✚, das war heute eine ziemliche Überraschung: Ich war absolut überzeugt, Ihr würdet zwei Mädchen werden – und als engagierte Feministin, die ich zumindest einmal war, habe ich auch keine Vorstellung davon, wie man Jungs erziehen soll. Der Arzt hat mich eines anderen belehrt, und sofort war klar: Ihr werdet nach Euren Großvätern benannt.

»Dass es so etwas gibt: Du, Carl, bist bei 1900 Gramm. Du, Hans, bei 900«

12. Juni: Lieber Carl und lieber ✦HANS✦, Ihr entwickelt Euch sehr unterschiedlich. Du, Carl, bist sehr agil und der Aktivere von Euch beiden. Damit bist Du mir sehr vertraut. Du, ✦HANS✦, bist deutlich kleiner, deutlich zurückhaltender und stiller. Auf Dich bin ich besonders gespannt.

Bei ihrem heutigen Besuch war die Hebamme sehr verblüfft über die unterschiedlichen Größen, die sie bei Euch ertastet hat, meinte aber, dass alles in Ordnung sei. Da ich dies auch meine, gibt es keinen Handlungsbedarf.

17. Juli: Ich habe die Ärztin gewechselt. Sie hat mich einfach mit ihren Unkereien von toten Kindern und »alten« Schwangeren verunsichert. Das will ich mir mit Euch nicht leisten! Mein neuer Arzt hat Euch vermessen – dass es sowas gibt!! Du, Carl, bist bei 1900 Gramm, Du, ✦Hans✦, bei 900 Gramm. »Da habe ich mich wohl vertan«, sagt er zu mir. Dem kann ich zustimmen. Also gibt es immer noch keinen Handlungsbedarf ...

23. August: Lieber Carl und lieber ✦HANS✦, die letzte Nacht habe ich relativ schlaflos verbracht, weinend und in banger Unruhe. Irgendetwas ist nicht in Ordnung – ich merke nichts mehr von Dir, kleiner ✦HANS✦. Im Büro habe ich noch ein bisschen aufgeräumt, die Zeit des Mutterschutzes rückt näher. Aber dort hält es mich nicht, ich muss unbedingt und jetzt sofort zu meinem Arzt!

Die Sprechstundenhilfen hören die Herztöne ab und beruhigen mich: Alles ist, wie es sein soll. Dennoch bestehe ich beim Arzt, dem ich kurze Zeit später gegenübersitze, auf einer Ultraschalluntersuchung. Es dauert zu lange, er äußert sich nicht. »Ist alles in Ordnung ...?« Keine Antwort. Nur mühsam kann ich ihm aus der Nase ziehen, dass Du, ✦HANS✦, wahrscheinlich nicht mehr lebst. Ich greife nach seiner Hand, aber er ist unerreichbar ...

Fluchtartig verlasse ich die Praxis, kehre zurück in mein Büro und rufe die Hebamme an. Bisher ist es mir noch nie gelungen, sie auf Anhieb zu erreichen, ich musste immer auf den Anrufbeantworter sprechen, eine sehr beschäftigte Frau. Aber in diesem Moment ist sie für mich da und ordnet meine Gedanken. Ich bin völlig aufgelöst, sie sagt mir Schritt für Schritt, was zu tun ist:

1. Ruf deinen Mann an. Sag ihm, dass er nach Hause kommen soll. 2. Fahr auch nach Hause, pack ein paar Sachen und fahr in die Klinik. 3. Geh dort zum Kreißsaal und erzähle, was passiert ist. Genauso machen wir es dann auch. Mein Mann kommt heim, gemeinsam rasen wir durch den Elbtunnel auf die andere Seite der Stadt. Eine neue Zeitrechnung beginnt.

»Meine Zwillinge werden so lange wie möglich gemeinsam in meinem Bauch bleiben«

Die Professionalität, mit der mir im Krankenhaus begegnet wird, tut mir unendlich gut. Im Kreißsaal, neben all den entsetzlich schwangeren Frauen, werde ich sofort als eine herausgegriffen, mit der irgendetwas überhaupt nicht stimmt, und in ein Extrazimmer bugsiert. Ein Arzt ist sofort bei uns. Konzentriert lauscht er meinen Schilderungen und fackelt nicht lange, sondern macht sofort einen Ultraschall. »Ja, Ihr Kind ist tot.« Ich bin ihm dankbar, dass er mit aller Klarheit ausspricht, was Realität ist.

Irgendjemand bespricht mit irgendjemandem, was nun mit mir passieren soll. Kurze Zeit später finde ich mich auf der Wöchnerinnenstation in einem Einzelzimmer wieder. Zum Glück haben die Schwestern mich von allen anderen Menschen isoliert und lassen mich in Ruhe. Eine sehr kompetente Hebamme steht uns zur Seite. Später stellt sich heraus, dass sie ein Kind verloren hat und mein Gefühlschaos nachempfinden kann.

»Der Klinikalltag hilft, mich auf ein Leben mit einem toten und einem lebenden Kind einzustellen«

25. August: Ich bin froh, dass meine Eltern ihren Urlaub abgebrochen haben und nach Hamburg zurückgekehrt sind. Mit meiner Mutter drehe ich in den nächsten sechzehn Tagen unzählige Runden im Park des Krankenhauses, überlegend, was alles hätte sein können. Ein junger Arzt hat mir nach einer Untersuchung mitgeteilt, dass meine zweieiigen Zwillinge so lange wie möglich gemeinsam in meinem Bauch bleiben werden. Und für mich beginnt eine heilige Zeit: Beide Kinder sind bei mir – und noch muss ich ✛HANS✛ nicht hergeben. Ein sehr verständnisvoller Pastor zeigt mir die Kapelle, in der immer eine Kerze brennt und in der ich in den folgenden Tagen oft sitze. Ich bin einfach nur da. Auch die Psychologin kommt. Alle sind bemüht um mich, dabei weder aufdringlich, noch fertigen sie mich mit Plattitüden und Phrasen ab. Meine Fragen haben Raum, auch meine Tränen und der sehnliche Wunsch, diese »Dreieinigkeit« noch möglichst lange fortzusetzen. Carl tut jeder Tag gut, den er weiter in mir wachsen kann.

27. August: Lieber ✚HANS✚ und lieber Carl, ich »darf« am Wochenende nach Hause und weiß gar nicht, ob mir das recht ist. Wo soll ich hin, was soll ich tun?? Der einfache Ablauf in der Klinik – Frühstück, Ultraschalluntersuchung, Mittagessen, Ultraschall, Besuch, Abendessen, Ultraschall, Schlafengehen – hat etwas Beruhigendes. Daheim hingegen fällt mir die Decke auf den Kopf. Ich muss entscheiden, was mit dem Zwillingswagen passieren soll, was mit der doppelten Wäsche, was mit dem zweiten Bettchen. Das alles überfordert mich. Der geordnete Ablauf im Krankenhaus ist genau das, was ich jetzt brauche. Ich bin froh, dass ich wieder zurückkehren kann.

30. August: In meinem Unglück geht es mir gut. Der Klinikalltag, der mich nicht fordert, hilft mir dabei, mich auf ein Leben mit einem toten und einem lebenden Kind einzustellen. Denn das sind sie beide: meine Kinder.

10. September: Ich gehöre mittlerweile zum Inventar. Ich kenne die Mütter, die, ähnlich wie ich, Probleme in der Schwangerschaft haben. Ich kenne die kleinen Babys der Frauen, die bereits entbunden haben, ich kenne alle Schwestern, alle Ärztinnen und Ärzte, die Abläufe, die Besucher. Inzwischen lebe ich nicht mehr auf der Station, sondern in einem benachbarten Haus. Sonderkonditionen für eine besondere Situation. Die Schwestern meinen es gut, aber hier fällt mir die Decke auf den Kopf.

Die Ultraschalluntersuchungen sind verdichtet worden. Nach dem Abendessen gehe ich zu meiner letzten Kontrolle – und plötzlich geht alles ganz schnell. Innerhalb von sechzig Minuten werde ich auf einen Kaiserschnitt vorbereitet, die Operation verläuft gut, und ich bringe meine beiden Kinder zur Welt. »Ein Junge ...« – Carl wird mir gezeigt. ✚HANS✚ nicht. Dabei habe ich allen, die es hören wollten, vorher gesagt, dass ich ✚HANS✚ unbedingt sehen möchte. Aber in dieser Situation reichen die Kräfte nicht, diesem Wunsch auch Nachdruck zu verleihen.

Carl wird gleich auf die Kinderstation gebracht, dort untersucht und dann – »... man kann ja nie wissen, Frau Seiler!« – auf die Kinderintensivstation verlegt.

»Fast entgleitet mir Hans, so sehr lebt er schon in einer anderen Welt«

11. September: Nach einer unruhigen und schmerzvollen Nacht fühle ich mich mittags in der Lage, die Treppe in den ersten Stock zu überwinden, um meinen kleinen Carl zu sehen. Ich verstehe nicht, was er auf der Intensivstation soll. Diese Frage bleibt unbeantwortet. Aber er ist wunderschön, hat feuerrotes Haar, und alles ist dran!

Nachmittags habe ich den starken Wunsch, auch ✦HANS✦ zu sehen. Dieses Bedürfnis, gemischt mit den eintreffenden Besuchern und dem lebenden Carl, bringt mich an den Rand dessen, was ich meine, verkraften zu können.

Abends erscheint nach ihrem regulären Feierabend die junge Hebamme und bringt uns ✦HANS✦. Liebevoll hat sie ihn, das tote winzige Kind, in eine Decke gewickelt und in einen kleinen Moseskorb gelegt. Ich nehme den Kleinen ein einziges Mal in meine Arme, dieses zerbrechliche, für mich vollkommene Wunderwerk. Fast entgleitet er mir, so sehr lebt er schon in einer anderen Welt. Wir bitten darum, dass ✦Hans✦ noch für eine Weile in den Kühlkammern bleibt. Vielleicht wollen wir ihn noch einmal sehen?

15. September: Lieber Carl und lieber ✦HANS✦,

gleichzeitig kämpfe ich dafür, dass ich Dich, Carl, sehen und in den Arm nehmen darf. Die Kinderintensivstation ist für mich eine feindliche Welt, die mich nicht zu Dir lässt und die mir auch nicht erklärt, wie das Leben hier gerade funktioniert. Gleichzeitig müssen wir Dich, ✦HANS✦, beerdigen.

Dich dieses eine Mal im Moseskörbchen zu sehen hat zu dem dringenden Wunsch geführt, diese biblische Geschichte aufzugreifen und auch für uns zu einem Stück Lebenswirklichkeit werden zu lassen: Eine junge Mutter bettet ihr Kind in ein Körbchen, setzt es auf den Fluss und bittet Gott darum, das Kleine auf seiner Reise zu behüten, weil sie selbst diese Reise nicht mit antreten kann.

20. September: Mein kleiner ✦HANS✦,

Dein Onkel hat Dir eine kleine Nussschale gebaut, in der Du bald beigesetzt wirst. Wir werden sie in einen winzigen Weidenkorb setzen und diesen gemeinsam auf den Weg bringen.

»Wir haben gesungen: ›Weißt du, wie viel Sternlein stehen ...‹«

29. September: Lieber Carl und lieber ✦HANS✦,

bei der Beerdigung heute seid Ihr noch einmal in einem Raum vereint gewesen, auch wenn ich glaube, dass Du, ✦HANS✦, eigentlich schon nicht mehr bei uns warst. Wir haben den Altarraum der Kirche wunderschön geschmückt und uns in einem Halbkreis um Dich herumgesetzt. Das, was wir getan haben, haben wir zum ersten und letzten Mal für Dich getan. Deine Großmutter hat Dir eine kleine Decke für Deinen Sarg gestrickt, um Dich darin warm einzuwickeln. Deine Cousinen und Cousins schmückten erst die Kirche mit Sonnenblumen, sammelten sie später wieder ein und legten sie an Deinem Grab aus, um Dich weich zu betten. Wir haben Dir das Lied gesungen »Weißt du, wie viel Sternlein stehen ...?« Wir haben Dich aussegnen lassen. Wir haben Dich durch die Kirche und zum Friedhof getragen.

Dir zu Ehren hat es geregnet, und der Pastor musste seinen Talar raffen, um nicht im Matsch zu versinken.

Manche Freunde und Freundinnen, vor allem aber Deine Familie, haben Dich an diesem heutigen Tag umgeben – und nicht nur beerdigt, sondern auch gefeiert.

10. Oktober: Lieber Carl,

wie mag es Dir ergangen sein bei der Beerdigung Deines Bruders? Wird Dein Leben immer davon geprägt sein, dass Du ein Zwilling bist und einen Zwillingsbruder hast? Bist Du der Erste gewesen, der gemerkt hat, dass etwas nicht stimmt, weil die Geräusche im »Nachbarraum« versiegten? Hast Du Mangel empfunden, schon im Mutterleib? So oder so, wir werden heute auf den Friedhof gehen und Deinen Bruder besuchen. Heute ist Euer errechneter Geburtstermin! Wir werden ✦HANS✦, unser Sternenkind, dort nicht treffen, er ist uns vorausgegangen. An einen Ort, den wir noch nicht kennen.

Vier Jahre später

Lieber Carl und lieber ✦HANS✦,

viel ist geschehen. Ich bin seit einigen Tagen von Eurem Vater geschieden. Der Anfang vom Ende war Dein Tod, kleiner ✦HANS✦. Das haben wir gemeinsam nicht
verkraftet. Du, kleiner Carl, hast mir erzählt: »Ich heiße Carl Maximilian mit C und
bin vier Jahre alt.« Du gehst in die KiTa, bist ein wacher, interessierter und sozialer
Lockenkopf und weißt genau, dass Du einen Bruder ✦HANS✦ hast. Einen Grabstein haben wir immer noch nicht anfertigen lassen. Das war nie wichtig genug.
Aber eins ist geblieben, schon vier Jahre lang: Wir sind zu viert in diesem Leben.

Wenn sich der Traum doch noch erfüllt

Niemand wird sein Sternenkind je vergessen – aber die Hoffnung, vielleicht irgendwann doch noch ein gesundes Baby zu bekommen, erfüllt die Herzen vieler Eltern stets aufs Neue. Nicht von ungefähr ist unser abschließendes Kapitel genau diesem Thema gewidmet. Hier erzählen vier unserer Sternenkinder-Mütter von ihrem großen Glück danach. Ihr sehnlichster Wunsch ist wider aller Erwartungen doch noch in Erfüllung gegangen. Es sind Geschichten, die uns allen Mut machen, die Zuversicht nie aufzugeben!

Anikas* Geschichte: »Trotz dieser Furcht, dass etwas nicht stimmt, wusste ich, alles wird gut«

Ich verlor unser Sternchen ✦EMILY✦ in der 29. SSW. Seitdem wusste ich, es ist nicht selbstverständlich, ein Kind haben zu dürfen – es ist etwas ganz, ganz Besonderes. Auch wenn es vielleicht komisch klingt, aber der einzige Trost in den schweren, schmerzhaften Stunden damals war für mich das bestimmte Gefühl, irgendwann tatsächlich ein Baby im Arm zu halten. Es sollte kein Ersatz sein, aber durch den Verlust von ✦EMILY✦ war mein Kinderwunsch noch größer geworden. Ich konnte mir auf einmal sogar vorstellen, mehr als nur *ein* Kind zu haben. Ich wollte für alle Kinder voll und ganz da sein. Job, Karriere – alles wäre nebensächlich. Nichts auf der Welt ist schöner als die eigenen Kleinen.

Leider stellte uns das Schicksal auf eine Langzeitprobe. So einfach schwanger zu werden wie bei ✦EMILY✦ war es nicht. Viele Monate des Hoffens vergingen. Immer wieder wurden wir enttäuscht. Und mit dieser Enttäuschung kehrte auch irgendwann die große Trauer zurück. Ich hatte plötzlich Angst, dass ich nie stolz mit dem Kinderwagen durch die Straßen laufen darf. Dieser Gedanke war schrecklich. Ich entwickelte fast so etwas wie Neid und Hass gegenüber denen, die quasi von selbst schwanger wurden und dann auch noch wie selbstverständlich ein gesundes lebendes Kind zur Welt brachten.

Bei meinem Mann und mir gab es nur noch zwei Themen: die Trauer um ✦EMILY✦ und der Kinderwunsch. Nach einem Dreivierteljahr verabreichte mir mein Frauenarzt eine niedrige Dosis Hormone. Eigentlich hätten diese sofort wirken müssen, aber auch das war nicht der Fall. Erst als wir schon fast die Hoffnung aufgegeben hatten, geschah das Unglaubliche: Ich war tatsächlich schwanger! Es war ein unbeschreiblich tolles Gefühl. Mit ihm setzte allerdings auch gleich wieder die Angst ein. Doch die Schwangerschaft verlief ohne Komplikationen. Ich bekam zusätzliche Vorsorgeuntersuchungen und die Abstände der Kontrollen wurden sehr kurz gehalten. Trotzdem packte mich zwischendurch immer wieder diese diffuse Furcht, dass etwas nicht stimmen könnte. Das war meistens Freitagnachmittag, wenn kein Arzt mehr Sprechstunde hatte. Oft konnte ich noch bis Samstagabend durchhalten, dann jedoch musste ich unbedingt ins Krankenhaus, mal eben nachsehen las-

---

* Anikas Sternenkind-Geschichte finden Sie ab Seite 108

sen, ob alles in Ordnung war. Ich wurde dort immer gut betreut, und ich glaube auch nicht, dass das Personal mich für hysterisch hielt.

Ich habe mir übrigens die ganze Schwangerschaft über eingeredet, ich müsste mein Kind holen lassen, sobald es nicht mehr als zu früh geboren gilt. Ich wollte auf keinen Fall auf den letzten Metern ein Risiko eingehen. Auch das haben die Ärzte im Krankenhaus gut gemeistert. Sie bestellten mich drei Wochen vor dem errechneten Entbindungstermin mehrfach in ganz kurzen Abständen ein, sodass ich immer ein Gefühl der Sicherheit empfand. Trotzdem war die Anspannung unmittelbar vor dem Stichtag schier unerträglich – bis die Geburt an diesem Tag dann endlich künstlich eingeleitet wurde.

Ich war auf alles vorbereitet, auch auf den Fall, dass etwas schiefgehen könnte. Denn bis zum Schluss konnte ich einfach nicht daran glauben, wirklich ein schreiendes Kind im Arm zu halten. Während der Geburt habe ich meinen Mann immer wieder gefragt, welche Herztöne das CTG-Gerät anzeigt.

»Hanna Sophie ist dafür da, alles für ihre Sternenschwester mitzuerleben«

Dann war es endlich so weit. Noch einmal pressen – und unser Wunder erblickte das Licht der Welt! Ich horchte auf den ersten Schrei. Er ließ vermutlich nur Bruchteile von Sekunden auf sich warten, aber mir kam es wie eine Ewigkeit vor. Ich konnte es kaum fassen: Mein gesundes Baby lag tatsächlich auf mir drauf! Es zu spüren, war unbeschreiblich schön. Und alle Sorgen und Ängste waren verflogen. Ich hatte das Gefühl, von einer riesigen Last befreit zu sein. *Hanna Sophie* gab mir das Lächeln, das ich beim Tod von ✦EMILY✦ verlor, auf einen Schlag zurück.

Obwohl wir total glücklich waren, schwang doch auch ein Stück Traurigkeit mit. Denn genau jetzt wussten wir, was uns und ✦EMILY✦ versagt blieb. Unser Trost: *Hanna* ist dafür da, alles für ihre Sternenschwester mitzuerleben.

Seitdem genieße ich jede Sekunde mit *Hanna*. Ich werde andere Mütter nie verstehen, die ihre neue Situation als stressig beklagen. Mir war es egal, dass meine Kleine alle zwei Stunden in der Nacht trinken wollte, mir war es auch egal, dass sie nur bei uns im Bett schlafen wollte. Denn genau das hatte ich mir gewünscht – ein Kind, dem ich all meine Liebe schenken konnte.

Durch *Hannas* Geburt war ✦EMILY✦ aber nicht vergessen. Wir fuhren nach wie vor jeden Tag zum Friedhof. Wir erzählten *Hanna* auch, dass es ihre Schwester ist, die da liegt. Es war für *Hanna* das Normalste auf der Welt, zum Grab zu gehen. Wir wussten natürlich, dass irgendwann Fragen kommen würden, aber darauf waren wir vorbereitet. Uns war es wichtig, mit dem Thema ganz offen umzugehen. Die Fragen kamen tatsächlich relativ schnell, etwa in der Kita. Andere Kinder hatten Geschwister, die man anfassen und mit denen man spielen konnte. *Hanna* wollte auch solche Geschwister haben. Als sie das sagte, waren wir bereits seit geraumer Zeit am Üben. Ich war zwar froh, nicht so schnell wieder schwanger geworden zu sein, weil ich mich voll und ganz auf *Hanna* konzentrieren wollte, aber nach drei Jahren wäre es nun ganz schön gewesen.

Da *Hanna* auch nicht ohne Hilfe entstanden war, wendete ich mich wieder an meinen Frauenarzt. Der überwies mich nach einigen Tests umgehend an eine Kinderwunschklinik. Dort machte man meinem Mann und mir Hoffnungen auf eine baldige Schwangerschaft, meine Werte seien gar nicht so schlecht.

»Und wenn der dritte und letzte Versuch in der Kinderwunschklinik auch nicht klappt?«

Wir entschieden uns für diesen Weg. Der Weg war allerdings steinig und schwer. Bereits der erste Versuch wurde durch einen Fehler der Ärzte abgebrochen. Der zweite Versuch folgte sogleich, die Ärzte gaben sich äußerst optimistisch, aber auch dieser scheiterte, allerdings erst bei der Eizellentnahme. Um den dritten und letzten Versuch vornehmen zu können, musste ich noch einige Checks durchführen lassen, und es ging dadurch einige Zeit ins Land – Zeit, in der wir von Bekannten oft gefragt wurden, wann denn endlich das zweite Kind kommen würde. Wenn ich gut drauf war, beantwortete ich die Frage konsequent mit: »Nummer zwei steht vor dir.« Denn *Hanna* war eigentlich das zweite Kind. Diese Tatsache wurde aber von der Umwelt schnell vergessen. Und so kam es dann auch immer mal wieder zu irritiertem Nachhaken im Sinne von: »Wie bitte, ihr trauert immer noch?«. Natürlich trauern wir immer noch. Das werden wir auch immer tun, selbst wenn die Trauer am Anfang eine andere war.

Diese ständigen Fragen machten die Situation nicht einfacher. Unsere Gedanken begannen, sich wieder nur um das Thema »Kinderwunsch« zu drehen. Und wieder entwickelte ich einen unterschwelligen Neid gegenüber all den Frauen, die auf spielerisch leichte Art schwanger wurden. Aber ich hatte ja noch den dritten und letzten Versuch … Ein Versuch, für den wir extra einen Kredit aufnehmen mussten. Ich projizierte dort all meine Hoffnungen hinein, malte mir schon die Schwangerschaft aus, war fast schon vorauseilend glücklich. Leider hatte es nicht sein sollen. Nach der erneut gescheiterten Eizellentnahme tat sich ein riesiges schwarzes Loch für mich auf und einige ziemlich unprofessionelle Worte seitens des Kinderwunschklinikpersonals ließen das schwarze Loch nicht unbedingt schrumpfen.

Nach ✦EMILYS✦ Tod hatte ich in einem Buch gelesen, ein unerfüllter Kinderwunsch sei mit einer Totgeburt emotional gleichzusetzen. Das konnte ich mir damals nicht vorstellen. Jetzt weiß ich aber, dass es zutrifft, denn dieses Gefühl musste ich auch erfahren. Meine Emotionen fuhren Achterbahn! Da stand ich also und sollte mich mit dem Gedanken abfinden, *kein* weiteres Kind zu bekommen. Was für ein Albtraum! Außerdem schwirrten mir immer wieder Gedanken durch den Kopf, dass die Ärzte vielleicht doch nicht alles getan hatten, was in ihrer Macht stand. Und dann war da noch die Geldfrage: Ab dem vierten Versuch zahlt die Krankenkasse nichts mehr dazu. Wir konnten aber keinen vierten Versuch selbst finanzieren, da unsere Möglichkeiten ausgeschöpft waren. Vorher hatte ich Menschen nie verstanden, die sich Geld für einen Kinderwunsch leihen. Doch wenn man einmal in dieser Mühle drinsteckt, ist das wie eine Sucht, man will immer weitermachen.

Nach der ersten Ohnmachtsphase suchten wir doch noch einmal Kontakt zu den Ärzten. Voller Wut und Verzweiflung über unsere Situation gingen wir in das Gespräch und erwarteten nicht viel. Aber dann überraschte man uns mit dem Angebot, einen weiteren Versuch auf Kosten der Kinderwunschklinik durchzuführen. Ich maße mir darüber eigentlich kein Urteil an, aber es klang fast wie das Eingeständnis eines Fehlers.

Ehrlich gesagt, machte ich mir nicht allzu große Hoffnungen bei diesem vierten und letzten Versuch. Vielleicht, um mich so vor einer erneuten Enttäuschung zu schützen. Doch alles klappte wie im Bilderbuch: Ich wurde schwanger! Unsere Freude war riesig! Ich wollte diese Monate unbedingt genießen. Ich wollte meinen Bauch präsentieren. Ich wollte mit *Hanna* zusammen alles vorbereiten. Aber die Realität holte mich schnell ein. Bereits in der 10. SSW hatte ich leichte Schmierblutungen. Das war ein kleiner Schreck und ich beschloss, von nun an den Schongang einzulegen. Trotzdem zweifelte ich nicht an einer guten Schwangerschaft – so wie bei *Hanna*.

»Da war er wieder, dieser grausame Albtraum. Wie in Trance bereitete ich mich auf das Schlimmste vor«

Leider kam es anders. Am Ende der 14. Woche blutete ich von jetzt auf gleich. Mir war sofort klar: eine bedrohliche Situation für mein Krümelchen. Trotzdem hoffte ich inständig – und meine Hoffnung wurde fürs Erste belohnt. Unser Baby lebte und hüpfte munter in mir herum, wie man deutlich auf dem Ultraschallmonitor sah. Man konnte aber auch noch etwas anderes sehen. Die Ärztin erklärte es mir: Die Plazenta schien sich zu 50 Prozent abgelöst zu haben. Wenn das zutraf, würde mein Baby die nächsten 48 Stunden nicht überleben.

Da war er wieder, dieser grausame Albtraum. Ich hatte erneut alles von ✚EMILY✚ vor Augen. Nein, das durfte doch nicht noch einmal passieren! Warum immer wir? Meine Gedanken überschlugen sich. Wie in Trance bereitete ich mich auf das Schlimmste vor, begann, eigentlich nur noch zu funktionieren, bestellte bei einer Freundin etwas Kleines zum Anziehen und einen Ministoffsarg. Ich wollte, dass es das Kleine so schön wie möglich hatte.

Innerlich hoffte ich trotzdem. Betete, es möge wider Erwarten doch alles gut gehen. Wenn nicht, wollte ich, dass der Albtraum schnell ein Ende fand. Ich hatte ja schließlich noch *Hanna* zu Hause, die mit der Situation ganz allein war. Mein Hoffen und Beten wurde tatsächlich erhört – sowohl 24 als auch 48 Stunden später ging es unserem Baby bestens! Nach 72 Stunden und einem völlig anderen Ultraschallbild dann die begründete Erleichterung: Ich hatte eine gut funktionierende Plazenta, die allerdings vor dem Muttermund lag. Aus diesem Grund soll es auch geblutet haben. Außerdem erkannte man jetzt an der Gebärmutter ein riesig großes Hämatom. Keine schöne Diagnose. Die Ärzte bestätigten mir jedoch, dass unser Baby es sicherlich bis zum Ende der Schwangerschaft schaffen würde.

Meinem Mann und mir war klar, dass die nächste Zeit hart werden würde. Ich musste viel liegen, sprach lange mit dem Arzt, der die Diagnose stellte. Er rollte daraufhin noch einmal ungeklärte Fragen im Zusammenhang mit ✚EMILYS✚ Tod auf. Er sagte, ein Kind verstirbt nicht ohne Grund im Mutterleib. Er ließ sich die Unterlagen von damals kommen. Nach einigen Bluttests und der Sichtung der alten Unterlagen erfuhren wir dann mit siebenjähriger Verspätung, dass ich unter einer Blutgerinnungsstörung leide, die nur in der Schwangerschaft auftritt. Sie verursacht viele kleine Infarkte in der Plazenta, was letztendlich – wie bei mir – zu einer Unterversorgung des Mutterkuchens führen kann. Warum es *Hanna* trotzdem geschafft hat? Vielleicht war es das gleiche Wunder, das uns diesen Schrecken eingejagt hat, sodass wir einfach genauer nach unserem Baby schauten …

Die restliche Schwangerschaft verlief schleppend, unsere Gedanken befanden sich im Dauerspagat. *Hanna* musste in dieser Zeit sehr zurückstecken und auf ihre Mama verzichten. Aber wir wurden dafür belohnt: Unsere Tochter *Carlotta Marie* kam per Kaiserschnitt kerngesund zur Welt. Seitdem schaue ich oft meine beiden lebenden Kinder an und denke: Es ist ein Wunder, dass es euch gibt!

Ich werde ✦EMILY✦ immer tief in meinem Herzen tragen, mit *Hanna* und *Carlotta* fest an meiner Seite.

Heikes* Geschichte: *»Dieses Mal war von Anfang an alles anders!«*

Ich war wieder schwanger. Nun konnte ✦HELEN✦ endlich ein lebendes Geschwisterchen bekommen – hoffentlich! Und was dann folgte, war eine Bilderbuchschwangerschaft, äußerlich gesehen, in keiner Hinsicht zu vergleichen mit ✦HELENS✦ – seelisch aber war sie furchtbar.

Mir war schlecht, klar, aber diesmal habe ich mich darüber gefreut. Allerdings musste ich viel häufiger eine Bestätigung haben, dass mit dir, meinem so sehr gewünschten Baby, alles gut war; weil ich ja wusste, dass auch kurz vor der Geburt noch etwas passieren konnte.

Die Emotionen wechselten, mal witzelte ich, dass mein Kind wahrscheinlich später nie Eis mögen würde, so viel, wie ich die ganze Zeit davon aß. Und im Winter wurden die Eispackungen im Supermarkt gekauft. Und immer wieder mal kamen die Ängste, was wäre, wenn ich auch dich wieder verlieren würde.

Ich war bei meiner Frauenärztin geblieben, die mich auch in der Schwangerschaft mit ✦HELEN✦ begleitet hatte. Es fiel mir unendlich schwer, vor dem Behandlungszimmer zu sitzen und die fröhlichen Geburtsanzeigen zu lesen, die gerahmt dort im Flur hingen. Von uns sollte auch so ein Bild da hängen, aber meine Tochter war tot. Fast immer weinte ich, wenn ich da saß, oder hatte zumindest einen dicken Kloß im Hals. Jedes Mal hatte ich Angst, wenn meine Ärztin die Ultraschalluntersuchung

---

* Heikes Geschichte ihrer zwei Sternchen beginnt auf Seite 112

machte. Zum Glück machte sie sie bei jeder Untersuchung, und zum Glück schlug auch dein Herz jedes Mal. Was für eine Anspannung vorher! Welche Erleichterung, wenn ich das Herz schlagen sah!

Dieses Mal wollten wir es anders machen. Mein Mann und ich wollten wissen, ob ein Junge oder ein Mädchen in meinem Bauch heranwuchs. Wir hatten schon einen schönen Namen für ein Mädchen ausgesucht, es sollte Sue Karen heißen. Aber dann warst es du: ein Junge! Die Namenswahl wurde schon schwieriger. Eigentlich wollte ich mich unbedingt wie eine ganz normale Schwangere fühlen, aber das ging nur zeitweise. Die Angst, dass wieder etwas passieren und ich es nicht merken würde, war viel zu groß. Es war, bei weiter fortgeschrittener Schwangerschaft, nicht zu schaffen, länger als zwei Wochen zwischen den Kontrollterminen zu lassen. Davor hatte ich ein paar Mal sogar vier Wochen geschafft. Ich brauchte einfach unentwegt die Bestätigung, dass alles in Ordnung ist. Ständig fühlte ich in mich hinein, fragte mich, ob mein Bauchgefühl richtig war, denn das hatte mich ja bei ✦HELEN✦ im entscheidenden Moment im Stich gelassen. Das Vertrauen in meinen Körper fehlte einfach.

Wir bekamen eine Überweisung zur Feinultraschalluntersuchung und gingen dafür nach Dortmund. Da sollte sich in der 24. SSW zeigen, ob mit deinen Organen alles stimmte und du gesund warst. Mein Mann Christof kam mit, und wir waren einfach überwältigt, dich im 3-D-Ultraschall zu sehen. Ein komplettes Baby, rundum in Ordnung! Die Ärztin nahm sich viel Zeit für uns, bestimmt eine halbe Stunde. Sie zeigte uns den Blutfluss, das Herz, deine Organe – es war alles da, wo es hingehörte. Das war wie fernsehen, wir sahen unser Kind!

»Ich wollte niemandem Angst machen, aber dann erzählte ich doch von Helen«

Wir machten wieder einen Geburtsvorbereitungskurs mit, aber diesmal woanders. Also gingen wir in das Krankenhaus, in dem wir auch ✦HELEN✦ zur Welt gebracht hatten und in dem wir auch dich bekommen wollten.

Bei der Vorstellungsrunde zögerte ich erst kurz, ob ich unsere Vorgeschichte erzählen sollte, ich wollte ja niemandem Angst machen. Aber dann tat ich's doch. Und es war richtig so, denn ✦HELEN✦ gehört nun mal zu uns. Sie ist deine große Schwester, auch wenn du sie nie kennenlernen wirst. Bei diesem Kurs fiel uns ein Pärchen auf, bei dem dasselbe passierte wie bei uns: Am Ende der Stunde, bei den

Entspannungsübungen, schlief er regelmäßig ein und schnarchte, genau wie Christof.

Kirsten und Peter waren uns sehr sympathisch und mussten auch schon eine Fehlgeburt erleben. Wir trafen uns, gingen zusammen essen oder saßen einfach so zusammen. Da wir zwei Frauen doch schon ziemlich rund waren – unsere errechneten Entbindungstermine lagen übrigens nah beieinander –, gab es eine sehr lustige Situation, als wir eines Abends in einem Eiscafé saßen. Die Bedienung schaute Kirsten und mich zweifelnd an – wir sahen wirklich aus, als stünden wir kurz vor der Entbindung – und wir sagten nur tröstend, wir würden es schon noch in die Klinik schaffen, wenn es hier und jetzt losgehen sollte, es wär ja nicht so weit bis dahin. Die Kellnerin meinte lakonisch: »Na hoffentlich!« Sie hatte wohl doch die Befürchtung, der Fall der Fälle sei nur noch Sekunden entfernt …

Ausgerechnet zwischen der 35. und 39. SSW war meine Frauenärztin im Urlaub. Aber sie hatte großes Verständnis dafür, dass dies für mich eine ganz schwierige Zeit war – ✦HELEN✦ starb in der 39. SSW. Also gab sie uns das CTG-Gerät mit nach Hause, das die Herztöne und eventuelle Wehen aufzeichnete. So konnte ich – wenn ich das brauchte – ständig überprüfen, ob dein Herz schlug. Und das hatte es jedes Mal getan.

13 Tage vor dem errechneten Termin war *der* Tag: Es war der Tag während der Schwangerschaft mit meiner Tochter, an dem festgestellt wurde, dass sie nicht mehr lebt. Von da an besuchte ich alle paar Tage meine Ärztin, denn auch sie wollte auf Nummer sicher gehen.

Am 12. August sollte – laut Entbindungstermin – unser Sohn zur Welt kommen. Trotzdem ging ich am 8. und 15. August noch auf zwei Hochzeiten, auch wenn ich nicht mehr getanzt habe und ich mich nicht mehr besonders schick machen konnte, denn mir passten noch genau eine Hose und eine Bluse, die ich ständig wusch. Es war so heiß im August!

Langsam wurde alles etwas unbequem, ich hatte Wassereinlagerungen und kam kaum in vernünftige Schuhe. Mein Bauchumfang betrug am Ende der Schwangerschaft 115 Zentimeter! Das ist eine Menge, denn ich bin nur 1,60 Meter groß. Aber das Wichtigste war, dass ich mich wohlfühlte. Sobald dieser magische Termin, der 13. Tag vor dem Entbindungstermin, hinter mir lag, ging es mir gut. Ich dachte: Nun passiert nichts mehr.

Am 21. August gegen sechs Uhr morgens merkte ich: Es geht wirklich los! Die Wehen kamen und waren auch regelmäßig. Ich weckte Christof – meine Tasche stand natürlich längst gepackt im Schlafzimmer – und wir machten uns auf den Weg in die Klinik, in der damals auch ✛HELEN✛ zur Welt kam. Ich wurde ans CTG angeschlossen und untersucht. Alles war geburtsbereit! Die Hebamme schickte uns noch einmal raus zum Spazierengehen. Damit sollte erreicht werden, dass sich die Wehen verstärkten und du schneller nach unten rutschen und auf den Muttermund drücken konntest, damit dieser sich weiter öffnete. Du wärest mittags wohl da, hieß es. Leider war das nicht der Fall, denn es ging nicht richtig voran.

»Dann kam ein Spruch von der Hebamme, den ich mein Leben lang nicht vergessen werde!«

»Sie wollen Ihr Kind ja gar nicht loslassen, das ist auch kein Wunder bei Ihrer Vorgeschichte. Deshalb geht es nicht weiter.« Das hätte sich die Hebamme sparen können, denn das hat mich nun wirklich nicht motiviert. Ich hätte heulen können! Natürlich war jetzt auch ein Arzt bei der Geburt dabei.

Die Wehen wurden heftiger, die Schmerzen deutlich stärker und ich bekam eine Periduralanästhesie (PDA). Dann das Schreckliche: Deine Herztöne wurden während der Wehen plötzlich extrem schwach, da stimmte etwas nicht …

Als mich der Arzt gegen 16.30 Uhr untersuchte, meinte er, es könne sein, dass die Nabelschnur zu kurz ist. Du seist schon im Geburtskanal gewesen, aber wieder hochgerutscht in den »hohen Geradstand«, also leicht verdreht vor dem Geburtskanal stecken geblieben. Er schlug einen Kaiserschnitt vor, um kein Risiko einzugehen.

Dann ging alles sehr schnell. Leider wäre die Verstärkung der PDA nicht schnell genug gegangen, deshalb bekam ich eine Vollnarkose. Ich registrierte noch, wie ich in den OP gefahren und alles plötzlich hektisch wurde. Erst da realisierte ich so richtig, dass es wohl wieder gefährlich war! Dann wusste ich erst einmal nichts mehr …

Christof erzählte mir hinterher, dass es die schlimmsten Minuten seines Lebens waren, als er auf dem Flur warten musste, ohne zu wissen, ob alles gut ging. Er hatte große Angst um dich und mich. Bei ihm kam dann die Erlösung recht schnell: Um 17.04 Uhr warst du geboren. Du bekamst noch etwas Sauerstoff, aber dann durfte Christof dich sehen und halten.

Bei der Untersuchung direkt nach der Geburt hattest du sehr gute Werte, alles war in Ordnung. Nur mir ging es nicht so gut, als ich im Aufwachraum lag und langsam zu mir kam. Ich hatte irgendwie ein Fremdkörpergefühl im Hals, konnte kaum sprechen, wollte aber natürlich sofort wissen, ob du lebst. Und das konnte mir die Schwester zum Glück gleich bestätigen. Sobald mit mir alles okay war, wurde ich aufs Zimmer gefahren. Und dann kam Christof mit dir, unserem Baby *Glen*! Du warst ein ganz schöner Brocken, 4340 Gramm schwer und 56 Zentimeter groß! Kein Wunder, dass ich so dick war vor deiner Geburt!

Die Ängste hörten auch dann nicht auf. Du konntest in deinem Kinderwagen herrlich schlafen, wenn ich spazieren ging. Aber eben auch stundenlang! Irgendwann wurde ich unruhig und beugte mich zu dir hinunter, um zu sehen, ob du noch atmest. Die Ängste werden nie ganz aufhören, damit wirst du leben müssen.

»Ich bekam mein drittes Sternenkind und nannte es Sternchen Sarah«

Dieses Mal hatte ich das Internetforum der Schmetterlingskinder, die ich zwei Jahre nach ✦HELENS✦ Tod fand, ausgewählt. Die Frauen dort halfen mir sehr, mit meinem Verlust umzugehen. Inzwischen sind aus diesem und dem Forum der Muschel Freundschaften entstanden, von denen ich weiß, dass sie mein Leben lang halten werden.

Ich wurde noch einmal schwanger und obwohl ich nun schon 38 Jahre alt war, stufte meine Ärztin mich nicht als Risikoschwangere ein. Das machte mir Mut und ich schrieb im Forum:

»Es ist wahr, ich bin wieder schwanger!«

M.: »Oh, wie wunderbar, ich freue mich mit dir!«

A.: »Liebe Heike, ich wünsche dir von Herzen eine wundervolle Schwangerschaft ohne viel Ängste und Sorgen, und wir sind hier, wenn du uns brauchst!«

Ich bekam überwältigend viele Glückwünsche mit Angeboten, mich immer melden zu können, wenn etwas wäre. Und das war oft der Fall. Durch mein Alter hatte ich auch einfach mehr körperliche Schwierigkeiten. Hinzu kam, dass der große Bruder *Glen* eine ziemlich schwierige Zeit durchmachte. Er bekam bei jedem Infekt einen oder mehrere Fieberkrämpfe. Das war schwer auszuhalten für uns alle. Ich dachte nur: Wenn dieses Baby in mir das übersteht, die Sorgen und Ängste, die ich mir um meinen Sohn mache, dann wird es ein robustes Kind werden. Der errechnete Geburtstermin war mein Geburtstag – ich hielt das für ein gutes Zeichen!

Im Forum gaben wir unseren ungeborenen Kleinen Namen, damit wir nicht »mein Bauchbaby« schreiben mussten. Dieses Kind war mein kleines Sonnenstrahl-Baby.

Es gab jedoch dauernd Probleme – mal Schmerzen hier, mal das Gefühl, ich hätte Blutungen. Ständig stand ich in der Praxis auf der Matte. Zum Glück hatte ich eine verständnisvolle Frauenärztin, die nie genervt war, wenn ich schon wieder da war. Das Ultraschallbild in der 23. SSW war wieder fantastisch. Denn auch schon vorher konnte man übrigens sehen, dass es ein Junge werden würde. Alles schien in Ordnung zu sein, bis auf einen weißen Fleck am Herzen. In fast allen Fällen wäre der später verschwunden, meinte die Ärztin. Das hofften wir sehr! Und so kam es dann auch: In der 32. SSW bei der Feinultraschalluntersuchung war nichts mehr zu sehen.

Aber bereits in der 34. SSW bekam ich einen Riesenschreck und schrieb sofort im Forum:

»Hallo ihr Lieben, hatte heute Morgen einen kurzen Schmerz und dann ganz viel Blut am Toilettenpapier. Ich dachte, das läge an den Hämorrhoiden, die ich leider habe, aber die Stelle scheint weiter vorne zu sein. Hat das schon mal jemand gehabt? Weiß jemand, was das sein kann? Morgen habe ich einen Arzttermin, kann heute nicht hin, weil *Glen* schon wieder krank ist. Soll ich mal die Hebamme anrufen? Es tut jetzt nicht mehr weh und mein Kleiner bewegt sich auch normal, aber ich mache mir eben etwas Gedanken. Liebe Grüße und alles Gute für euch. Heike mit *Glen* an der Hand, ✦HELEN✦, winzigem Stern, Sternchen ✦SARAH✦ im Herzen und dem kleinen Sonnenstrahl-Jungen im Bauch.«

Ich bekam viele Antworten, die meisten rieten mir zu einem Anruf bei der Hebamme.

C.: »Hast du deine Hebamme erreicht?«

Ich: »Ja, gerade eben. Sie sagte, ich solle sicherheitshalber ins Krankenhaus fahren und ein CTG schreiben lassen. Ich melde mich dann später. Hoffe, dass sie mich wieder gehen lassen.«

B.: »Liebe Heike, oh je, da bin ich mal ein paar Stunden nicht am PC, und was muss ich da lesen? Werde dich gleich ansimsen, damit du weißt, dass ich in Gedanken ganz, ganz fest bei dir bin. Ich drücke dich! Liebe Grüße«

A. P.: »Hoffentlich ist alles in Ordnung! Ich denke an dich. Ganz liebe besorgte Grüße«

S.: »Ich sende dir ganz viel Kraft und denke ganz viel an euch.«

Meine Freundin A. schrieb: »Heike liegt im Krankenhaus! Bekam eben einen Anruf. Sie ging gestern Abend wegen Schmerzen hin, da ist sie heute noch und wird wohl eine weitere Zeit dort verbringen: Sie hat vorzeitige Wehen! Zur Zeit bekommt sie

Wehenhemmer, die auch Gott sei Dank gut anschlagen. Ansonsten hört sie sich ganz gut an, der Muttermund ist noch zu und sie hat bereits zwei Lungenreifungsspritzen erhalten – falls es der kleine Sonnenstrahl-Junge doch nicht mehr so lange aushalten will. Ich hoffe trotzdem noch – sie ist ja erst in der 34. Woche. Ich soll euch Bescheid geben, dass ihr euch nicht allzu große Sorgen machen sollt. Bitte weiterhin für Heike hoffen und Daumen drücken.«

Auf dieses Posting folgten innerhalb von zwölf Stunden 34 Antworten von Frauen, die mir alle die Daumen drückten. Und ein paar Tage später, an einem Sonntag im Februar, durfte ich tatsächlich wieder nach Hause.

»Die Wehen kamen alle fünf Minuten und waren auch am CTG heftig zu sehen«

Ende März in der Klinik: Leider hatten die stundenlangen starken Wehen am Muttermund nichts weiter bewirkt. Die Hebamme nannte sie »Ärger-Wehen«. Aber meinem Sonnenstrahl-Jungen ging es gut. Zur Entspannung legte ich mich auf Anraten von Ärztin und Hebamme in die Wanne. Das war zwar nicht schlecht, aber dort wollte ich mein Baby nicht unbedingt bekommen. Da ich viel Fruchtwasser hatte, schlug ich vor, die Fruchtblase »anzupiksen«. Die Ärztin wollte aber noch abwarten. Als sich während der nächsten Wehen immer noch nichts tat, holte sie den Oberarzt. Er sagte mir, dass nach der Fruchtblasenöffnung ein Nabelschnurvorfall passieren könne. Wenn dem wirklich so sei, müsste ein sofortiger Kaiserschnitt durchgeführt werden. Es wäre außerdem möglich, dass das Köpfchen unseres Sohnes nicht richtig ins Becken rutscht – auch dann ist ein Kaiserschnitt notwendig.

Nach dem »Anpiksen« blieben die Herztöne gut, also gab es keinen Nabelschnurvorfall. Die Wehen machten jetzt fast keine Pause mehr und innerhalb kürzester Zeit war der Muttermund vollständig geöffnet, der Kopf aber nicht richtig im Becken. Ich konnte kaum noch Luft holen, so heftig waren die Wehen.

Im Endeffekt wurde entschieden, doch einen Kaiserschnitt zu machen, damit sowohl mein Junge als auch ich nicht noch mehr Stress bekommen würden. Mir wurden Wehenhemmer verabreicht. Ich war ganz zittrig, konnte kaum noch reagieren und wurde schnell in den OP gebracht. Diesmal verkraftete ich die Narkose besser. Und am 24. März um 0.55 Uhr war unser *Dean* da! Christof erzählte mir, dass er und die Hebamme sich um den Kleinen gekümmert hatten, während man mich wieder zunähte. Letztendlich war wieder alles gut gegangen – wenn auch nicht ohne Dramatik.

Irgendwann nachts – es war bereits fünf Uhr morgens – war ich wach genug, um *Dean* gezeigt zu bekommen. Ich staunte: Er sah nicht *Glen*, sondern ✦HELEN✦ sehr ähnlich. Er hatte dunkle Haare, eine gerade Nase und den gleichen Mund wie sie.

Ich stelle mir dich, ✦HELEN✦, als einen Stern vor, der vom Himmel auf uns herunterleuchtet. Du siehst uns zu bei allem, was wir tun, und du freust dich, dass wir weinen und lachen können – mit dir in unseren Herzen.

Sabines* Geschichte: *»Ich mochte nicht mehr daran glauben — aber das zweite Wunder geschah!«*

Wir haben eine Tochter: unser »Wunder« *Lara-Sophie*, sieben Jahre alt. Aber wir haben auch elf Sternenkinder.

Nach dem letzten Verlust Anfang 2010 versuchte ich, mich endgültig an den Gedanken zu gewöhnen, dass ich wohl nie mehr ein Baby bekommen würde. Trotzdem geisterten immer wieder mal Ideen wie künstliche Befruchtung, Besuch einer anderen Kinderwunschklinik oder Suche nach *dem* Superspezialisten durch meinen Kopf. Die Hoffnung auf ein zweites »Wunder« ließ mich einfach nicht los.

Im Juli 2010 wurde ich unverhofft schwanger. Das war unfassbar! Ich merkte es, als ich im August eine Woche überfällig war und auch meine Temperatur erhöht blieb. Trotzdem redete ich mir ein: Du bist *nicht* schwanger! Ganz und gar unmöglich! Natürlich habe ich den Test gemacht, auf das Ergebnisfenster geschaut: positiv. Ich war so durcheinander … Ganz ehrlich, wir hatten es zu der Zeit kein bisschen geplant, da *Lara-Sophie* im September eingeschult werden würde und ich dann nicht, wie ich es bereits zur Genüge kannte, mit Blutungen zu Hause oder vielleicht wegen einer Ausschabung im Krankenhaus liegen wollte. Dieser Tag sollte nur ihr gehören!

Aber da war offensichtlich ein »kleines Kampfbienchen« am Werk. Ich begann, mich zu freuen, ohne allerdings euphorisch herumzuhüpfen wie früher. Ich freute

---

* Den ersten Teil der Geschichte, den ihrer elf Sternenkinder, erzählt Sabine ab Seite 118

mich eher tief in mir, und auch die Reaktion meines Mannes fiel zunächst ähnlich aus, nämlich etwas verhalten, zumal ich ihm sagte, wir sollten wohl besser keine besonders große Hoffnung entwickeln. Aber, na ja, zumindest sei wieder ein Anfang gemacht. Ich hatte inzwischen – notgedrungen – gelernt, das Ganze sehr, sehr nüchtern zu betrachten. Mein Mann wurde allerdings zusehends optimistischer, mahnte: »Denk doch nicht gleich wieder etwas Schlechtes, da will das Baby dann sicher nicht kommen.« Er war und ist eben immer guter Dinge.

Zunächst sagten wir es niemandem. Ich bin auch nicht sofort zu meiner Frauenärztin. Nur: Ab Mitte der 6. SSW wurde mir, anders als bei den Schwangerschaften davor, ziemlich schlecht. Daraufhin ging ich dann doch in die Praxis. Die Ultraschalluntersuchung zeigte: Alles war ganz normal. Ich traute mich kaum, auf den Monitor zu schauen, aber dann – das kleine Herz hat schon geschlagen! Meine Frauenärztin, die all meine Vorgeschichten kannte, reagierte eher verhalten erfreut. Es hieß einfach: abwarten. Das Merkwürdige dabei war, dass ich trotz der großen Angst und vielen Zweifel plötzlich ein gutes Gefühl hatte.

Nächster Termin in der 9. SSW: Am liebsten hätte ich mich davor gedrückt, wollte einfach weiter hoffen, wollte nicht erleben, dass bei dieser Untersuchung irgendetwas nicht stimmte, der Traum vielleicht wieder vorbei sein könnte. Bei *Lara-Sophie* hatte ich mich auf jeden Termin wahnsinnig gefreut!

Ultraschall. Ich hielt die Augen mit meinen Armen bedeckt, wollte erst mal nur hören, was meine Ärztin sagte. Aber sie sagte nichts. Bevor meine Unruhe in Furcht umschlagen konnte, sagte sie dann doch etwas: »Das sieht sehr gut aus.« Mein süßes Gummibärchen auf dem Bildschirm – diesen Anblick werde ich nie vergessen.

Weil medizinisch alles der Norm entsprach, trauten mein Mann und ich uns, *Lara-Sophie* die wunderbare Neuigkeit zu verkünden. Wir brachten die Worte kaum über unsere Lippen, schafften es aber schließlich doch, erzählten, glaube ich, irgendetwas von einer Überraschung, die wir für sie hätten, die sie allerdings nicht schon jetzt bekäme, sondern später: »Die Überraschung ist zwar schon da, aber du kannst sie noch nicht sehen, verstehst du?« Sie verstand und war sooo aufgeregt, hat sich so gefreut, in der Schule und bei ihren Freunden auf unser Anraten gleichwohl noch nichts erzählt, denn sie wusste schließlich, wie oft es vorher schon schiefgegangen war.

Übrigens: Auch meine Eltern erfuhren erst mit Verspätung von der Schwangerschaft. Eigentlich nur deshalb, weil sie mich wegen der dauernden Übelkeit ständig zur Magenspiegelung schicken wollten.

12. SSW, nächster Arzttermin. Weiterhin alles optimal. Aber das war es zu dem Zeitpunkt bei +LUKAS+ auch gewesen. Was meine Gynäkologin bei der Gelegenheit zu mir sagte, hat mir durch die ganze restliche Schwangerschaft trotzdem immer wieder Mut gemacht. Es ging um die Frage einer eventuellen Fruchtwasseruntersuchung. Ich wollte nicht und sie bestätigte meine Entscheidung mit den Worten: »An Ihrer Stelle würde ich auch nichts machen. Es sieht rundum gut aus, die Größe und alles. Wissen Sie, ich bin seit so langer Zeit Ärztin und weiß manchmal, wann ich mich total auf mein Gefühl verlassen kann.« Sie riet mir lediglich, eine auf Feindiagnostik spezialisierte Kollegin draufschauen zu lassen.
Einverstanden.

»Und dann meinte die Spezialistin, dass wir uns jetzt wirklich langsam entspannen könnten«

Tja, dann kam dieser Termin. Er sollte in der gleichen Schwangerschaftswoche stattfinden, in der ich +LUKAS+, meinen Sohn, verlor, und von derselben Spezialistin durchgeführt werden wie damals. Ich empfand so furchtbar große Angst! Aber die Tatsache, dass meine Frauenärztin vorher nichts Auffälliges gefunden hatte, beruhigte mich doch. Das war bei +LUKAS+ nämlich anders gewesen. Mein Mann begleitete mich zur Untersuchung. Ich bat die Feindiagnostikerin, während der Ultraschalluntersuchung viel mit mir zu sprechen, alles zu sagen, was sie sehen konnte. Denn wenn sie nichts sagte, belaste mich das unheimlich. Sie konnte meine Bitte nachvollziehen, erklärte zusätzlich, die Aufnahmen aus der 12. SSW bereits zu kennen, da sei ja alles okay gewesen. Da ist mir schon ein kleiner Stein vom Herzen gefallen!
Die feindiagnostische Ultraschalluntersuchung konnte bereits über den Bauch vorgenommen werden. Vor mir war der riesige Monitor – und da sah ich unser Baby! Es war so süß! Das Köpfchen, die Händchen, dieses kleine Wunder! Ich war jetzt schon so verliebt, dass es um mich geschehen war!
Die Ärztin untersuchte zuerst das Köpfchen unseres Kindes. Da ich keine Detailkenntnisse hatte, wie alles auszusehen hat, wartete ich deshalb immer auf die erlösenden Worte. Bei allem, was sie checkte, kam immer wieder ein »das sieht gut aus« oder »das passt«. Nach einer knappen halben Stunde – inzwischen hatten wir auch das Gehirn, die Nackenfalte, das Herzchen und einige Organe ganz genau betrachten können – erklärte sie: »Ich glaube, wir können uns jetzt langsam wirklich

entspannen.« Es war alles so, wie es sein sollte! Kein einziger Hinweis auf eine Fehlbildung. Ich spürte, wie meine Muskeln im ganzen Körper locker wurden. Ich genoss die restliche Untersuchung sogar. Wir sahen uns noch die Füßchen und alle Fingerchen an. Für einen Finger, ich glaube, es war der Daumen, brauchte sie etwas länger, um ihn gut darstellen zu können, aber sie bestand darauf zu zeigen, dass alle zehn Finger da waren. Das fand ich total lieb, dachte aber auch gleichzeitig, dass ein fehlender Finger das geringste Übel wäre, wenn unser Baby ansonsten gesund und mit der Schwangerschaft alles in Ordnung war. Das Fazit der Ärztin: Alles super. Jetzt fiel auch die restliche Anspannung von mir ab, ich musste weinen – vor lauter Glück und Erleichterung, und ich meine, auch in den Augen der Fachärztin ein paar Tränen gesehen zu haben. Es war ein unglaublicher Moment. Endlich durfte ich mich richtig freuen!

Die Schwangerschaft schritt voran, immer noch – ich geb's zu – begleitet von Angst, jedoch flankiert von viel Zuversicht wegen der Ergebnisse bei der Feindiagnostik. Die Wochen vergingen, alles war gut, mein Bauch wurde immer runder und ich trug ihn mit unbeschreiblich großem Stolz. Und das Schönste dabei war: Jetzt konnte ich unser Kind auch spüren! Da war dieses ganz sanfte und leichte Streicheln im Bauch, so als würden innen drin Seifenblasen platzen. Ein wunderschönes Gefühl! Trotzdem verspürte ich immer wieder Angst, wenn ich das Baby mal einen Tag lang nicht wahrnahm. Da überkam mich plötzlich ein Anflug von Panik! Immer wieder musste ich nachlesen und mir in Erinnerung rufen: Dein Baby ist noch so klein, du kannst gar nicht alle Bewegungen mitbekommen!

Vier Wochen nach der ersten Feindiagnostik mussten wir erneut hin. Obwohl es keinen Grund gab, ängstlich zu sein – ich war's trotzdem. Wenn jetzt irgendetwas nicht stimmte? Schon auf der Fahrt im Auto begannen erste Tränen zu kullern. Unmittelbar vor der Praxis war ich so außer mir, dass ich kaum hineingehen konnte. Irgendwann hatte ich mich zumindest einigermaßen im Griff. Als die Ärztin meinen verheulten Zustand – rote Nase, rote Augen – sah, konnte sie es zunächst gar nicht verstehen, zumal der letzte Befund doch völlig in Ordnung war. Wenn diesmal wieder »alles toll ist«, ermunterte sie mich, solle ich doch beim nächsten Mal einfach auf diese schreckliche und unnötige Angst verzichten. Es war dann auch alles toll. Und wir bekamen wunderbare Bilder von unserem Kind.

Das Allertollste aber war: Wir erfuhren, w a s wir bekommen – einen Bub! Entgegen aller meiner Vermutungen. Unfassbar! Welch ein Glück! Okay, dachte ich im nächsten Moment, das mit dem Brüderchen müssen wir *Lara-Sophie* jetzt möglichst schonend beibringen. Das war dann jedoch überhaupt kein Problem, obwohl sie fest mit einem Schwesterchen gerechnet hatte. Den Gedanken, ihr Zuhause künftig mit einem männlichen Geschwisterchen teilen zu müssen, fand sie völlig in Ordnung.

Bergfest. Schwangerschaftshalbzeit. Zur Feier des Tages spendierte ich uns eine Flasche (alkoholfreien) Sekt. Folge: Sodbrennen wie noch nie. Aber das war es mir wert.

»Unser winziger Sohnemann in 3D — ich werde diesen Anblick auf dem Bildschirm nie vergessen!«

In der 21. SSW stand der dritte Feindiagnostiktermin an, und diesmal traute ich mich, meine Mama mitzunehmen. Allerdings schien es mir sinnvoll, sie für alle Fälle vorzuwarnen, sie solle bitte nicht traurig sein, wenn irgendetwas nicht stimmen sollte. Ich hatte meine alte Angst inzwischen zwar im Griff, aber man wusste ja nie …

Die Sorge erwies sich als unbegründet. Auch diese Untersuchung bestätigte, dass sich unser heranreifendes Baby kerngesund entwickelte. Und es war wieder unendlich beglückend, das winzige Wesen zu sehen – nicht, wie unsere Eltern es noch kannten, unscharf und grießelig, sondern als klares 3-D-Bild. Meine Mutter reagierte absolut begeistert, immer wieder hörte ich ihr fasziniertes »Ohhh«! Unsere gemeinsame Freude werde ich nie vergessen.

Die 24. SSW verging und ich wusste: Das war die Klippe. Wenn mein Baby jetzt zur Welt käme, täten die Ärzte alles für sein Überleben. Und allein die Tatsache, dass das Kleine dann als Mensch gilt, selbst wenn es tot geboren werden würde, war ein beruhigendes Gefühl für mich. Das mag sich möglicherweise komisch anhören, aber für mich war das ungeheuer wichtig. Meine elf Sternchen, die ich bereits gehen lassen musste, sind nirgends vermerkt! Fast niemand weiß mehr, dass sie da waren, dass es sie jemals gegeben hat! So war eben damals die gesetzliche Lage. Natürlich war mir bewusst: Kommt ein Baby in der 25. Woche zur Welt, stehen seine Chancen mehr als schlecht – aber immerhin hat es eine Chance! Diese Gewissheit ließ meine Zuversicht weiter wachsen.

Das neue Jahr brach an, ich durfte zur ersten Geburtsvorbereitungsstunde gehen. Mein Gott, wie lange hatte ich gedacht, dies nie mehr in meinem Leben zu erleben! Und dann, ein paar Tage später die Kreißsaalbesichtigung. Das fühlte sich irgendwie unwirklich an. Umso mehr habe ich jeden dieser Augenblicke genossen, regelrecht in mich aufgesogen. Und der kleine Mann in meinem Bauch wurde immer aktiver, das Treten konnte man mittlerweile auch schon deutlich von außen sehen. Alles war herrlich und wunderschön!

Die folgenden Wochen vergingen wahnsinnig schnell. Wie soll ich das erklären: Es ist wie im Urlaub. Obwohl man zwei Wochen gebucht hat, vergeht die zweite Woche wie im Flug, schneller als die erste. Uns lief fast die Zeit davon, es musste noch so viel erledigt werden. Warum? Weil ich mich eben lange nicht getraut hatte, Tätigkeiten wie Babysachen waschen oder Kinderzimmer herrichten anzugehen. Mein Mann und ich legten los, zumal ich ja nicht wusste, wie lange ich noch mitzuhelfen vermochte. Das Kind konnte sich ja durchaus auch früher auf den Weg ins Outdoor-Leben machen.

Die weiteren Vorsorgeuntersuchungen liefen – wie bereits die vorangegangenen – prima. Es war abzusehen, dass mein kleiner Mann ein großes Baby werden würde. Ich litt kaum noch unter Übelkeit, freute mich riesig, konnte zwischendurch trotzdem immer mal wieder nicht recht daran glauben, dass alles so kommen würde, wie ich es mir gewünscht hatte. *Lara-Sophie* hatte keine Ahnung von meinen schwachen Stunden, sie malte den Kugelbauch an, schuf wahre Farbkunstwerke, absolut fantastisch. Wir haben es beide genossen, zumal die Kugel wuchs und wuchs. Die vermehrten Bewegungen da drin erfüllten mich mit so viel Wärme und so viel Glück! Dass sich mit der Zeit ein paar Wehwehchen einstellten, versteht sich von selbst. Ich bekam etwas Wasser in den Beinen, meine Arme schliefen dauernd ein, sie taten auch weh – die anderen Befindlichkeiten waren da nicht der Rede wert.

»Plötzlich Panik! Was war das: ein Magen-Darm-Virus oder eine Schwangerschaftsvergiftung?«

Als der Februar zu Ende ging, feierte mein Mann seinen 40. Geburtstag und *Lara-Sophie* litt an einer Magen-Darm-Grippe. Ich benahm mich extrem vorsichtig, um eine Ansteckung zu vermeiden, und habe den lieben langen Tag meine Hände desinfiziert. Sie sahen hinterher ziemlich zerschunden aus – geholfen hat es trotzdem nicht, denn ich steckte mich an. Ich musste mich heftig übergeben und machte mir mächtig Sorgen wegen des Kleinen. Um sicherzugehen, ging ich zu meiner Frauenärztin. Sie schrieb, da es sowieso Zeit dafür war, ein CTG. Das war, wie soll ich sagen, einfach schön: dieses Geräusch des winzigen Herzens – es zu hören, tat so unendlich gut.

Dann wenig später wieder Panik, weil die Hebamme bei ihrer ersten Routineuntersuchung anfangs keinen Herzton fand! Es dauerte mehr als zehn Sekunden. Das
war eine halbe Ewigkeit für mich! Also wurde erneut ein CTG geschrieben. Ergebnis:
alles okay. Trotzdem wurde mir Blut abgenommen, einfach um sicherzustellen, dass
es sich tatsächlich um einen Magen-Darm-Virus handelte und nicht etwa um eine
Schwangerschaftsvergiftung. Abends rief mich meine Ärztin an: Die Werte lägen im
Grenzbereich, eine Schwangerschaftsvergiftung lasse sich somit leider keineswegs
ausschließen. Dabei ging es mir inzwischen wieder halbwegs passabel.

Zwei Tage später wurde ein weiterer Bluttest gemacht. Kaum war ich vom Geburtsvorbereitungskurs nach Hause gekommen, meldete sich auch schon die Ärztin. Ihre
Nachricht klang gar nicht gut: »Sie packen jetzt bitte ihren Koffer und fahren morgen
früh ins Krankenhaus. Die Leberwerte sind noch schlechter geworden.« Wieder
stieg Panik in mir auf, dass etwas mit meinem Baby nicht stimmen könnte.

Ich war in der 35. Woche und blieb fünf Tage lang in der Klinik. Man machte unter
anderem einen Doppler-Ultraschall, bei dem sich sowohl die Funktionsfähigkeit ein-
zelner Organe als auch die Blutversorgung des Fötus bildlich darstellen lässt. Man
erklärte mir, falls es dem Kleinen irgendwie schlecht gehen sollte, käme nur der Kaiserschnitt infrage, eine normale Entbindung sei einfach zu riskant. Der Gedanke an
die OP schockte mich zunächst, aber als ich so auf der Station und immer wieder
Neugeborene schreien hörte, wünschte ich mir fast, mein Baby doch gleich bekommen zu dürfen.

Im Nachhinein war ich allerdings heilfroh, dass sich die Werte allmählich besserten.
Und für den behandelnden Arzt stand fest, dass der Magen-Darm-Virus an allem
schuld gewesen sei. Ich durfte wieder nach Hause! Dort erwartete mich eine Überraschung: Mein lieber Mann hatte währenddessen im Kinderzimmer gezaubert. Es
waren tolle Farben an den Wänden, die Möbel waren aufgebaut, mir blieb nur noch,
den von Oma geschenkten Stubenwagen dazuzustellen.

Endspurt. Ich hatte langsam, aber sicher ganz schön zu kämpfen und passte wegen
des Wassers gerade eben noch in ausgelatschte Schuhe. Ich konnte nachts immer
nur kurz am Stück schlafen, weil die Arme so schmerzten, und der Bauch erst, er
war einfach riesig. Aber ich liebte ihn! Ich denke, die Natur hat das ganz clever ein-
gefädelt: Würde es einen gegen Ende der neun Monate nicht zwicken und zwa-
cken, bestünde die Gefahr, dass die eine oder andere Schwangere – mich ein-
geschlossen – ihren Bauch gar nicht wieder hergeben wollen würde.

»Dieses Kind, auf das wir so sehnlichst gewartet haben! Ich empfand nur noch Glück!«

Der errechnete Geburtstermin für meinen Sohnemann war der 17. April 2011. Unsere Tochter *Lara-Sophie* kam am 11. April 2004 zur Welt – das wären nur sechs Tage Unterschied. Am 7. April musste ich mich einer weiteren Voruntersuchung unterziehen. Dabei kam heraus, dass der kleine Kerl circa 4000 Gramm auf die Waage bringen würde – zu groß, um ohne Komplikationen entbunden zu werden? Deshalb lautete die Empfehlung: am folgenden Tag langsam mit der Einleitung beginnen. Im Nachhinein erwies sich das als die beste Entscheidung, die getroffen werden konnte.

Zunächst wollte unser Sohn nicht mitspielen. Die Einleitungsversuche an diesem Freitag waren sprichwörtlich für die Katz. Der Muttermund öffnete sich gerade einmal fünf Zentimeter. Ich schlief vor Erschöpfung ein. Wehentropf ab. Samstag: nicht eine klitzekleine Wehe. Beim CTG sackte ich wieder weg. Ich hatte keine Kraft mehr. Übers Wochenende durfte ich heim.

Montag: *Lara-Sophie* hatte Geburtstag. Sie wurde 7 Jahre alt. Wir haben gefeiert, zwar irgendwie, aber es war auf eine besondere Weise doch wunderbar.

Dienstag: Der behandelnde Klinikarzt war verhindert. Also ging es erst am Mittwoch weiter. Mit Sack und Pack fuhren wir erneut ins Krankenhaus. Um acht Uhr morgens begann die ganze Einleitungsprozedur von vorn, denn der Muttermund war längst wieder auf einen Zentimeter zurückgegangen. CTG, dann laufen, laufen, laufen. Kurz nach Mittag begann der Countdown, aber so heftig, dass ich kaum hinterherkam. Ruck, zuck – von jetzt auf gleich. Um 15 Uhr Kreißsaal. Baden, Wehentropf, Einlauf – das volle Programm. Gegen halb acht wurde die Fruchtblase geöffnet. Jetzt ging es richtig los! Während der nächsten ein bis zwei Stunden war ich der felsenfesten Überzeugung, erstens nie unbedingt ein zweites Kind gewollt zu haben, und zweitens auf keinen Fall noch ein weiteres Kind zu wollen. Mein Mann und die Hebamme mussten sich dazu einiges von mir anhören. Die Presswehen kamen und das verabreichte Schmerzmittel wirkte kaum schmerzlindernd, aber ich fühlte mich dadurch so, als wäre ich nicht richtig anwesend. Niemand verabreichte mir eine PDA, worüber ich letztlich wirklich froh war.

Am 13. April um 21.32 Uhr – 39. SSW plus drei Wochen – erblickte unser Sohn *Oliver* gesund und munter das Licht der Welt. Er wog 4460 Gramm, war 57 Zentimeter groß und hatte einen Kopfumfang von 36 Zentimetern. Dieses

Glücksgefühl, dieses riesengroße Glücksgefühl und die unendliche Dankbarkeit vermag ich nicht in Worte zu fassen! Ich habe *Oliver* angeschaut – er war so wunderschön, so perfekt. Unser Sohn, der kleine Bruder für unsere Tochter! Dieses Kind, auf das wir so sehnlichst gewartet hatten! All die Jahre, die vielen traurigen Momente – sie waren wie weggewischt! Ich empfand nur noch Glück!

Er wurde abgesaugt und aus dem leisen Krächzen wurde ein lautes Schreien. Ich blickte meinen Mann an – er hatte Tränen in den Augen. Mein Mann, wie stark war er immer! Jetzt hatte er seinen Stammhalter! Dieser Moment war so unglaublich intensiv, dass ich ihn nie vergessen werde. Dieses Glücksgefühl erfasst den ganzen Körper, es ist so stark, kaum auszuhalten, es ist … verrückt, oder?

Oliver wurde anschließend gemessen, gewogen, versorgt, in ein warmes Handtuch eingemummelt und dann in meine Arme gelegt. Da waren wir jetzt, wir drei. Wir konnten jetzt in Ruhe hallo zueinander sagen, uns von der wirklich anstrengenden Entbindung gemeinsam erholen und uns beschnuppern. Er sah so hübsch aus, so wie seine große Schwester – und so klein. So süß! Die Erleichterung lässt sich auch im Nachhinein kaum beschreiben. Diese Dankbarkeit, dass alles gut geklappt hat, unser Baby auf der Welt ist und wir wohlauf sind.

Meine Eltern schauten vorbei, um ihren Enkel zu bewundern. Ich war so froh, dass ich auch ihnen diese Freude machen konnte.

Gegen Mitternacht wurde ich aufs Zimmer gebracht. Mein Mann fuhr nach Hause. Die erste Nacht stand uns – klein *Oliver* und mir – bevor. Wie zu erwarten konnte ich kaum schlafen. Ich war viel zu aufgeregt. Für eine Stunde nahmen mir die Schwestern *Oliver* ab, damit ich eventuell doch ein kleines bisschen zur Ruhe kam. Das klappte so gut wie gar nicht, meine Sehnsucht war zu groß, ich ließ mir mein Baby ganz schnell wieder bringen. Wenn ich schon so viele Jahre auf ihn warten musste, will ich ihn eben einfach bei mir haben.

Am nächste Morgen kurz nach sieben Uhr: Meine Tochter *Lara-Sophie* stand im Türrahmen. Ihre Augen … dieser Blick … dieses Strahlen, es hat mich für alles entschädigt! Wie stolz sie war! Mein Mann und ich haben ihr dann eine – vorbereitete – Urkunde präsentiert, auf der hochseriös mit unserer Unterschrift bestätigt wurde, dass sie nach langem und geduldigem Warten nun endlich die große Schwester ist. Die Hebamme hatte gleich nach der Geburt einen Fußabdruck von Oliver darauf platziert. *Lara-Sophie* ist bis heute eine tolle große Schwester – die beste, die sich ein kleiner Bruder nur wünschen kann.

Gibt es eine Art Fazit? Ja. Ich freue mich auf viele wunderbare Jahre mit meiner Familie und bin jeden Tag froh, die Hoffnung auf ein zweites Wunder nie aufgegeben zu haben!

Ich danke Gott für die Kraft, die er meinem Mann und mir all die Jahre verlieh, und dafür, dass er uns den kleinen *Oliver* gesund und munter schenkte.

Ich danke meinem Mann für seinen unerschütterlichen Optimismus und seine Arme, mit denen er mich nach jedem Schicksalsschlag aufzufangen wusste.

Ich danke meiner Tochter dafür, dass sie da ist. Ohne sie wüsste ich nicht, wo ich heute wäre.

Ich danke meinen Eltern, meiner Familie und auch meinen Freunden, weil es bei ihnen rund um die Uhr ein offenes Ohr für mich gab.

Und ich danke meinen Mädels vom »Muschel«-Forum, dass sie mich immer wieder aufgebaut haben, immer für mich da waren und es noch sind!

Anetts* Geschichte: » Die letzten fünf Jahre waren emotional wie eine Achterbahnfahrt«

Frühjahr 2013 – und jetzt? »Die Welt dreht sich immer weiter und wir drehen uns mit. Und Schritt für Schritt geht es immer vorwärts. Langsam glauben wir wieder an die Zukunft …« Das schrieb ich damals nach dem Tod unseres Sternenkinds ✝JANNIS✝. Inzwischen sind mein Mann und ich fünf Jahre verheiratet und haben zwei Sonnenkinder bekommen: *Jeremy*, genannt »*Socke*«, und *Jonah*, genannt »*Knörri*«. Unsere *Socke* feierte im April seinen fünften Geburtstag und hat sich den Jahrestag ausgesucht, an dem wir die erste Ultraschalluntersuchung mit ✝JANNIS✝ hatten. Die Schwangerschaft war emotional sehr schwierig und Angst war mein ständiger Begleiter. Auch Probleme mit dem Arbeitgeber machten den Start nicht leicht. Doch es sollte alles gut gehen.

Nach Schmierblutungen im ersten Trimester wurde ich krankgeschrieben und nach dem Abbummeln meiner Überstunden endete dann auch mein Arbeitsverhältnis. Im Nachhinein absolut richtig so. Ich verbrachte viel Zeit als Ehrenamtliche im Museum, bei dem mein Mann Patrick angestellt ist, und dort waren alle sehr lieb zu mir

---

* Anetts Geschichte über ihr Sternenkind ✝JANNIS✝ beginnt auf Seite 128

und passten gut auf uns auf. So war ich nicht allein und kam nicht zum Grübeln. Die Schwangerschaft verlief eigentlich problemlos. Allerdings wurde ich strenger überwacht, und je näher die Geburt rückte, desto dichter wurden die Kontrollen. Es war auch klar, dass ich dieses Mal in einem besser ausgestatteten Krankenhaus entbinde – mit Frühchenintensiv- und Kinderchirurgiestation. Das einzige Problem war: Wir konnten nicht auf die natürlichen Wehen warten, denn es dauerte eine Stunde mit dem Auto zur Klinik.

Zwei Wochen vor dem errechneten Termin bekam ich Panik. *Socke* – unser Schwangerschaftsprojekt-Name, bei dem es dann auch blieb – wurde immer ruhiger, bewegte sich nicht mehr so viel. Also ab in die Klinik. Es sprach nichts gegen eine Einleitung der Geburt. Zwar setzten dann die Wehen schon Dienstagnachmittag ein, aber effektiv waren sie nicht. Und es sollte tatsächlich Freitagabend werden, bis wir unseren Sonnenschein im Arm halten durften. Allerdings jammert Patrick heute noch manchmal, wenn er an die Stühle im Krankenhaus denkt, denn die waren alles andere als bequem für einen werdenden Vater, der stundenlang am Bett der Mama aushielt.

Donnerstagabend beschlossen Ärzte und Hebammen angesichts auffälliger CTG-Werte, dass unser Baby auf jeden Fall am Freitag auf die Welt kommen solle. Die Fruchtblase wurde geöffnet und der Wehentropf angebracht. Am späten Nachmittag – die Herztöne wurden bei jeder Wehe schlechter – brach die Hebamme ab. Höchste Zeit für einen eiligen Kaiserschnitt. Die richtige Entscheidung: *Jeremy* war im Geburtskanal »verkantet« und hatte einen echten Nabelschnurknoten, der sich immer fester zuzog.

Die erste Nacht kümmerten sich die Schwestern um den Kleinen – ich selbst war zu erschöpft von den langen Wehen und der Geburt –, was sich im Nachhinein als nicht gerade förderlich für unsere Bindung erwies. Am Anfang war er ein sehr ruhiges Baby, schlief viel und trank kaum aus der Brust. Zusätzlich bekam er eine Neugeborenengelbsucht und musste 24 Stunden zur Lichttherapie. Ich durfte zwar zu ihm, aber kuscheln war nicht drin. Es kam mir so unwirklich vor, jetzt ein Baby zu haben, und doch war es da. Im Lichtbettchen lag dann auch noch das gleiche Schmusetuch, das wir damals für ✝JANNIS✝ hatten.

Im Zimmer kam ich nicht zur Ruhe, denn da lagen meist zwei andere Mütter mit ihren Babys, bei denen alles problemlos klappte: Stillen war kein Problem, die Geburten – in meinen Augen – glücklich verlaufen. War ich neidisch und enttäuscht! Ich konnte noch nicht einmal in Ruhe weinen.

»Wir wurden zwar gesund entlassen, aber das Glücksgefühl ließ auf sich warten«

Das Stillen klappte nicht, also mussten wir auf dem Nachhauseweg noch eine Milchpumpe besorgen. Und als dann endlich die Neugeborenengelbsucht überstanden war, entwickelte sich *Socke* zum Schreibaby. Nach etwa vier Wochen gab ich das Abpumpen der Milch auf, an Stillen war schon nicht mehr zu denken. Er hat es nie geschafft, auch nur eine Mahlzeit zu trinken. Wir hatten keinen Rhythmus gefunden, bei dem ich verschnaufen konnte. Irgendwie »schafften« wir es, dass wir nur noch mit Pumpen, Füttern und Flaschenreinigen beschäftigt waren. Zusätzlich bekam ich eine schmerzhafte Brustentzündung inklusive Schüttelfrost und starkem Fieber. Die verordnete Bettruhe war schwer zu ertragen, und ich freute mich sehr über den Besuch meiner kleinen Schwester. Sie kam extra aus München und half mir die nächsten Tage. Sie brachte mich auch dazu, endlich das Tragetuch zu verwenden, in dem sich *Socke* sehr wohl fühlte und viel Zeit verbrachte.

Jeremy schrie immer mehr und ich wusste nicht mehr ein noch aus. Meine Hebamme tat, was sie konnte, aber ICH war das Problem, besser gesagt, mein emotionaler Ballast. Hilfe fand ich durch Zufall, als *Socke* etwa sechs Wochen alt war. Ich wollte ihn für das örtliche Babyschwimmen anmelden und rief bei der Kursleiterin an. Diese betreute auch eine Stillgruppe und lud uns zu einem Stilltreffen ein – trotz meines Flaschenkindes. Ich ging hin. Dieser erste Besuch blieb vielen in Erinnerung, denn *Socke* schrie, sobald er aus dem Tragetuch genommen wurde, er schrie 90 Minuten lang durch. Nur im Tragetuch blieb er ruhig. Tanja, mittlerweile *Jeremys* Patentante, meinte, dass sie damals dachte, sie würde nicht mit mir tauschen wollen.

Tanja ist Kinderkrankenschwester, Still- und Laktationsberaterin und hat eine Zusatzausbildung in emotionaler erster Hilfe. Wir waren also absolut richtig bei ihr, und mit jedem Treffen ging es uns besser. Wobei sie mir auch deutlich sagte, dass ich durch die schlechte Bindung und meine nicht aufgearbeiteten Gefühle quasi »schuld« war. Allerdings verpackte sie es damals sehr charmant und half mir, es selbst zu erkennen. *Socke* spürte einfach meine Unzufriedenheit, meine Angst und meine Trauer. Warum wagte ich es nicht, endlich glücklich zu sein, schließlich hatte ich doch jetzt ein gesundes Baby? Aber es ging eben nicht so, wie ich es mir ausgemalt hatte, und ich trauerte noch stark um meinen »Fruchtzwerg« ✝JANNIS✝.

Ich verstand nun noch mehr, was ich bei ihm nie haben werde und was mir alles versagt wurde.

Nachdem sich *Sockes* zusätzliche Blockaden in drei Sitzungen lösen ließen, entwickelte er sich zum Bilderbuch-Baby. Er drehte sich sehr früh, auch Krabbeln und Laufen machte er zeitgerecht. Er lächelte viel und war ein ruhiger, lieber Junge. Durch ihn gab es wieder viele schöne Momente. Auch schlafen und essen war kein Problem mehr. Ich akzeptierte die Flasche und half dafür einer Freundin aus der Stillgruppe bei ihren Problemen. Sie stillte quasi für uns mit.

Wir gingen zusammen zur Delfi-Gruppe, zum Babyschwimmen und trafen uns oft nachmittags. Es war eine tolle Zeit, die sich sehr intensiv um unsere Kleinen drehte. Als meine Elternzeit ablief, fand ich schnell einen neuen Job, und sie half mir dabei, alles zu organisieren, indem sie meinen Sohn am Anfang in Obhut nahm, bis ich einen Krippenplatz gefunden hatte.

Socke entwickelte sich weiter prima, und als er eineinhalb Jahre alt war, ergab es sich, dass ich allein zu meiner Schwester nach Kalifornien fliegen konnte. Eine tolle Sache – doch meinen Mann mit dem Kind allein lassen? Ich hatte Angst vor meinem eigenen Mut, beschloss aber trotzdem, die Chance zu nutzen. Es war wirklich toll! Patrick und *Jeremy* machten sich fast 14 Tage lang eine schöne, mamafreie Zeit und ich sammelte einmalige Erfahrungen. Ich tankte Kraft und meine Welt drehte sich nicht mehr nur um meine Kinder. Eine wunderbare Auszeit und Verschnaufpause.

Und danach hatte ich endlich meinen Traumjob gefunden! Beruflich bin ich damals angekommen. Nach nur drei Monaten befristeter Anstellung wurde ich fest übernommen. Ich habe neue Kollegen und Freunde gefunden. Eine erneute Schwangerschaft wäre jetzt ungünstig gewesen. Und so blieb *Socke* ein Einzelkind – bis kurz vor seinen vierten Geburtstag.

»Wir wollten unsere Familie nur allzu gern noch einmal vergrößern«

Diesmal war alles ganz anders. Die Periode blieb aus, der Test war allerdings negativ. Außerdem hatte ich viel Stress und wir vermuteten, dass mein Zyklus einfach durcheinander war. Der nächste Test zu Hause war dann positiv, beim Arzt allerdings nicht. Doch im Ultraschall konnte man eine Schwangerschaft sehen und das Rätselraten, wann der Entbindungstermin sein könnte, begann. Nach dem Feindiagnostik-Ultraschall wurde der Termin um vierzehn Tage nach hinten verschoben. Wieder wurde ich sehr engmaschig und gut betreut. Auffälligkeiten gab es nicht. Mir war es wichtig, dass Herzfehler ausgeschlossen werden konnten. Das Geschlecht war mir wie immer egal, das wollten mein Mann und ich nie wissen. Dafür wollte ich jedes Mal einen extra Blick auf das pochende Herz werfen. Nichts war schöner als der Herzschlag beim Ultraschall. Das Baby wuchs und gedieh in meinem Bauch und langsam stellte sich die Frage, wie es auf die Welt kommen sollte. Es sollte in der gleichen Klinik wie *Jeremy* geboren werden. Also fiel wieder das Warten auf natürliche Wehen aus, es sei denn, ich hätte mich vorher stationär aufnehmen lassen. Aber so lange wollte ich nicht im Krankenhaus sein. Meine Ärztin war allerdings gegen eine Geburtseinleitung, weil sie sich um die Kaiserschnittnarbe während der künstlichen Wehen sorgte. Wir beschlossen gemeinsam einen geplanten Kaiserschnitt.

Die Zeit bis zum Termin war aufregend, die Angst kroch wieder hoch. Es war aber auch Vorfreude da und langsam setzte mein Nestbautrieb ein. Durch *Socke* hatten wir noch recht viele Sachen, Kinderwagen und Autositz bekamen wir von Freunden geschenkt. Stolz kaufte ich wenigstens die Kleidung für seine erste Nachhausefahrt.

Mit der Hebamme besprach ich meine Ängste, auch, dass ich nicht wieder mit der Milchpumpe hantieren wollte. Ich wollte entspannter sein und mir weniger Stress machen. Schließlich war ja auch noch *Jeremy* da. Er verbrachte die letzte Nacht als Einzelkind bei guten Freunden. Mein Mann und ich fuhren am nächsten Morgen sehr früh in die Klinik. Die Hebamme, die mich während der Geburt begleiten sollte, war einfach nur toll. Ich hatte sie damals bei *Socke* schon kennengelernt und beim Planungsgespräch des Kaiserschnitts war sie auch dabei und tauschte extra die Schicht, um bei der Geburt helfen zu können. Ich freute mich sehr und fühlte mich bei ihr gut aufgehoben. Das gab mir Sicherheit und beruhigte mich, denn vor der OP hatte ich große Angst. Patrick wollte mich nicht begleiten und wartete im Zimmer, während die Hebamme mich den Ärzten vorstellte und mir erklärte, wie es jetzt weiterginge. Der Narkosearzt erinnerte mich optisch an einen Verwandten und hatte viel Humor. Beim Legen der Narkose klappte es nicht gleich, das kannte ich schon von ✝JANNIS✝, aber der Arzt blieb ruhig und meinte, er habe noch einen Plan B. Meine Nervosität stieg und stieg und er fing an, fröhlich vor sich hin zu pfeifen. Ich weiß noch, dass es schneite, denn ich konnte aus dem Fenster schauen und sah Schnee auf den Dächern.

Und dann war er da – unser kleiner Kerl: *Jonah.* Er schrie nicht gleich und ich hatte Angst, die Kinderärztin sagte mir jedoch, dass er das nicht müsse. Aber dann fing er an zu brüllen.

Später erfuhr ich, dass er da schon »geknörrt« hatte, aber sich stabilisierte. »Knörren« ist ein Geräusch, das Babys machen, ähnlich dem Schnurren einer Katze oder dem zufriedenen Brummen eines Hundes. Es bedeutet jedoch, dass das Baby beim Atmen »tönt«, ein Zeichen von Lungenproblemen und Anpassungsschwierigkeiten. *Jonah* hat wirklich lange gebraucht, bis er quasi normal atmen konnte. Und so ist der Kosename »Knörri« entstanden.

Noch während man mich im OP versorgte, wurde er mir in den Arm gelegt. Ich weiß gar nicht, wie lange es noch dauerte, nur, dass dieses niedliche kleine Wesen bei mir war und ich es streicheln, küssen und riechen konnte. Es knörrte leise vor sich hin, ein für mich sehr süßes Geräusch. Da wusste ich noch nicht, was es bedeutete. Glücklich stellte ich *Jonah* seinem Papa vor, doch das Knörren wurde immer lauter und die Hebamme nervös. Knörri kam in ein Überwachungsbett mit Monitor, die Kinderärztin eilte herbei und ordnete an, dass er auf die Kinderintensivstation verlegt wurde. Ich hatte eine solche Angst und wollte ihn nicht hergeben. Wir bekamen fünf Minuten Zeit für uns allein, Patrick und ich durften ihn noch einmal bekuscheln, bevor er auf die KIS musste, und die Hebamme »tauschte« mein Baby gegen zwei Fotos von ihm aus.

Ich erhielt ein Einzelzimmer und sollte mich erst einmal ausruhen. Ich war aber ungeduldig und nervte die Schwesternschülerinnen, bis ich nachmittags endlich zu ihm durfte. Alle waren sehr lieb zu uns und beantworteten geduldig unsere Fragen. Knörri hatte leider zu früh das Licht der Welt erblickt, seine Lunge war noch nicht endgültig ausgebildet. Und noch ein paar weitere Kleinigkeiten erschwerten seinen Start ins Leben.

Am dritten Lebenstag kam *Jonah* von der Intensivstation, zwei Tage später wurden wir unter Vorbehalt entlassen. Ich fühlte mich fit und wollte gern nach Hause. Aber bei Knörri drohte eine Neugeborenengelbsucht, und so waren wir bereits einen Tag später wieder Gäste in der Frühchenstation. Sein Bilirubinwert war gestiegen und sein Gewicht hatte sich weiter reduziert. Damit begann der Stress. Die Nacht davor hatte er nur an der Brust getrunken, aber es hatte wohl nicht gereicht. Und so verordneten die Ärzte 100 Milliliter alle vier Stunden.

Unser Alltag im Krankenhaus sah dann so aus: Wenn es Zeit zum Wecken war oder der Kleine Bedürfnisse signalisierte, wurde ich angerufen – ab zu ihm und begrüßen, Kabel lösen lassen, wecken und wiegen. Dann durften wir für eine halbe Stunde im Stillzimmer verschwinden, allerdings mit kleiner Wiege- und Wickelpause, um zu kontrollieren, wie viel er getrunken hatte, und ihn wenn nötig zu wecken, damit er auch von der anderen Seite trinkt. Meistens hatte er nach einer halben Stunde noch keine 100 Milliliter geschafft, also bekam er den Rest mit der Flasche und ich musste abpumpen. Das nervte schon etwas. Recht schnell stellte sich aber heraus, dass er mit Stillhütchen besser trinken konnte. Sein Bilirubinwert wurde besser, er nahm zu und ich freute mich schon darauf, bald entlassen zu werden. Doch dann der Schreck: Nachts zeigte der Monitor eine schlechte Sauerstoffsättigung – und weitere Untersuchungen folgten.

Die Stillzeit in der Klinik war für uns etwas ganz Besonderes. Nur wir zwei, kein Monitor, der die Atmung überprüfte, kein Piepsen. Nur dieses kleine Wesen in meinem Arm. Nach einer Woche waren alle Checks abgeschlossen und mit der Prämisse, am nächsten Tag bei unserem Kinderarzt vorstellig zu werden, durften wir nach Hause.

»In der ersten Woche zu Hause war ein Trinktagebuch eine gute Hilfe«

Ich stillte den Kleinen mit den bewährten Stillhütchen und fütterte mit abgepumpter Milch zu. Nach drei Wochen brauchte er tagsüber kein Fläschchen mehr, nur eins in der Nacht, das aber auch nach wenigen Tagen verschwand. Wir wurden immer besser! Ich kuschelte stundenlang mit ihm und gönnte mir Ruhe im Wochenbett. Durch die ganze Aufregung am Anfang hatte ich Probleme mit dem Wochenfluss und ein Hämatom. Beides machte mir deutlich, dass auch ich auf mich aufpassen musste.

Jeremy war bis mittags im Kindergarten und ich genoss diese Zeit allein mit Knörri. Übrigens hörte er mit zwölf Wochen auf zu knörren. Der seelische Stress führte bei mir allerdings sofort zu Milchstau und ich hatte mehrmals Angst vor einer Brustentzündung. Doch dank meiner Stillberaterin und meiner Hebamme konnte ich weiter stillen, und das half mir schneller, eine Bindung zu meinem Kind aufzubauen und *Jonah* das zu geben, was er am meisten brauchte. Nicht umsonst hatten sie mich ja auch im Krankenhaus darauf »trainiert«.

In einigen Dingen war Knörri seinem großen Bruder sehr ähnlich – auch er war blockiert. Zwar wurden diese Blockaden gelöst, doch er entwickelte sich nicht so schnell wie *Socke*. Ich machte mir Sorgen, als er nicht anfangen wollte, sich zu drehen. Das fiel auch bei der U-Kontrolle beim Kinderarzt auf und wir bekamen Krankengymnastik verordnet. Er hatte eine motorische Retardierung und ich musste lernen, dass er mehr Zeit brauchte. Mittlerweile ist er etwas mehr als ein Jahr alt und ein süßer, kleiner, frecher Junge, der das Krabbeln gleichzeitig mit dem Stehen lernt. Dieses erste Jahr mit *Jonah* war aufregend und spannend. Er hat unseren Fokus auf die wichtigen Dinge gelenkt und wir sind froh und glücklich, dass Patrick und ich noch genug Mut besaßen, diese zwei Kinder zu bekommen.

Auch wenn wir seitdem keine Nacht mehr durchgeschlafen haben …

Danksagung

Ihre ganz persönliche Geschichte aufzuschreiben, fiel den Sterneneltern alles andere als leicht. Umso wichtiger ist an dieser Stelle ein ganz großer Dank an:

- Regina und Stefan Büchmann
- Anett und Patrick
- Madlen und Uwe Heßelink
- Heike und Christof Howold
- Ralk Korrek
- Katharina Seiler-Neufert
- Anja und Volker Sinnig
- Sabine und Mirko
- Anika und Stefan
- meine Tochter Hilkka Zebothsen

Register

Impressum

Aktualisierte Neuausgabe 2013
© 2007 by Südwest Verlag, einem Unternehmen der Verlagsgruppe
Random House GmbH, 81673 München

Hinweis

Das vorliegende Buch ist sorgfältig erarbeitet worden. Dennoch erfolgen alle Angaben ohne Gewähr. Weder Autoren noch Verlag können für
eventuelle Nachteile oder Schäden, die aus den im Buch gegebenen
Hinweisen resultieren, eine Haftung übernehmen.

Redaktionsleitung
Silke Kirsch

Projektleitung
Stefanie Heim

Redaktion
Michaela Röhrl/Birgit Dauenhauer

Gesamtproducing und Layout
vm-grafik, Veronika Moga

Satz dieser Neuausgabe
Nadine Thiel | kreativsatz, Baldham

Umschlaggestaltung
zeichenpool, München, unter Verwendung eines Fotos
von plainpicture/Ojoimages/Sam Edwards

Druck und Verarbeitung
Alcione, Lavis (Trento)

Printed in Italy

MIX
Papier aus verantwor-
tungsvollen Quellen
FSC® C021956
www.fsc.org

Verlagsgruppe Random House FSC® N001967
Das für diesen Titel verwendete FSC®-zertifizierte Papier Profimatt
wurde produziert von Sappi Ehingen.

ISBN: 978-3-517-08950-8

817 2635 4453 6271